LE PARADIS PERDU DE MILTON,

POEME HEROIQUE,

TRADUIT DE L'ANGLOIS.

Avec les Remarques de M. ADDISS

Nouvelle Edition, revuë & co

TOME SECOND.

A PARIS,

Chez GANEAU, ruë Saint Jacques, vis-à-vis Saint Yves, à Saint Loüis.

M. DCC. XXXVI.

Avec Approbation & Privilege du Roi.

ERRATA.

PAge 1. *lig.* 1. r'a guéres, *lis.* n'agueres. Pag. 16. *lig.* 25. de ses ames, *lis.* de ses armes. Pag. 17. *lig.* 1. ils s'en occupoient, *lis.* il s'en occupoit. Pag. 21. *lig.* 29. qu'il retourna, *lis.* qu'il retournera. P. 24. *lig.* 20. du feûtre, *lis.* du faîte. Pag. 44. *lig.* 7. conformer, *lis.* consommer. Pag. 69. *lig.* 1. empoisonna, *lis.* empoisonne. Pag. 91. *lig.* 26. les Herses, *lis.* les Perses. Pag. 108. *lig.* 25. Archipelle, *lis.* Archipel. Pag. 111. *lig.* 16. l'exige, *lis.* j'éxige. Pag. 116. *lig.* derniere Dugene, *lis.* Diogene. Pag. 155. *lig.* 20. émaillée, *lis.* émaillées. Pag. 158. *lig.* 21. Eurodice, *lis.* Euridice. Pag. 172. *lig.* 6. couronnée, *lis.* couronnées. Pag. 181. *lig.* 20. noble à la place de gracieux Pag. 190. *lig.* 26. touchans à la place de gracieux.. Pag. 196. *lig.* 28. rien n'est propre, *lis.* rien n'est plus propre. Pag. 201. *lig.* derniere, gracieux, *lis.* heureux. Pag. 215. *lig.* 25. & il s'en faut bien, *lis.* il s'en faut bien. Pag. 217. *lig.* 22. & pourvons, *lis.* & pour vous. Pag. 219. *lig.* 5. l'Iliade, *lis.* de l'Iliade. *Ibid. lig.* 28. d'œore, *lis.* d'œuvre. Pag. 221. *lig.* 1. fixe le fort, *lis.* fixe le sort. Pag. 291. *lig.* 4. cette, *lis.* cet. Pag. 306. *lig.* derniere, pexcite, *lis.* excite. Pag. 311. *lig.* 21. quintessance, *lis.* quintessence. Pag. 341. *lig.* 5. la, *lis.* le. Pag. 358. *lig.* 13. qu'ils les tractassent, *lis.* qu'ils le traitassent. Pag. 363. *lig.* 4. adjugée, *lis.* ajugée. Pag. 371. *lig.* 19. elever, *lis.* enlever.

LIVRE CINQUIE'ME.

ARGUMENT.

AU lever du jour, Eve raconte à Adam un songe qui l'a troublée pendant la nuit. Quoiqu'il en soit attristé, il la console. Ils sortent pour prendre soin du jardin. Leur Cantique du matin à la porte du berceau. Dieu pour rendre l'homme inexcusable envoye Raphaël afin qu'il l'avertisse de ne point s'écarter de l'obéissance, de faire un bon usage de sa liberté, & d'être en garde contre son ennemi. Il le charge de lui découvrir quel est cet ennemi, la cause de sa haine, & ce qui peut être utile à Adam. Raphaël descend au Paradis. Son apparition. Adam assis à la porte de son berceau l'apperçoit de loin, il va à sa rencontre & le conduit à sa demeure où il l'invite à un repas champêtre. Leurs discours pendant ce repas. Raphaël s'acquitte de sa commission, avertit Adam de son état, lui découvre son ennemi. Il lui apprend pour satisfaire à sa priere quel est celui qui le veut détruire, & quel est le sujet de son inimitié. Il lui expose le commencement & la cause de la rebellion qui arriva dans le Ciel. Comment Satan entraîna ses légions du côté du Nord, les pressa de se révolter, & les séduisit, excepté le seul Abdiel, Seraphin zélé qui dispute contre lui, & l'abandonne.

LE PARADIS PERDU.

LIVRE CINQUIE'ME.

'AURORE commençant sa carriere, semoit la terre de perles Orientales, & laissoit dans les cieux la trace vermeille de ses pieds; Adam s'éveilla. Son sommeil tranquille, fruit de la temperance & des legeres fumées d'une digestion facile, étoit (1.) chaque jour dis-

1. (*Etoit chaque jour dissipé.*) Le 22. ℣. du 31. c. de l'Ecclesiastique peut servir de commentaire à ce passage, » Vous n'aurez point

ſipé par le murmure des ruiſſeaux, & des feuilles que l'épouſe du vieux Tithon agite en ſe levant ; & les premiers chants des oiſeaux terminoient ſon repos d'une maniere agréable ; mais il fut bien ſurpris. Eve dormoit encore ; le déſordre de ſes cheveux & le feu de ſes joues marquoient l'agitation de ſon eſprit. Il ſe leva ſur le coude, & s'attendrit en contemplant ſa compagne, que les graces avoient ſuivie juſques dans les bras du ſommeil. Après l'avoir conſidérée quelque tems, il lui toucha légérement la main, & d'une voix auſſi douce que celle de Zephir quand il fait entendre ſon amour à Flore, il lui dit : Eveille-toi ma belle, mon épouſe, toi par qui l'Auteur de la nature a mis le comble à mon bonheur, chere Eve, dont les charmes toûjours nouveaux me préparent toujours de nouvelles

» auſſi d'inquiétude pendant le ſommeil & » vous ne ſentirez point de douleur. L'inſom» nie, la colique & les tranchées ſont le par» tage de l'homme intempérant. Celui qui » mange peu aura un ſommeil de ſanté, il » dormira juſqu'au matin, & ſon ame ſe ré» jouira en lui-même.

délices ; éveille-toi, l'aurore allume le flambeau de la lumiere, & la fraîcheur des champs nous appelle. Nous perdons le tems le plus favorable de la journée. Voici le doux moment que la fleur des citronniers s'épanoüit, la myrrhe & la canne aromatique exhalent leurs parfums les plus ſuaves. Ne négligeons point des biens ſi précieux ; allons obſerver le gracieux mélange que la nature fait de ſes couleurs. L'abeille induſtrieuſe careſſe déja les fleurs pour en extraire ſes douceurs liquides.

A ces mots elle s'éveille, & d'un air effrayé, ſe tournant vers Adam, elle l'embraſſe avec tendreſſe, & lui tient ce diſcours:

O toi ſeul en qui mon ame trouve un repos parfait, ſource de ma gloire, modele de ma perfection : Adam, que ta préſence & que le retour de la lumiere me font de plaiſir. (1.) Cette nuit, & je n'en ai jamais juſqu'ici paſſée de ſemblable ; un ſonge m'a cruellement agitée, ſi pourtant c'étoit un ſonge. Il

1. (*Cette nuit, &c.*) Penelope au 19. L. de l'Odiſſée, raconte de même un ſonge qui prépare au dénoüement.

ne m'entretenoit point de toi, comme il m'arrive ſouvent, ni des ouvrages paſſés, ni des occupations qui doivent leur ſucceder; il ne me préſentoit que de triſtes images inconnuës à mon eſprit juſqu'à cette fâcheuſe nuit. Il me ſembloit qu'une voix pleine de douceur, s'inſinuant dans mon oreille m'invitoit à la promenade; j'ai crû d'abord que c'étoit la tienne: elle me diſoit, Eve, pourquoi dors-tu? voici la plus charmante heure du jour, l'air eſt frais & calme, tout eſt dans le ſilence, excepté l'oiſeau qui recrée la nuit, & qui maintenant éveillé repete les douces chanſons que l'amour lui dicte: La Lune regne dans ſon plein, & ſa lumiere encore plus agréable que la vive clarté du Soleil prête à l'Univers un nouveau luſtre, mais faute de ſpectateurs, une ſi belle décoration devient inutile. Les yeux du Ciel brillent de toutes parts, & s'enflamment pour toi. Tu fais les délices de la nature entiere. tu la ranimes par tes regards. L'Univers enchanté de ta céleſte beauté ſe préſente en extaſe devant toi pour te contempler. Je me ſuis levée pour ſuivre ta voix, mais je ne t'ai point trouvé. Je t'ai cherché par tout, & toujours seule à ce qu'il me sembloit, j'ai pris un chemin qui m'a conduit à l'arbre défendu de la science : il me paroissoit plus beau que jamais. Je l'admirois quand j'ai vû à mes côtés une figure aîlée semblable à ces créatures célestes qui souvent se font voir à nos yeux. Ses cheveux (1.) couverts de rosée distilloient l'ambrosie ; il consideroit aussi cet arbre : ô belle plante, a-t'il dit, tes douceurs, & tes vertus seront-elles toujours ignorées ? La science est-elle donc si méprisable ? Il n'est que l'envie, ou qu'un injuste motif qui puisse en interdire l'usage. Le deffende qui voudra ; nul ne me privera plus long-tems des biens que tu nous offres, ils ne sont point ici pour être inutiles & rejettés. A ces mots sans hésiter un moment, il a porté une main téméraire à ce fruit sacré, il en a gouté : je me suis sentie glacée d'horreur en voyant une action si téméraire suivre de si près

1. (*Couverts de rosée.*) Cette pensée est une imitation de Virgile, Æn. l. 1.

Ambrosiaque comæ divinum vertice odorem
Spiravere.

son sacrilege discours. Transporté de ce qu'il venoit de faire, il s'écrie : ô fruit divin, que ta douceur est extrême, & qu'elle augmente encore quand on te cueille d'une main furtive. L'on ne te deffendroit point si tu n'avois pas la vertu d'élever l'homme à la divinité. Eh ! quel mal quand il parviendroit à ce rang ? N'est-il pas de la nature du bien de se communiquer ? Quelle injure seroit-ce pour le premier auteur ? Ce partage ne tourneroit-il pas à sa gloire ? Viens heureuse créature, charmante Eve, viens participer à mon état : ton bonheur est grand, il peut l'être davantage, & il n'est point de felicité dont tu ne sois digne. Goute ce fruit, divinité terrestre ; & te plaçant avec les Dieux sur le firmament joüis de leur beatitude.

En finissant ces mots il s'est approché de moi, il m'a porté à la bouche de ce même fruit, son odeur agréable m'a séduite : j'en ai gouté, aussi-tôt je me suis envolée aux nuës, & j'ai vû sous moi la terre dans toute son étenduë presenter à mes yeux un aspect vaste & divers. Surprise de mon vol, & de mon changement, je considerois ma haute élevation, ſoudain mon guide a diſparu, je ſuis tombée avec violence : le ſommeil a ſupprimé le reſte ; mais quelle a été ma joie lorſque j'ai trouvé en m'éveillant que ce n'étoit qu'un ſonge ? Eve raconta de la ſorte ſa viſion nocturne ; Adam ſenſible à ſa peine lui répondit :

O ma chere image, ô la moitié de moi-même, le trouble de tes penſées dans le ſommeil de cette nuit me touche également : je ne puis ſouffrir ce ſonge extraordinaire ; je crains qu'il ne provienne de quelques mauvais principe ; cependant quel ſeroit ce mauvais principe ? Il n'y en peut avoir en toi. Je connois la pureté de ton origine, & celle de ton cœur, mais tu dois ſçavoir que dans l'ame ſe trouvent pluſieurs facultés ſubalternes qui ſervent la raiſon leur ſouveraine. Entre ces facultés l'imagination tient le premier rang ; c'eſt elle qui recevant les impreſſions des objets exterieurs dont les ſens ſont affectés pendant que nous veilions, forme de ces mêmes objets des images, des figures, ſur le rapport, ou ſur la diſcordance deſquelles la raiſon fonde ce que nous affirmons, ou ce que nous rejettons, & que nous appellons ſcience ou opinion. Quand la nature eſt livrée au repos, la raiſon ſe retire dans l'interieur de ſon ſiege ; c'eſt alors que l'imagination qui ſe plaît à faire des peintures, travaille librement, mais faute de ſçavoir aſſortir les images, elle produit le plus ſouvent dans le ſommeil de la nuit des mêlanges biſarres, aſſemblant ſans aucun choix, ſans aucune convenance, les choſes qui ſe rapportent le moins. Je crois même entrevoir dans ce ſonge quelque liaiſon avec notre dernier entretien, mais j'y vois des ombres qui me font peine ; ne t'attriſte pourtant point : l'idée du mal frappe quelquefois l'eſprit le plus ſaint. Cette idée involontaire n'imprime aucune tache. Sans doute que dans la pleine liberté de ta raiſon tu rejetteras encore plus vivement ce qui t'a fait horreur même dans la confuſion du ſommeil ; reprens courage, & ne charge point de nuages ces beaux yeux, dont les doux regards ont plus de ſerenité. que l'aimable matinée quand elle commence à ſourire au monde. Levons-nous, allons nous occuper agréablement dans les bocages ſur le bord des fontaines, & au milieu des fleurs. Leurs calices s'ouvrent pour répandre leurs plus douces odeurs qui renfermées pendant la nuit, étoient tenuës pour toi comme en reserve.

Adam rassuroit de la sorte sa belle épouse, & elle se sentit soulagée. Elle laissa couler quelques larmes, sans lui répondre ; il se rassembloit encore quelques gouttes dans ses yeux attendris, Adam les enleva par un baiser. Il les regardoit comme des signes d'une conscience pure, & d'une sainte frayeur d'offenser l'Eternel.

Ainsi son trouble se calma, & ils se disposerent à sortir pour gagner la campagne. Dès qu'ils purent librement découvrir la voûte céleste, & le Soleil dont le char à peine hors de l'onde effleuroit de ses roués la surface de l'Ocean, ils se prosternerent profondement ; ils adorerent le Dieu de l'Univers, en lui présentant l'offrande accoutumée de leurs prieres. L'amour leur fournissoit toujours des expressions nouvelles, & de nouveaux transports pour louer leur Créateur. Les paroles qui naissoient sur leurs lévres avoient une douceur plus melodieuse que celle du Lut & de la Harpe ; ils commencerent ainsi :

Ce sont là tes glorieux ouvrages,

puissant Pere de tout bien. La structure merveilleuse de cet univers est ta production : combien es-tu donc toi même admirable ! Ta grandeur ne sçauroit s'exprimer. (1.) Elle s'éleve au-dessus des Cieux, & se dérobe à nos regards. Nous ne pouvons te voir qu'obscurément dans (2.) tes ouvrages sensibles ; cependant ces ouvrages déclarent & ta bonté, & ta puissance. (3.) Parlez habitans du Ciel, Anges enfans de lumiere, vous le contemplez de près, & rassemblés autour de son Trône, vous faites retentir les Cieux de vos chants d'allegresse ; & vous créatures, qui êtes sur la terre, unissez vous pour l'exalter : il est (4.) le premier, le der-

1. (*Elle s'éleve.*) Votre grandeur est élevée au-dessus des Cieux. Ps. 81. 2.

2. (*Dans tes ouvrages sensibles.*) Les perfections invisibles de Dieu, sa puissance éternelle & sa Divinité sont devenuës visibles depuis la création du monde, par la connoissance que ces créatures nous en donnent. S. Paul aux Romains, 1. 20.

3. (*Parlez, &c.*) Tout ce Cantique est tiré du Pseaume 148. & de la Priere des trois Enfans dans la fournaise. Daniel, c. 3.

4. (*Le premier & le dernier.*) *Ego sum al-*

nier, le centre de tout, & sa circonference n'a point de bornes. Brillante étoile qui fermes la marche des astres de la nuit; toi qui de ton diadême de lumiere couronnes le matin, songe à glorifier l'Eternel, pendant que les approches du jour font les délices de la nature. Soleil qui tout à la fois es l'œil & l'ame de ce vaste monde, reconnois ton maître, va, & dans ta course éternelle de l'Orient à l'Occident, & du couchant à l'aurore, présente par tout l'image de sa grandeur. Lune qui tantôt te rencontres avec l'Astre du jour, & qui tantôt l'évites en fuyant avec les étoiles fixes dans leur orbe mobile; & vous planettes, feux errans dont les pas mysterieux sont accompagnés d'une si belle harmonie, concourez aux louanges de celui qui du sein des ténébres a tiré la lumiere. Air, & vous élemens, fils aînés de la nature, qui sous une infinité de formes differentes parcourez

pha & omega, principium & finis, dicit Dominus. Apocal. c. 1. Et Mercure Trismegiste nous represente l'immensité de Dieu par ces paroles, *Cujus centrum ubique, circumferentia nusquam.*

un cercle perpetuel, & qui êtes le principe & la base de tout, que votre changement continuel varie toûjours de nouvelles loüanges pour notre Créateur. Vous broüillards & vous exhalaisons qui vous élevez des montagnes & des lacs en sombres tourbillons, jusqu'à ce que le Soleil dore vos vêtemens, levez-vous pour honorer le grand Auteur du monde, soit que vous montiez pour orner de nuages le Firmament uniforme en sa couleur, soit que vous descendiez pour humecter par vos pluyes fecondes la terre alterée, célebrez toûjours les loüanges du Seigneur. Vous vents qui soufflez des quatre parties du monde, publiez ses loüanges par vos douces haleines, ou par vos souffles violens. Cedres balancez vos sommets, que chaque plante s'incline en signe d'adoration. Fontaines & vous ruisseaux, exprimez ses loüanges par vos murmures. Vivantes créatures unissez vos voix. Oiseaux qui vous élevez en chantant vers les demeures célestes, portez sa gloire sur vos aîles, annoncez-la dans vos ramages. Vous qui nagez dans les eaux, & vous qui marchez & rampez sur la terre, soyez tous les témoins que je me fais entendre ſoir & matin aux montagnes, aux vallées, aux fontaines, aux ombrages, & que s'ils ſont muets ou inſenſibles je leur prête & ma voix & mes ſentimens pour rendre gloire au Seigneur. Grand Dieu ne te laſſe pas d'ouvrir ſur nous tes mains liberales, mets le comble à tes bienfaits. Que ta bonté nous accorde toûjours ce qui nous eſt avantageux, & ſi la nuit a produit ou caché quelque mal, diſperſe-le comme la lumiere diſſipe l'obſcurité.

Pleins d'une ſainte innocence, ils prierent de la ſorte, & bien-tôt leur eſprit recouvra la paix & le calme accoûtumé. Ils ſongerent enſuite à leurs champêtres ouvrages; ils ſe rendirent aux endroits où les arbres ſurchargés de bois étendoient avec excès des branches, qui demandoient qu'une main ſage reprimât leurs embraſſemens infructueux: ils préſenterent la vigne pour épouſe à l'ormeau, auſſi-tôt elle entrelaſſa autour de lui ſes bras, qui ne demandoient qu'à s'unir, & elle lui apporta en dot ſes riches préſens pour orner ſon feüillage ſtérile.

Le puiſſant Roi des Cieux fut touché du danger que couroient ſes chers enfans. (1.) Il manda Raphaël, cet esprit sociable qui daigna voyager avec Tobie, & qui défendit ses jours contre la violence du Démon funeste à sept maris que la beauté de Sara sa femme avoit successivement engagés.

Raphaël, lui dit-il, tu sçais quel désordre Satan échappé de l'Enfer à travers le gouffre ténébreux a causé dans le Paradis Terrestre; tu sçais ce qu'il a entrepris cette nuit pour troubler la felicité

1. (*Il manda Raphaël.*) Il semble qu'un passage du premier Livre de l'Odyssée a donné lieu à tout l'Episode de Raphaël avec Adam. » Là le Pere des Dieux & des hommes s'étant » souvenu du fameux Ægiste qu'Oreste avoit » tué pour venger son pere, leur parla ainsi: » Quelle insolence, les mortels osent accuser » les Dieux. Ils nous reprochent que nous » sommes les auteurs des maux qui leur arri- » vent, & ce sont eux-mêmes qui par leur fo- » lie se précipitent dans des malheurs qui ne » leur étoient pas destinés comme Ægiste. Il » n'ignoroit pourtant pas la terrible punition » qui suivroit son crime. Nous avions eu soin » nous-mêmes de l'en avertir, en lui envoyant » Mercure, qui lui défendit de notre part d'at- » tenter à la vie du fils d'Atrée, qui lui déclara » qu'Oreste vengeroit cette mort. Mercure l'a- » vertit en vain, &c.

des deux Juſtes qui l'habitent, & comment il ſe propoſe de ruiner en eux d'un ſeul trait toute leur poſterité. Va donc, converſe tout ce jour avec Adam, comme un ami avec ſon ami : tu l'iras joindre dans le lieu où il ſe met à l'abri de la chaleur du midi, pour réparer ſes forces par la nourriture & par le repos. N'omets rien de ce qui peut lui faire le mieux ſentir la felicité de ſon état. Son bonheur eſt entre ſes mains, c'eſt à lui à ſe l'aſſurer par l'uſage qu'il fera de ſa liberté ; mais par la raiſon même qu'il eſt libre, il peut abuſer de ſon pouvoir & de mes dons. Dis-leur qu'ils prennent garde de ſe laiſſer ſurprendre : fais-leur connoître le danger qu'ils courent, préviens-les qu'un ennemi, que ſa déſobéiſſance a lui-même précipité du Ciel, médite les moyens de renverſer leur fortune. Il n'employera pas contre eux la violence, je ne le ſouffrirai jamais. Qu'ils craignent ſeulement une ſéduction flatteuſe. Après des avis ſi ſalutaires, ce ſeroit en vain qu'ils voudroient rejetter leur faute ſur une ignorance invincible.

C'eſt ainſi que s'énonça la Juſtice-même : le Miniſtre aîlé reçut ſes ordres

& les executa. Voilé de ses aîles magnifiques en écoutant l'Eternel, il prend son essor du milieu des esprits bienheureux, qui s'ouvrent pour lui faire passage. Il traverse l'Empirée d'un vol rapide : bien-tôt il arrive aux portes du Ciel ; les deux battans (1.) se tournent d'eux-mêmes sur des gonds d'or. L'ouvrage avoit été conduit par la main du Tout-puissant.

Le Divin Messager découvre ce vaste univers ; les nuages, les astres ne lui en dérobent aucune partie, il reconnoît le globe de la terre semblable aux autres globes lumineux ; il voit le jardin de Dieu couronné de cedres plus élevés que

1. (*Se tournent d'eux-mêmes.*) M. Pope dans sa note sur le 928. ℣. du 5. Liv. de l'Iliade, observe qu'en cet endroit Milton a imité Homere. » En même tems les portes du Ciel » s'ouvrirent d'elles-mêmes avec un mugisse- » ment horrible. Ces portes dont le soin est » commis aux Heures qui depuis le commen- » cement des tems veillent à la garde du haut » Olympe, & qui lorsqu'il faut ouvrir ou » fermer ces portes de l'éternelle durée, écar- » tent ou rapprochent sans peine le nuage » épais qui leur sert de barriere. « Le même passage se trouve presque mot pour mot au 8. L. de l'Iliade.

les plus hautes montagnes. Ainsi de nuit on apperçoit, à travers le Telescope qu'inventa Galilée, des terres & des régions imaginées dans la Lune. Ainsi d'une certaine hauteur un Pilote découvre entre les (1.) Cyclades Samos ou Delos, qui perdus encore dans l'éloignement, se montrent comme un foible nuage.

Raphaël traverse les vagues régions des Cieux, il précipite son vol vers la terre, & vogue, pour ainsi dire, entre divers mondes, tantôt entraîné par le courant des tourbillons tantôt à la faveur des vents reglés. Arrivé au terme où les Aigles peuvent s'élever, il remuë vivement les aîles, & bat à coups pressés l'air souple & fluide. Les oiseaux surpris l'admirent comme le Phœnix, unique en son espece, quand il vole vers Thebes aux cent portes pour déposer ses précieuses cendres dans le sanctuaire du Soleil.

Tout à coup il s'abbat sur le sommet Oriental du Paradis, & reprend la figure d'un Séraphin. (2.) Six aîles ombra-

1. (*Cyclades.*) Isles de la mer Ægée.
2. (*Six ailes ombragent.*) Isaïe c. 6. ℣ 2. re-

gent son divin corsage. Les deux premiers couvrent ses épaules, & se rabattent sur sa poitrine comme un manteau royal. Deux autres, telles qu'une Zone étoilée, lui servent de ceinture, & forment autour de ses reins une écharpe enrichie d'un duvet d'or, & de couleurs teintes dans le Ciel. Celles d'enbas sortent de ses talons, & ses pieds sont voilés de leurs plumes d'azur pareilles au Firmament. Tel la Fable represente (1.) le fils de Maia.

En arrivant il secouë ses aîles, qui répandent à la ronde une odeur divine. Les escadrons angeliques dont l'œil vigilant observoit tout, le reconnurent d'abord, & comprirent qu'il s'agissoit de quelque chose d'important. Ils se leverent par respect pour son rang, & plus encore, pour les ordres d'enhaut dont il étoit chargé. Il traversa leurs

---

present ainsi ces esprits du Ciel. » Les Seraphins étoient autour du Trône sublime, ils avoient chacun six aîles, deux dont ils voiloient leur face, deux dont ils voiloient leurs pieds, & deux dont ils voloient.

1. (*Le fils de Maia.*) Mercure fils de Jupiter & de Maia.

tentes & se rendit dans le champ bienheureux, en passant au milieu des bocages de mirte & des fleurs odoriferantes. Sur sa ronde le nard, le baume, une infinité de parfums naturels venoient à l'envi flatter l'odorat. La nature dans son printems ne respiroit que les plaisirs, elle se donnoit l'essor, & dans ses aimables caprices, elle surpassoit infiniment les productions de l'art.

Le Soleil arrivé au plus haut point de sa carriere dardoit à plomb ses rayons ardens, & portoit jusques dans le cœur de la terre une chaleur immoderée pour l'homme. Adam assis à la porte de son berceau délicieux joüissoit de la fraîcheur.

Il apperçut l'Ange qui s'avançoit vers lui à travers la forêt aromatique. Eve occupée à préparer un repas frugal, disposoit avec art des fruits admirables qui satisfaisoient l'appetit, & leur laissoient goûter le plaisir de savourer à longs traits un nectar exprimé de differentes grapes dont le suc plus doux que le lait, étanchoit agréablement la soif. Adam l'appella.

Viens, Eve, dirige ta vûë entre les arbres vers l'Orient; voici un spectacle digne de tes regards. Quel eſt cet objet environné de gloire qui porte ici ſes pas ? ne dirois-tu pas qu'une ſeconde aurore ſe leve au milieu du jour ; ſans doute que l'on nous apporte quelque grande nouvelle du Ciel. Ce divin Meſſager ne dédaignera peut-être pas l'hoſpitalité que nous lui offrirons. Dépêche-toi, prens l'élite des fruits que tu conſerves : n'épargne rien pour traiter d'une maniere convenable notre hôte céleſte. Nous pouvons bien offrir à nos bienfaicteurs leurs propres préſens, & nous ne devons point héſiter à donner abondamment de ce qui nous eſt donné ſans meſure. La nature multiplie ſes riches productions, & devient d'autant plus feconde, qu'on en tire d'avantage.

Oüi, Adam, lui dit-elle, je vais cueillir ce que la nature nous fournit de plus rare en chaque eſpece pour traiter l'Ange qui nous honore de ſa viſite, & je ferai ſi bien que témoin de l'abondance où nous vivons, il avouera que la libéralité de Dieu ſe fait ſentir ſur la terre comme dans le Ciel.

A ces mots elle part d'un air actif, toute occupée du choix qu'elle doit faire pour offrir à leur hôte ce qu'il y avoit de plus délicat, elle dispose en son esprit l'ordre des services, afin de ne pas faire un mêlange mal entendu. Dans son arrangement elle veut que l'appetit soit piqué par la diversité la plus agréable.

La voilà qui cüeille de tous les fruits que la terre, mere feconde en productions, fait connoître dans l'Inde orientale ou occidentale, ou dans les pays qui sont situés entre les deux, (1.) le Pont ou (2.) la rive Punique, ou bien aux lieux où regnoit (3.) Alcinous. Elle accompagne ses fruits de guirlandes, & d'une main délicate elle les dresse en piramide. Pour la boisson elle écrase des grappes dont elle tire un vin délicieux & bienfaisant, malgré sa nouveauté. De l'extrait de plusieurs petits fruits, elle

1. (*Le Pont.*) Province de l'Asie mineure. Elle a la Colchide au Levant & le fleuve Haly au Couchant.

2. (*La rive Punique.*) Le Royaume de Carthage en Afrique.

3. (*Alcinous.*) Roi des Phœaques renommés pour leurs vergers. Il regnoit dans l'Isle de Corfou.

composſe d'excellentes liqueurs, & des amandes pilées elle fait diverſes crêmes. La nature avoit pris ſoin de lui fournir des vaſes propres & commodes.

Cependant notre premier Pere s'avançoit au-devant de ſon hôte céleſte. Il n'avoit point d'autre ſuite que ſes perfections. Dans lui-même étoit toute ſa grandeur, plus auguſte que la pompe des Princes, quand leur cortege nombreux d'Ecuyers chamarrés d'or, & de chevaux menés en main éblouït le peuple, fixe ſes yeux & le tranſporte comme en extaſe. A ſon approche Adam ne fut point intimidé, mais il s'inclina d'un air ſoumis & reſpectueux, comme il convenoit devant une nature ſuperieure, & il lui tint ce diſcours:

Habitant du Ciel (car nul autre monde que le Ciel ne peut poſſeder une ſi noble ſubſtance) puiſque tu as bien voulu deſcendre des trônes d'enhaut, & te priver quelque tems de cet heureux ſéjour pour honorer notre demeure, ne dédaigne point de venir te repoſer avec nous. La bonté divine nous a mis en poſſeſſion de ce domaine ſpacieux, acceptes-en les fruits les plus choiſis. Nous converſerons à l'ombre de notre berceau

jusqu'à

jusqu'à ce que la chaleur du midi soit passée, & que le Soleil moins ardent commence à décliner.

Adam, c'est là le motif qui m'amene, reprit l'Ange; l'état dans lequel tu as été créé, & le lieu que tu occupes peuvent bien engager les esprits du Ciel à te visiter. Allons je te donne le reste de la journée.

Ils entrerent dans leur champêtre retraite qui réjouissoit la vuë, comme les berceaux de Pomone ornés de fleurs & de parfums. Eve plus charmante par sa seule beauté que (1.) la Déesse des bois, ou que la plus belle de (2.) ces trois Divinités, qui suivant la Fable exposerent toutes leurs graces sur le mont Ida; Eve (3) se tint debout pour faire honneur à son hôte céleste. Elle n'avoit pas besoin de voile; sa vertu la voiloit assez. Nulle pensée déreglée n'altéroit le

1. (*La Déesse des bois.*) Diane.

2. (*Ces trois Divinités*) Junon, Pallas & Venus.

3. (*Se tint debout.*) Lorsqu'Abraham reçoit les Anges, Sara prépare le diner. Abraham les sert & se tient debout auprès d'eux. Genese c.18.

coloris de ses jouës. L'Ange lui donna la salutation, la sainte salutation qui prépara dans la suite des tems la Fille de Jessé à recevoir en ses flancs le Fils de l'Eternel.

Je te saluë, Mere du Genre humain; toi dont les entrailles fécondes donneront au monde plus d'habitans que les différentes espéces d'arbres, dont tu as cueilli ces fruits, ne produiront jamais de fleurs & de feüilles. Leur table étoit un gazon relevé qu'entouroient des siéges de mousse. Sur son ample surface l'Automne & le Printems sembloient se disputer l'honneur du repas : ici ces deux saisons se tenoient toujours par la main. Notre premier Pere invita l'Ange par ces mots :

Céleste étranger oserai-je t'offrir ces fruits délicieux que notre Créateur, source de tout bien, a fait produire à la terre pour notre subsistance & pour notre plaisir. Peut-être ces alimens sont-ils insipides pour des natures spirituelles, mais je sçais qu'un seul Pere qui est dans le Ciel, donne à tous la nourriture.

Ce que tu dis est vrai, répondit l'Ange : tout ce qui a été créé a besoin d'être nourri & ſuſtenté. Le plus groſſier des élémens nourrit le plus ſubtil. La terre nourrit la mer, & la terre avec la mer nourriſſent l'air. L'air ſert de pâture a ces feux éthérés, à commencer par la Lune, comme étant la plus baſſe. Les taches de ſon viſage proviennent des vapeurs qui ne ſont point encore purifiées ni changées en ſa ſubſtance. La Lune exhale auſſi de ſon humide continent de la nourriture aux orbes plus élevés. Le Soleil qui départ à tout la lumiere, reçoit de tout un tribut d'humides exhalaiſons, & s'abreuve le ſoir des eaux de l'Ocean. Dans le Ciel les arbres de vie portent la douce ambroiſie, & les vignes diſtillent le nectar. Lorſque l'aurore ſe leve, nous ramaſſons ſur les feüilles des roſées de miel, & nous trouvons le terrein couvert de perles; mais la bonté de Dieu a répandu ici une ſi grande varieté de nouvelles délices, qu'elles peuvent être comparées à celles des Cieux, & je ne ferai point de difficulté de partager ta nourriture.

Ils s'aſſirent donc; l'Ange mangea, ou parut manger avec eux. Eve ſervoit leur table, & couronnoit fréquemment leurs coupes de liqueurs agréables. O innocence digne du Paradis ! c'étoit alors mieux que jamais que les fils de Dieu eussent eu sujet d'être (1.) épris d'amour , en voyant cette rare beauté ; mais dans ces cœurs purs l'amour regnoit sans débauche, & la jalousie , l'enfer des amans , étoit inconnuë.

Après ce frugal repas , Adam conçut le dessein de ne pas laisser échapper l'occasion de s'instruire de ce qui est au-dessus du monde. Il résolut de s'informer de la condition de ces êtres relevés qui habitent dans le Ciel. Il sentoit visiblement qu'ils possedoient une excellence fort superieure à la sienne. Leur gloire est un écoulement de la splendeur divine , & l'homme au prix d'eux n'est que foiblesse. Il s'adressa donc au Ministre céleste , avec la plus respectueuse circonspection.

---

1. (*D'être épris d'amour.*) Plusieurs des Peres soûtiennent que les Anges ont recherché le commerce des femmes , ils se fondent sur le 2. ℣. du 6. chapitre de la Genese. Saint Augustin le martyr avance que de ce commerce sont nés les Démons : & Tertulien attribuë aux Anges amoureux des femmes l'invention de l'astrologie , des pierres précieuses , des métaux & des parures.

Illuſtre témoin de la gloire de Dieu, je ſens toute l'étenduë de tes bontés, & l'honneur que reçoit aujourd'hui l'homme dont l'humble toît ne t'a pas rebuté : tu as daigné goûter de nos fruits terreſtres. Ils n'étoient pas dignes de t'être préſentés, mais ta complaiſance les a acceptés ſans nous marquer aucun regret d'avoir quitté les tables du Ciel : cependant quelle comparaiſon !

Adam (repliqua le Miniſtre aîlé) il eſt un ſeul Tout-puiſſant, de qui procedent toutes choſes, & vers qui elles remontent, ſi elles ne ſe ſont dépravées ; car (1.) il n'a créé rien de mauvais : par lui, la matiere a été pourvuë de diverſes formes, & de différentes proprietés. Tout ce qui poſſéde la vie, ne reſpire qu'en lui : il a reglé la ſphere de tous les êtres. Les plus ſubtils, & les plus purs ſont ſitués près de ſon Trône, ou tendent ſans ceſſe à s'en rapprocher, en ſe dégageant de la matiere ſui-

1. (*Car il n'a créé rien de mauvais.*) » Il a » tout créé afin que tout ſubſiſte, toutes les » créatures étoient ſaines dans leur origine, il » n'y avoit en elles rien de contagieux ni de » mortel. Sageſſe, 1. 14.

vant des degrés proportionnés à chaque espece. Ainsi de la racine terrestre, s'éleve la tige plus legere. Les feüilles plus aeriennes viennent ensuite, puis la fleur parfaite exhale des esprits odoriferans. Les fleurs, & les fruits, alimens de l'homme subtilisés par diverses gradations se convertissent en esprits volatiles, & donnent à la partie animale, & à l'intellectuelle, la vie, (1.) le sentiment, l'imagination, & l'entendement, d'où se forme la raison. Cette lumiere est l'essence de l'ame qui conçoit les choses par le raisonnement, ou qui les saisit tout d'un coup par les yeux de l'esprit. Vous faites plus d'usage du premier moyen, & nous du dernier; car nous possedons la raison comme vous, mais nous la possedons dans un dégré plus éminent. Ne t'étonne donc pas si je ne refuse point les productions que le Seigneur a créées, pour servir à l'homme de nourriture. Peut-être un jour viendra que tes

1. (*Le sentiment, l'imagination, &c.*) Milton raisonne ici suivant les idées des Anciens, & ne prétend par là donner aucune atteinte à la spiritualité de l'ame, qu'il établit par tout.

enfans participeront au ſort des Anges, & à la manne céleſte dont ils font leurs alimens ordinaires; peut-être même avec le tems, perfectionnés par cette nourriture, les corps des hommes ſe changeront en eſprits, & s'étendront comme nous par les airs, ou pourront habiter à leur choix ſur la terre, ou dans les céleſtes demeures; il faut pour cela que vous perſeveriez & que vous conſerviez l'amour ferme, parfait, inalterable, de celui dont vous êtes les enfans. Cependant joüiſſez pleinement de la félicité qui vous eſt accordée: vos idées ne ſçauroient aller plus haut.

Eſprit favorable, hôte propice, (répondit le Patriarche du Genre humain,) la nature ſe développe à tes yeux, depuis ſon centre juſqu'à ſa circonférence. Les objets ſenſibles qu'elle nous préſente ſont autant de moyens par leſquels nous pouvons dans la contemplation des choſes créées nous élever par dégrés juſqu'à l'Eternel. Mais que veut dire, je te prie, cet avertiſſement; il faut que vous perſeveriez. Pouvons-nous lui manquer d'obéiſſance? Ou pouvons-nous ceſſer d'aimer celui qui nous a tiré du néant, & qui nous comble ici de tous les biens que le cœur humain peut, ou desirer, ou comprendre ?

L'Ange lui répondit : Fils du Ciel & de la terre écoute. Tu dois au Très-Haut le commencement de ton bonheur, mérites-en la continuation par ton obéissance. Ainsi ta felicité sera solide & durable. Prens-y garde, Dieu t'a formé dans l'état de perfection, mais il ne t'a pas donné l'immutabilité, elle n'appartient qu'à lui, tu peux te corrompre, car tu es libre. Sans cela ta volonté n'auroit point d'action, ta vertu point de merite. Nous avons été soûmis à la même épreuve, & ceux d'entre nous qui ont profané cette liberté par la désobéissance, sont tombés du Ciel, jusqu'au plus profond des Enfers. O chûte terrible ! que tu rends malheureux ceux que leur état élevoit au comble de la félicité.

Divin Messager, repartit notre premier Pere, tes paroles ont plus charmé mon oreille attentive que ne font les chœurs des Chérubins quand de nuit du haut des montagnes voisines, ils viennent réjouir notre solitude, par leur céleste musique. Je sçais que j'ai été créé libre, mais mon cœur me répond que nous n'abuserons jamais de notre liberté. Nous aimerons toûjours notre Créateur, nous aurons toûjours devant les yeux l'ordre absolu, mais juste qu'il nous a donné ; cependant la catastrophe arrivée dans le Ciel, laisse de la confusion dans mon esprit ; le peu que tu m'en as dit, excite dans moi le désir d'en sçavoir davantage. Ce grand événement a sans doute dequoi surprendre, & merite bien notre attention. Le jour est encore dans toute sa force ; le Soleil n'a parcouru qu'une partie de sa carriere, il commence à peine l'autre moitié dans la grande Zône du Ciel.

Raphaël se rendit à sa priere, & commença :

Pere des hommes, qu'il est difficile de satisfaire à ta demande : comment exposer aux sens humains la guerre, & les exploits des esprits invisibles ? Puis-je raconter sans regret la ruine de tant de substances si glorieuses, si parfaites avant leur chûte ? Dois-je enfin reveler les secrets d'un autre monde ? Mais ton intérêt m'engage à t'accorder ce que tu desires. Je donnerai des ombres corporelles aux choses spirituelles ; je mettrai sous des figures sensibles ce qui surpasseroit la portée de l'esprit humain. Que dirois-tu, si je te faisois entendre que la terre est en petit l'image du Ciel, & que les choses des deux mondes se ressemblent plus que l'on ne s'imagine ?

Le monde n'existoit point encore, le Chaos barbare regnoit où roulent maintenant les tourbillons, & où la terre se repose suspenduë sur son centre : quand un jour (car au milieu même de l'éternité le tems détermine par les diverses mesures du passé, du présent, & de l'avenir tout ce qui est sujet à la durée) un jour, dis-je, de ceux qui composent la grande année des Cieux, l'armée de l'Eternel eut ordre de s'assembler ; aussitôt des extrémités de l'espace que Dieu remplit de son immensité, une multitude innombrable d'Anges rangés sous leurs divins Généraux comparut devant le Trône du Tout-puissant. Mille & mille enseignes déployées, étendars & drapeaux entre l'avant, & l'arriere-garde flottoient par les airs, & servoient à distinguer les Hierarchies, les Ordres, & les Degrés. L'on voyoit dans leurs tissus brillans, les blasons memorables, & sacrés d'actes autentiques de zéle, & d'amour. Les célestes légions s'avancerent pompeusement ; elles environnerent le

Dieu des armées, & formerent autour de lui une infinité de cercles redoublés les uns sur les autres : alors l'Eternel tenant entre ses bras son fils auguste qui reposoit dans le sein de la beatitude, fit entendre sa voix du haut d'une montagne de feu, dont l'éclat rendoit le sommet invisible.

(1.) Ecoutez, Anges, enfans de lu-

---

1. (*Ecoutez Anges, &c.*) L'opinion de l'Eglise est que Dieu après avoir crée les Anges leur ordonna d'adorer le Verbe, qu'une partie se revolta, & refusa d'obéir & fut précipitée dans les Enfers. S. Paul, Ep. aux Hébreux, c. 1. ℣. 6. dit : » Et lorsqu'il introduisit » de nouveau son premier Né dans le monde, » il dit que tous les Anges de Dieu l'adorent. Voici la remarque de Cornelius Jansenius Evêque de Gand sur le 7. verset du Ps. 2. » *Dominus Dixit ad me filius meus es tu, ego* » *hodie genui te.* Plerique ob hunc versum, » totum hunc Psalmum de solo Christo accipiendum contendunt, intelligentes quod dicitur hodie genui te, de generatione æterna » filii, ut per hodie significetur æternitatis duratio quæ præteritum non habet nec futurum, sed stabile presens. Homere semble avoir eu quelque idée de la rebellion des Anges & de ce qui y donna lieu. Voici ce qu'il fait dire à Agamemnon au 19. L. de l'Iliade. » Car » Jupiter ayant assemblé tous les Dieux, &

miere, Trônes, Dominations, Principautés, Vertus, Puiſſances, écoutez mes décrets. Aujourd'hui j'ai engendré celui que je déclare mon Fils unique, & je l'ai ſacré ſur cette montagne ; c'eſt lui que vous voyez à ma droite : je le conſtituë votre Chef, & (1.) j'ai juré par moi-même que tous genoüils fléchiront devant lui, & que toutes créatures le reconnoîtront pour leur Souverain. Unis indiviſiblement ſous cet autre moi-même, ſoyez à jamais heureux. Lui obéir, c'eſt m'obéir ; l'offenſer c'eſt m'offenſer.

» leur ayant dit en ſe glorifiant de ſa puiſſance : » Dieux & Déeſſes écoutez-moi, je veux » vous faire part de mes décrets : En ce même » jour la Déeſſe Illythie qui préſide aux » accouchemens, va faire voir la lumiere à » un homme qui regnera ſur tous ſes voiſins & » ſur tous les hommes, qui comme lui ſont iſ» ſus de mon ſang, &c. « Saint Juſtin, dit M. Dacier. veut qu'Homere ait puiſé cette connoiſſance en Egypte.

1. (*J'ai juré, &c.*) » J'ai juré par moi-même que tout genoüil fléchira devant moi, & » que toute langue jurera par mon nom, Iſaïe » c. 45. ℣. 23. Car Dieu dans la promeſſe qu'il » fit à Abraham, n'ayant point de plus grand » que lui par qui il pût jurer, jura par lui-mê» me, S. Paul aux Hébreux, c. 6. ℣. 13.

Le rebelle diviſé de moi, & arraché du ſein de la béatitude ſera englouti (1.) dans d'affreuſes ténébres, où ſa place eſt ordonnée ſans rédemption, ſans fin.

Il parla, & l'on reſpecta. Tout ſe tut; tout parut ſoumis : quelques-uns cependant conçurent de l'ombrage. Des penſées de révolte s'éleverent dans eux en ſecret. Ce jour fut un grand jour dans le Ciel, on le mit au rang des plus ſolemnels. Le mont ſacré retentit de Cantiques éclatans : les danſes myſtiques n'y furent point oubliées; ainſi s'ébranlent les Planettes & les Etoiles fixes dont les tourbillons & les labyrinthes tortueux ſont toujours très-reglés, quoiqu'ils ſemblent quelquefois irréguliers. Ces danſes ſoutenuës d'une harmonie divine, & de tons raviſſans, (2.) plurent au céleſte Monarque.

---

1. (*Dans d'affreuſes ténébres.*) » Il retient » liés de chaînes éternelles dans de profondes » ténébres, & reſerve pour le jugement du » grand jour les Anges qui n'ont pas conſervé » leur premiere dignité, mais qui ont quitté » leur propre demeure. S. Jude, ℣. 7.

1. (*Plurent au céleſte Monarque.*) M. de la Motte exprime la même penſée dans ces deux

Déja la nuit s'approchoit, car nous avons aussi notre soir & notre matin pour la varieté, non pour la nécessité, un doux repas succeda à ces plaisirs. Les tables dressées furent en un instant chargées de la nourriture des Anges, & semblable au rubis, le nectar fruit des vignes délicieuses que porte le Ciel, coula dans des coupes d'or, de perles & de diamans. Assis sur les fleurs & couronnés de fraîches guirlandes (1.) ils mangent, ils boivent, & dans une sainte union ils avalent à longs traits la joie & l'immortalité. Au milieu de cette pléni-

---

vers du 1. L. de l'Iliade.

Leur chant respectueux jusqu'au Ciel est porté,
Et le Dieu qui l'entend lui-même en est flatté.

1. (*Ils mangent.*) » Ils seront enyvrés de » l'abondance qui est dans votre maison, & » vous les ferez boire dans les torrens de vos » délices. Pseaume 35. ℣. 9. Mais que les Jus« tes soient comme dans un festin, qu'ils se ré» jouissent en la présence de Dieu, & qu'ils » soient dans des transports de joie. Ps. 67. ℣. 4.

situde, ils n'ont point d'excès à craindre ; Dieu par sa présence autorise leurs transports, & sensible à leur bonheur, il verse sur eux un torrent de délices.

Quand les broüillards s'elevant de ce haut mont, d'où sortent la lumiere & l'ombre, eurent changé la brillante face du Ciel en un beau crépuscule, car la nuit ne l'attriste jamais de son voile lugubre. Quand la fraîche rosée eut tout disposé au sommeil, excepté les yeux de Dieu qui ne se ferment jamais, la milice du Tout-puissant, dispersée sur la plaine bien plus vaste que ne seroit la surface de la terre applatie, se campa sur plusieurs colomnes au long des sources pures parmi les arbres de vie. On vit en un moment des pavillons & des tentes innombrables dressées. Zephir y porta la douce fraîcheur. Ils s'y livrerent à un tranquille repos, excepté ceux qui étoient destinés à chanter pendant la nuit des Hymnes mélodieux autour du Trône suprême. Satan ne s'endormit point aussi : un motif bien différent s'opposoit à son repos. (1.) Satan ; ainsi l'appelle-

1. (*Ainsi l'appelle t'on.*) Satan, comme il

t'on depuis sa révolte, son ancien nom ne se prononce plus dans le Ciel. Il étoit l'un des premiers, si même il n'étoit pas le premier Archange; mais ce pouvoir, cette élevation, cette faveur, cette prééminence lui faisoient regarder avec envie l'intervalle qui étoit encore entre le Fils de Dieu & lui. C'étoit avec un regret mortel qu'il voyoit ce Fils honoré en ce jour par son auguste Pere du titre de Messie, & élevé sur le Trône par l'onction sacrée. L'orgüeil lui rendoit cette vuë insuportable. Il s'imaginoit voir dans cette grandeur naissante son propre abbaissement. Frappé de cette humiliante idée, il prit conseil de la malice & du dépit, aussi-tôt que la nuit au milieu de sa course eut amené l'heure sombre, la plus amie du sommeil & du silence, il résolut de s'éloigner avec ses légions, & de supprimer par mépris le tribut d'adoration & d'obéissance qu'il devoit au Très-Haut. Après avoir enfanté ce dessein criminel, il éveille son second, & lui dit en secret.

a été observé dans le 1. Liv. signifie en hébreu, adversaire de Dieu, & ce nom ne lui a été appliqué que depuis sa révolte.

Dors-

Dors-tu, cher ami? Le ſommeil peut-il fermer tes paupieres? Ne te ſouvient-il plus du décret prononcé par la bouche de l'Eternel? Tu me fis toujours part de tes penſées les plus ſecrettes, je t'ai toujours communiqué les miennes : notre union intime ne s'eſt jamais démentie : commencerions nous aujourd'hui à nous diviſer? On nous impoſe de nouvelles loix : ces loix nouvelles doivent nous inſpirer de nouvelles idées, de nouveaux deſſeins; mais il ne s'agit point ici d'en examiner le péril, moins encore de le publier. Raſſemble les Chefs de nos légions, dis-leur que l'ordre d'en haut m'oblige de partir avant que la nuit ait retiré ſes ſombres nuages : ordonne à tous ceux qui marchent ſous mes étendars, de me ſuivre le plus rapidement qu'ils pourront (1.) dans mes quartiers de l'Aquillon. C'eſt là que nous devons

1. (*Dans mes quartiers de l'Aquillon.*) Ceci eſt tiré d'Iſaïe, 14. 12. & 13. » Comment es-» tu tombé du Ciel, Lucifer? Qui diſois en ton » cœur, je monterai au Ciel, j'établirai mon » Trône au-deſſus des aſtres de Dieu, je m'aſ-» ſéerai ſur la montagne de l'alliance aux côtés » de l'Aquilon.

faire les préparatifs convenables pour la reception du grand Messie, & pour prendre les ordres de ce nouveau Monarque. Il va se montrer aux célestes Hiérarchies dont il attend l'hommage.

L'Archange perfide parla de la sorte, & il porta son venin dans le cœur imprudent de son associé. Chargé de ses ordres, il court, il vole, il aborde les Puissances qui commandent sous lui : il leur enjoint de faire marcher sur l'heure & de nuit, selon l'ordre du Général, le grand étendart de leur Hiérarchie ; il leur expose le motif prétendu de cette marche forcée, & il seme dans l'armée des discours malins, pour sonder ou pour corrompre l'integrité.

Ils obéirent au signal ordinaire & à la voix impérieuse de leur Chef : son nom étoit grand en effet, & il occupoit dans le Ciel un rang considérable. Son aspect les entraîna comme l'Etoile du matin emmene les astres du Firmament, & le mensonge détourna à sa suite (1.) la

1. (*La troisiéme partie.*) Quelques-uns ont prétendu que le tiers des Anges étoit tombé dans la révolte. Ils se fondent sur un passage de l'Apocalypse, 12. 4. où il est dit : *Que le Dra-*

troisiéme partie de l'armée des Cieux.

La rebellion naissante n'échappa pas à l'œil de l'Eternel : sa vuë discerne les plus secrettes pensées du haut de la sainte montagne (1.) au milieu des lampes d'or qui brulent toute la nuit en sa présence, quoiqu'il pût se passer de leurs feux. Il distingua les Auteurs du mal ; il vit comment cette contagion s'étoit répanduë parmi les (1.) astres du matin. Il considera les multitudes liguées pour s'opposer à son auguste décret, & se riant de leurs vains projets il parla ainsi à son Fils unique.

Mon Fils, en qui j'envisage ma divinité dans toute sa splendeur, héritier de ma gloire, cet Empire que nous pos-

---

gon a entraîné avec sa queuë la troisiéme partie des étoiles du Ciel. Plusieurs Auteurs très-graves enseignent que les hommes prédestinés remplaceront les Anges apostats.

1. (*Au milieu des lampes d'or qui brulent.*) Il sortoit du Trône des tonnerres, des éclairs & des voix, & il y avoit devant le Trône sept lampes allumées, qui sont les sept esprits de Dieu. Apocal. 4. 5.

2. (*Les astres du matin.*) Dieu dit dans Job, c. 38. *Cum me laudarent simul astra matutina.*

ſedons de tous tems, & avant les tems eſt menacé. Un ennemi formidable s'éleve contre nous, il conteſte nos droits, brave notre puiſſance, & déja il occupe les régions du Nord. L'inſenſé n'a-t'il pas prétendu nous renverſer du Trône, nous chaſſer de notre Sanctuaire, & regner ſur la ſainte montagne ? Ne va-t'il pas triompher de toutes nos forces ?

Mon Pere, répondit le Fils avec un aſpect ſerein, calme, ineffable & brillant de la Divinité : vous mépriſez avec juſtice des ennemis ſi inſolens & ſi foibles. Leurs tumultes audacieux vont faire éclater ma gloire. L'envie dont ils brulent eſt un hommage forcé qu'ils me rendent ; elle déclare & ma puiſſance & leur ſubordination. L'évenement juſtifiera bien-tôt ſi je ſçais humilier les ſuperbes, & ſubjuguer les rebelles.

Le Fils de Dieu s'exprima dans ces termes. Satan ſecondé de ſes Généraux emmenoit précipitamment ſon armée, pareille en nombre aux aſtres de la nuit, ou aux gouttes de roſée que le Soleil met en perles ſur les feuilles, & ſur les fleurs. Ils traverſerent d'immenſes provinces, puiſſans gouvernemens de Seraphins, Potentats, & Trônes dans leurs triples degrés. Auprès de ces vastes régions, ton domaine, Adam, est moins considérable, que n'est ton Jardin comparé à la surface du globe entier de la terre & de la mer. Après une longue marche ils arriverent sur les frontiéres de l'Aquillon. Satan monta sur son Trône resplendissant, qui se présentoit de loin comme un mont élevé sur un mont. Des piramides, & des Tours bâties de quartiers de diamant, & d'or massif, en relevoient l'éclat. Tel étoit le lieu où le grand Lucifer plaça son palais, car c'est ainsi que dans le langage des hommes, on appelle cette structure: affectant toute égalité avec Dieu, il s'établit sur un mont à l'imitation du lieu où le Messie avoit été proclamé aux yeux des Anges. Il nomma l'endroit où il assembla ses troupes, le mont de l'Alliance. Il leur fit entendre qu'il avoit ordre de tenir conseil, afin de regler tout, pour recevoir d'une maniere convenable leur grand Roi qui devoit bien-tôt arriver, & par des discours captieux il suspendit ainsi leurs oreilles.

Trônes, Dominations, Principautés, Vertus, Puissances: si ces titres magnifiques nous reftent encore , & ne font pas un vain nom : car par la nouvelle proclamation, un autre a ufurpé l'Empire abfolu, & va nous affervir en vertu de l'Onction Royale qu'il a reçuë ; c'eft pour lui que s'eft faite cette marche nocturne & turbulente Nous avons été brufquement affemblés, afin de préparer les honneurs que nous devons lui rendre. Il vient recevoir de nous un tribut de génuflexion que nous n'avons point encore payé. Apprenez à vous humilier & à vous anéantir devant lui. Mais quoi, pourrez-vous confentir à vous courber fous un joug nouveau? Laifferez-vous refferrer encore votre efclavage ? C'eft déja trop d'un maître, en voulez vous fervir deux ? Vous n'en ferez rien, fi je puis me flatter de vous connoître, ou fi vous ofez vous-mêmes vous connoître. Vous êtes tous natifs & fils du Ciel : le defpotifme n'y a point eu lieu jufqu'ici. Si vous n'êtes pas tous égaux, vous êtes également libres. Les ordres & les dégrés ne détruifent point la liberté. Qui peut donc avec la moindre apparence de juftice ou de raifon, s'ériger en Monarque abfolu fur ceux qui font de droit fes égaux en liberté, quand même ils feroient moindres enpuiſſance, & en ſplendeur ? Peut-il nous aſſujettir à des loix ? Nous n'avons pas beſoin de loi, puiſque nous ſommes hors des atteintes du crime. Quel droit a-t-il d'uſurper la ſouveraineté, & d'exiger de nous des adorations, au préjudice de ces titres royaux, qui montrent que nous ſommes faits pour gouverner, & non pas pour ſervir.

Ses légions l'écoutoient, quand parmi les Seraphins, Abdiel ſe leva : fidéle adorateur de la Divinité, il obéiſſoit avec ferveur aux ordres du Ciel, & brûlant d'un zéle ſévere, il arrêta ainſi le cours de ſa fureur.

O ſcandale, ô crime, ô blaſphême ! eût-on jamais crû entendre dans le Ciel de ſemblables diſcours ? mais ſur-tout les eût-on attendus de toi ingrat ! Si élevé au-deſſus de tes pareils par la main de celui que tu oſes attaquer, peux-tu, par une impieté ſans exemple, condamner le juſte decret que le Seigneur vient de prononcer ? Il a juré que devant ſon Fils unique, légitime héritier de ſon ſceptre, chacun fléchira les genoux, lui rendra l'hommage, & le reconnoîtra pour Monarque. Tu dis qu'il eſt injuſte d'aſſervir à des loix ceux qui ſont nés libres, de ſouffrir qu'un égal regne ſur ſes égaux, & d'être perpetuellement ſoumis à l'Empire d'un ſeul. T'appartient-il de donner des loix au Très-Haut ? Diſputeras-tu contre lui ſur le point de la liberté ? Il t'a fait ce que tu es, il a créé les puiſſances du Ciel dans le dégré qu'il a voulu, & il les a renfermées dans de certaines limites. Quoiqu'il nous ait donné des bornes, nous reſſentons ſans ceſſe les effets de ſa bonté, & les ſoins qu'il prend de notre gloire, nous prouvent ſuffiſamment qu'il ne penſe point à nous dégrader : il ſonge plûtôt à augmenter notre bonheur, en nous uniſſant plus intimement ſous un Chef. Tu te plains qu'on te veut faire l'eſclave de ton égal. Eſt-ce donc dans ſon Verbe adorable que tu vois ton égal ? Non, ta gloire, & toutes les vertus céleſtes réunies ne peuvent égaler ce Fils qu'il a engendré. N'eſt ce pas par ce Verbe que le Pere Tout-puiſſant a formé le Ciel & les Anges ? C'eſt lui qui les a couronnés de gloire & qui les a nommés par honneur, Trônes, Dominations, Principautés, Vertus, Puiſſances. Son regne ne donne aucune atteinte à l'eſſence de notre pouvoir, il ne l'obſcurcit point, au contraire nous recevons un nouveau luſtre

luſtre d'un Chef qui daigne nous aſſocier à lui comme ſes propres membres. Nous partageons ſon Empire ; ſa gloire réjaillit ſur nous. Témeraire, reprime, s'il en eſt tems, reprime ces mouvemens impies ; ne tente plus ces eſprits qui ont la foibleſſe de t'écouter : hâte-toi d'appaiſer la juſte indignation, & du Pere, & du Fils. Les momens ſont chers : j'entends déja la foudre gronder ſur ta tête criminelle.

Ainſi s'exprima le ſerviteur de Dieu, mais des cœurs déja coupables n'en furent pas touchés. Ils regarderent ſon zéle comme un effet de ſa timidité : l'Apoſtat s'en réjouit, & plus hautain il repliqua :

Tu dis donc que nous avons été créés, & pour nous abbaiſſer encore davantage, tu veux que le Pere ait abandonné à ſon Fils le ſoin de nous former : certes le point eſt étrange & nouveau. Nous voudrions bien ſçavoir où tu as puiſé cette doctrine ; quels yeux ont été les témoins de cette création ? Te ſouvient-il du moment où ton Créateur t'appella du neant ? Nous ne connoiſſons point de tems où nous n'ayons existé ; nous n'en connoissons point qui nous précéde. Nous nous sommes élevés, nous nous sommes produits par notre pouvoir actif quand le moment marqué par l'enchaînement fatal des choses est arrivé. Voilà notre origine : notre puissance vient de nous, notre bras nous portera encore plus haut, & décidera si nous avons un maître. Tu verras si nous nous servirons de prieres soumises, & si nous environnerons le Trône du Tout-puissant en qualité de supplians, ou d'assaillans. Va, porte ces nouvelles au jeune Monarque, fais-lui part de nos desseins, & vole avant qu'un déluge de maux te coupe la retraite.

Il dit, & l'on entendit dans toute l'armée un murmure confus d'applaudissemens, semblables au bruit de la mer en fureur. Le Seraphin n'en fut point intimidé. Il étoit seul au milieu de ses ennemis ; mais uni à son Dieu, il se trouva assez fort pour répondre avec fermeté.

Esprit rebelle à ton maître, esprit maudit, & abandonné, je vois ta chûte prochaine, je vois les partisans de ta perfidie enveloppés dans ta ruine : je les vois partager, & ton crime, & ton châtiment ; secouë, si tu le peux, le joug du divin Messie ; il n'a plus aucun rapport avec toi ; il n'a plus d'ordres à te confier. D'autres décrets sont lancés contre toi sans retour. Tu l'as meprisé, ce sceptre d'or que nous adorons dans ses mains : il se changera pour toi en verge de fer. Si je m'éloigne de toi, ce ne sont ni tes avis, ni tes menaces qui m'y déterminent. Je fuis ces tentes maudites ; je crains que la colere s'enflammant contre ton armée, ne me confonde avec toi : tu sentiras bien-tôt sur ta tête le feu devorant de son tonnerre. Alors connois en gemissant qui t'a créé, quand tu verras qui peut te détruire.

Ainsi parla le Seraphin Abdiel, seul fidéle, au milieu d'une multitude infidelle : le nombre des esprits rebelles ne lui causa point de frayeur, & leur exemple ne l'ébranla point. Il se tint ferme à la vérité ; il conserva l'obéissance, l'amour & le zéle qu'il devoit à Dieu, & se retirant du milieu d'entr'eux, il traversa leurs rangs qui le couvrirent d'injures, mais elles ne firent sur lui nulle impression. Il rendit mépris pour mépris, & tourna le dos à ces Tours orgüeilleuses, dont la ruine étoit déja prononcée.

Fin du Livre cinquiéme.

LIVRE SIXIE'ME.

ARGUMENT.

RAphaël continue sa narration. Il apprend à Adam comment Michel & Gabriel eurent ordre de marcher contre Satan & ses Anges. Description du premier combat dans le Ciel. Satan & ses puissances se retirent à la faveur de la nuit. Il assemble un conseil, invente des machines infernales, qui dans le combat suivant causent quelque desordre dans l'armée de Michel, mais enfin les bons Anges arrachent les montagnes & enterrent les machines de Satan. Le desordre s'augmentant de plus en plus, l'Eternel envoye son Fils à qui l'honneur de cette victoire étoit reservé. Il vient sur le champ de bataille, revêtu de la puissance du Pere, & défendant à ses légions de faire aucun mouvement, il pousse son char, & s'avance le foudre à la main. Ses ennemis sont d'abord renversés, il les poursuit jus-

qu'à l'extrêmité du Ciel qui s'ouvre en deux : les Démons se précipitent jusques au fond de l'Abîme que la Justice divine leur avoit creusé. Le Messie triomphant retourne vers son Pere.

LE PARADIS PERDU.

LIVRE SIXIE'ME.

L'ANGE intrepide poursuivit sa route à travers les vastes plaines des Cieux. Ni le tems du sommeil, ni les efforts de ses ennemis ne purent l'arrêter. Enfin l'Aurore éveillée par les Heures qui courent sans cesse, ouvrit avec ses doigts de rose les portes du jour. Dans le mont de Dieu près de son Trône il est un soûterrain où la lumiere, &

l'obſcurité faiſant une perpetuelle ronde, paſſent & repaſſent tour à tour ; ainſi le Ciel jouit de l'agréable viciſſitude du jour & de la nuit. La lumiere ſort, & l'obſcurité rentre avec ſoumiſſion par l'autre porte, en attendant paiſiblement l'heure de voiler l'Empirée ; mais les voiles qui couvrent ces hautes régions ſont clairs & déliés il y reſte toûjours un beau crépuſcule.

Déja le matin, tel qu'il eſt dans ces heureuſes contrées, s'avançoit brillant d'or céleſte. La nuit percée des traits du jour naiſſant diſparoiſſoit devant lui, quand toute la plaine couverte d'eſcadrons étincellans en ordre de bataille, de chariots de guerre, d'armes flamboyantes & de chevaux de feu (1.) qui ſe renvoyoient les uns aux autres une lueur éclatante, s'offrit pour la premiere fois aux yeux d'Abdiel. Il apperçut le terrible appareil des combats, & il trouva que la

1. (*Qui ſe renvoyoient les uns aux autres.*) » Lorſque le Soleil eut frappé de ſes rayons les » boucliers d'or & d'airain, il en rejaillit un » éclat ſur les montagnes d'alentour, qui bril» lerent comme des lampes ardentes. » Mac. l. 1. c. 6. ℣. 39.

nouvelle qu'il rapportoit étoit déja public que.

Plein d'allegresse il se mêla parmi ces puissances amies qui le reçurent en poussant des cris de joie à la vuë de ce sujet fidele sauvé du milieu de la perdition. Ils le conduisirent avec un applaudissement général vers le mont sacré, & ils le présenterent devant le Trône suprême ; alors une douce voix fit entendre ces mots du milieu d'un nuage d'or.

Serviteur de Dieu, tu as rempli ton devoir. Le Tout puissant t'a vû avec complaisance soutenir seul contre un nombre de rebelles, la justice de sa cause. (1.) Tes discours ont été plus tranchans que leurs armes. Les traits injurieux de leurs langues, ne t'ont point empêché de rendre témoignage à la Vérité. Tu n'avois d'autre envie que d'être agréable aux yeux du Seigneur. Tu as fait le plus

1. (*Tes discours ont été plus.*) » Car la parole de Dieu est vivante & efficace, & elle » perce plus qu'une épée à deux tranchans, elle » entre & pénétre jusques dans les replis de l'ame & de l'esprit. Aux Hebr. 4. 12. & dans » l'Apocal. 2. 16. Je combattrai contre eux » avec l'épée de ma bouche.

rude pas : acheve, & sûr de la victoire au nom de celui que tu as défendu, marche contre tes ennemis. La gloire qui t'attend te dédommagera bien des mépris que tu as essuyés. Va, soumets par la force ceux qui ont secoué le joug de la raison, & qui ne veulent point accepter pour leur Roi le Messie que ses perfections constituent le Monarque légitime. (1.) Michel, Prince des armées célestes, & toi dont la valeur peut égaler la sienne, Gabriel conduisez tous deux au combat mes légions invincibles. Conduisez mes Saints armés en ordre de bataille par mille & par millions. Marchez en nombre égal contre ces rebelles : employez & la flamme, & le fer meurtrier, & les poursuivant jusqu'à l'extrêmité du Ciel, chassez-les de la présence de Dieu ; qu'ils aillent gemir dans le lieu des tourmens, dans le gouffre du Tartare, qui s'ouvre pour les engloutir.

1. (*Michel Prince, &c.*) Le Tasse dans le premier Livre de sa Jerusalem délivrée place aussi Gabriel au second rang.

Chiama a se da gli Angelici splendori
Gabriel, che ne' primi era il secondo.

La voix ſouveraine s'exprima de la ſorte : auſſi-tôt les nuages commencerent à obſcurcir la ſainte montagne, & de noirs tourbillons de fumée entre-coupés de flamme, annoncerent la colere toute prête à éclater. A travers ces horreurs la bruyante trompette du Très-Haut fit entendre ſes ſons perçans. Les puiſſances qui ſoutenoient la cauſe de Dieu, & du Meſſie s'unirent ſous leurs divins Chefs en un bataillon quarré, épais, impénétrable, & firent mouvoir ſans confuſion leurs brillantes légions au ſon harmonieux d'inſtrumens qui inſpiroient une ardeur digne des guerriers de l'Eternel.

Ils marchent en avant dans un ordre que rien ne peut rompre. (1.) En vain les montagnes s'oppoſent & les Vallées ſe reſſerrent : ni les forêts ni les rivieres

1. (*En vain les montagnes s'oppoſent.*) Ceci peut avoir été imité du Taſſe.

Non è gente pagana inſieme accolta,
Non muro cinto di profonda foſſa,
Non gran torrente, o monte alpeſtre, o folta
Selva, che'l lor viaggio arreſtar poſſa. C. 1. Stance 75.

ne divisent leurs rangs. Ils s'élevent par-dessus tout ce qu'ils rencontrent, & l'air obéissant aux coups redoublés de leurs aîles, soutient leurs légers escadrons. Ainsi les oiseaux s'avançoient en volant sur diverses files quand ils comparurent au-dessus d'Eden pour te demander leurs noms. Tels ils traverserent les immenses contrées du Ciel, & plusieurs Provinces, dix fois plus vastes que toute la surface de la terre.

En tirant vers le Nord au bout de l'Horison nous vîmes (1.) comme une region de feu qui présentoit d'un bout à l'autre la face de la guerre. Quand nous fûmes plus proches nous distinguâmes la campagne hérissée d'une infinité de lances menaçantes, avec un nombre prodigieux de heaumes, & de boucliers chargés de peintures, & d'emblêmes orgueilleuses. Nous reconnûmes les puissances de Satan qui s'avançoient avec une précipitation furieuse. Les rebelles

1. (*Comme une région de feu.*) » L'armée » s'avançoit donc en ordre de bataille, à l'éclat » de ses armes on l'auroit prise pour un embra- » sement qui ravageoit la plaine. Homere, L. 6. Iliade.

croyoient en ce jour emporter le mont de l'Eternel. Ils se flattoient de placer sur son Trône le superbe concurrent qui leur avoit mis les armes à la main ; mais leurs projets s'évanouirent bien-tôt. Il nous parut d'abord extraordinaire que les Anges dussent combattre contre les Anges. Fils d'un même Auguste Pere, nous nous étions trouvés jusques alors unis dans des fêtes de joie & d'amour, pour chanter à l'envi des Hymnes en l'honneur de son saint Nom.

L'on pousse de part & d'autre des cris de guerre : toute pensée pacifique s'éloigne, la fureur seule regne. L'Apostat entouré de Cherubins couverts de boucliers dorés paroissoit comme un Dieu sur son char. Il descendit de son Trône éclatant. Les deux Armées n'avoient plus entre-elles qu'un intervalle étroit, mais d'autant plus terrible. On les voyoit en présence l'une de l'autre, front contre front dans un ordre formidable. Avant que l'on en vint aux mains, *Satan* sous une armure d'or & de diamant s'avança à grands pas, & se poussa comme une tour à la tête de son avant-garde ténébreuse. Abdiel du milieu des plus puissans guerriers, l'apperçut, l'indignation le transſporta, & brulant de ſe ſignaler, il anima de la ſorte ſon cœur intrepide.

O Ciel, faut-il que l'image du Très-Haut brille encore où la Foi, & la Vérité ne ſe trouvent plus ? pourquoi la Force, & la Puiſſance ne manquent-elles pas où manque la Vertu ? la foibleſſe ne devroit-elle pas être compagne de la préſomption ? Il paroît invincible, mais le Seigneur eſt mon ſoutien. Mon bras terraſſera ce traître dont ma bouche a confondu les diſcours. J'ai pour moi la verité, j'aurai pour moi la victoire.

A ces mots ſon courage s'enflamme, il s'avance hors des rangs, & bravant le rebelle ſurpris de ſe voir prevenu, il lui addreſſe ce défi.

Témeraire voilà ton jour fatal : tu croyois que rien ne pourroit t'arrêter dans ta courſe. Tu penſois que la terreur de ton nom, ou que tes diſcours audacieux feroient deſerter le Trône de l'Eternel. Inſenſé : le ſouvenir de ſa puiſſance eſt donc effacé de ton eſprit ? Ignores tu que d'une parole vivifiante il peut appeller du néant des armées infinies, pour châtier ta folie ; mais qu'a-t'il beſoin de ces ſecours ? Le moindre coup de ſon bras qui atteint au-delà de toutes limites (1.) suffit pour t'anéantir, & pour précipiter tes légions dans les ténébres Ton funeste exemple ne nous a pas tous entraînés à la suite. Regarde les nombreuses légions que la foi & l'amour rangent encore sous les étendarts du Tout-puissant, regarde, & tremble. Tu ne les voyois pas, quand parmi ton monde pervers, je paroissois le seul de mon sentiment. Tu vas apprendre (mais trop tard) que le nombre des insensés ne justifie point leurs folies.

Satan jettant sur lui un regard dédaigneux lui repondit : à la malheure pour toi, mais à l'heure desirée de ma vengeance tu viens recevoir le prix que tu mérites. Tu sentiras le premier jusqu'où va la force de ce bras irrité ; aussi-bien es tu le premier dont la langue effrenée a eu la témerité de s'opposer à la troisiéme partie des Dieux ligués pour soutenir leurs droits. Ils ont senti leurs forces, ils ont brisé leurs chaînes : imite-

1. (*Suffit pour t'anéantir.*) L'Auteur de la sagesse, c. 11. ℣. 18. & 21. nous fait entendre que Dieu ne manque jamais de moyens pour punir ses ennemis, & qu'il peut les détruire d'un seul souffle.

les plûtôt que de ſonger à t'enrichir de ma dépoüille, ou ta ruine ſera un exemple mémorable. J'ai ſuſpendu mes coups pour te répondre ; mon ſilence auroit pû faire tort à la juſtice de ma cauſe : un moment encore tu peux en profiter. Je croyois autrefois que le Ciel & la liberté étoient même choſe pour les Anges, mais je vois que la plûpart ſont aſſez lâches pour ſe laiſſer mettre en ſervitude. Eſprits vils, accoûtumés aux Fêtes & aux chanſons, ils conſentent à fléchir ſous un joug ignominieux : digne emploi pour ceux qui te ſuivent. Chantres mercenaires des Cieux, eſclaves armés contre la liberté : juge donc ce que tu dois attendre de tels ſoldats, & compare aujourd'hui leur bras & le nôtre.

Apoſtat tu es hors des ſentiers de la vérité, répondit Abdiel en courroux ; tu ne peux que t'enfoncer d'abîmes en abîmes. Tu deshonores ſous le nom de ſervitude le ſervice que nous devons à Dieu. Tout nous engage à lui rendre une juſte obéiſſance. Apprens ce que c'eſt que la ſervitude : c'eſt de ſe livrer à un inſenſé, à un malheureux, dont la revolte contre ſon Souverain merite les derniers châtimens. Tel eſt le ſort des tiens : ils ſont

ſont les eſclaves d'un eſclave ; & dans l'aveuglement de ton impieté, tu blâmes notre ſoumiſſion. Regne dans les Enfers, je ne t'envie point ce funeſte Royaume. Le Ciel ſera mon unique partage. J'y ſervirai le Très-Haut. Puiſſai-je meriter d'être à jamais le Miniſtre de ſes ordres ſacrés ; mais ne te flatte pas de poſſeder une couronne dans ces régions éloignées du Seigneur, tu n'y trouveras que des chaînes. En attendant voici les honneurs que je te prépare.

Il leva un bras fulminant, & plus promptement que l'éclair, il l'appeſantit ſur le front de l'Ange ſuperbe. L'œil & la penſée ne partent point avec une pareille activité. Le bouclier de Satan lui devint inutile, il plia, il recula en chancellant, & donna du genouil en terre. L'appui de ſa lance maſſive lui ſauva la honte d'une chûte entiere. Ainſi les vents ſoûterrains, où les eaux forçant leurs priſons tranſportent violemment d'un lieu à un autre une montagne renverſée avec tous ſes pins. Les rebelles furent frappés comme d'un coup de foudre ; ils frémirent de rage à la vuë de l'état humilié du plus fier de leurs Guerriers. Quel funeſte augure pour eux !

mais quel triomphe pour nous ! Nous poussâmes un cri de joie qui fut en même tems, & le signal du combat, & le présage assûré de la victoire.

Michel fit sonner la trompette : nous chantâmes, gloire soit au Très-Haut ; nos ennemis ne se tinrent pas dans l'inaction : leurs cris affreux furent suivis d'une attaque générale, & la mêlée s'engagea de toutes parts. La fureur se déchaîne : on entend des clameurs jusques alors inouies dans le Ciel. La discorde effroyable brise à grand bruit armes contre armes, & les rouës étincellantes des chariots d'airain mugissent. Le choc est terrible : une volée de dards enflammés siffle épouvantablement par les airs, & couvre de feu les deux armées Elles combattent l'une contre l'autre, ainsi que sous une voute ardente. Le Ciel fut ébranlé, & si la terre eut alors existée, elle auroit tremblée jusques dans ses fondemens. Faut-il s'en étonner ? des millions d Anges furieux se chargeoient des deux parts : des Anges dont le moindre se seroit fait un jeu d'enlever la terre, les planettes & leurs tourbillons. Quel désordre devoit donc produire l'acharnement de deux armées innombrables de pareils Guerriers. Ils auroient peut-être détruit l'heureux siége de leur nativité , si l'Eternel de sa haute forteresse n'eut moderé leur ardeur. Chaque légion prise séparément ressembloit à une armée prodigieuse : chaque combattant valoit une légion : (1.) chaque soldat représentoit un grand Général ; (2.) ils sçavoient tous quand il falloit s'avancer , faire ferme , changer d'attaques , ouvrir ou serrer leurs files :

1. (*Chaque soldat représentoit un grand Général.*) M. de la Motte a parfaitement bien rendu une pareille pensée d'Homere , L. 4. Il.

Les regards immortels qui suivoient ces combats ,
Y comptoient des Héros autant que de soldats.

2. (*Ils sçavoient tous quand il falloit.*) Le Trissin dit Livre 6. de son Poëme , *Italia liberata da' Goti.*

Secundo il commandar del Capitano
Sun condensare , & rarefar le squadre ,
Doppiarle , e triplicarle per i giughi ,
Congiunger le decurie , e per i versi ,
O intercalarle in mezzo , o per l'adietro ,
Sanno voltare ancor tutte le schiere , &c.

nul ne ſongeoit à la fuite ni à la retraite. On ne voyoit point d'action qui marquât de la crainte. Chacun s'employoit comme ſi ſon bras eut dû décider du ſort de la victoire. La renommée ſe laſſeroit de publier les exploits de ce jour : la bataille occupoit un champ immenſe, & la face de la guerre changeoit à tous momens. Tantôt l'on combattoit de pied ferme ſur le terrein ſolide ; tantôt les Guerriers s'élevant ſur leurs ailes puiſſantes tourmentoient l'air qui ſembloit tout en feu, la fortune parut long-tems égale. Satan déployoit une force incroyable : il étoit toujours au plus fort de la mêlée, nous le trouvions par tout. Il vit ſes plus nombreux bataillons renverſés d'un ſeul coup de l'épée de Michel ; il accourut pour s'oppoſer au ravage & à la déſolation qu'elle portoit. Il préſenta au-devant de ſes coups la vaſte circonference de ſon bouclier dont l'orbe ſolide étoit garni de dix plaques de diamant. A ſon approche le grand Archange s'abandonna à la joie. Il croyoit en ſurmontant le Chef des rebelles terminer la guerre inteſtine du Ciel. Plein de cette eſperance, (1.) il lui addreſſa

1. (*Il lui addreſſa ce défi.*) Il n'y a preſque

ce défi avec des yeux enflammés de colere.

Tremble perfide, l'horreur de cette funeste guerre que tu as suscitée, va retomber sur toi, & sur les complices de ton crime. Comment as tu troublé la bienheureuse paix du Ciel? Détestable auteur du mal que la nature méconnoîtroit encore sans son crime. Comment le souffle empoisonné de ta malice a-t'il corrompu tant de millions d'Anges autrefois si purs, si fidelles. Ne crois pas pourtant troubler le saint repos. Le Ciel te vomit de son sein. Le Ciel, siége de la beatitude, ne souffre point les œuvres d'iniquité, la violence, & la guerre; fuis donc dans les Enfers: ce séjour maudit est destiné à l'impie: vas-y signaler tes fureurs, avant que cette épée vangeresse commence ton châtiment, ou que le bras de Dieu armé d'un fleau plus rédoutable acheve de t'accabler.

Satan lui répliqua: crois-tu donc intimider par tes bravades celui que tes coups ne sçauroient étonner? As tu mis

point de combat particulier dans l'Iliade qui ne soit précédé d'un discours.

en fuite le moindre de mes Guerriers ? Ou si tu en as renversé quelques-uns, ne t'ont-t'ils pas montré en se relevant aussi-tôt qu'ils étoient invincibles ? Penses-tu me vaincre plus facilement ? Penses-tu que ta vuë me fasse trembler ? Tu te trompes. Notre combat ne finira point en cette sorte. Le crime, dis-tu, nous a mis les armes à la main ; sçache que l'honneur est notre seul motif. Si nous ne pouvons regner ici, nous aurons du moins la gloire d'y rester libres, ou nous convertirons le Ciel même en cet Enfer dont tu oses nous menacer. Rappelle tout ton courage : que celui que tu nommes le Tout-puissant joigne ses forces aux tiennes ; c'est là où je te veux.

Ils mirent fin à leur discours, & s'avançant l'un contre l'autre, ils commencerent un combat inexprimable. Comment le raconter, même avec la langue des Anges ? Où prendre ici bas des comparaisons assez nobles pour élever l'imagination humaine au point de lui faire concevoir jusqu'où alloit leur puissance ? Ils ressembloient, si j'ose le dire, à des Dieux soit qu'ils se tinssent de pied ferme soit qu'ils allassent en avant ; leur stature, leurs mouvemens, & leurs armes donnoient à connoître qu'ils étoient propres à décider du grand Empire des Cieux. On les voyoit tourner avec une rapidité extrême leurs épées flamboyantes qui traçoient par les airs d'horribles ſpheres de feu. Leurs boucliers tels que deux grands Soleils reſplendiſſoient vis-à-vis l'un de l'autre.

Ce grand ſpectacle ſuſpendit tout. Les deux armées ſaiſies d'horreur ſe retirerent des deux parts pour attendre la déciſion de ce combat furieux. Telle ſeroit l'épouvante, pour expoſer les plus grandes choſes par de petites images, ſi la nature venant à ſe diviſer, la guerre s'élevoit entre les conſtellations ; juge de quels yeux tu verrois deux planettes dans un aſpect malin de la plus fiere oppoſition, partir de leur poſte, ſe lancer l'une ſur l'autre au milieu du Ciel, & confondre leurs ſpheres diſcordantes. Tous les deux à la fois levant leurs bras dont la force ne cedoit qu'à celle du Tout-puiſſant ſe préparoient un coup qui pût terminer leur combat.

Leur vigueur, leur adreſſe, leur légereté étoient égales ; mais Michel avoit reçû des mains de Dieu une épée d'une trempe ſi parfaite, que rien ne pouvoit résister à son tranchant. Elle brisa le cimeterre de Satan ; du même coup elle lui fit dans les côtés une profonde blessure. Alors pour la premiere fois, Satan connut la douleur, & se tourna en courant de part & d'autre avec des contorsions effroyables. Le coup auroit été mortel si les esprits pouvoient mourir, mais les natures célestes ne sont point sujettes à une dissolution de parties que la matiere seule peut éprouver. Il coula de la playe une liqueur subtile & dévorante, qui ne tenoit en rien de la grossiereté du sang humain : l'éclat de son armure en fut entierement terni.

Ses plus braves Guerriers coururent à son secours, & se mirent entre deux, tandis que d'autres le relevant sur leurs boucliers l'emportoient vers son Char hors de la mêlée ; ils l'y placerent grinçant les dents de douleur, de dépit, & de honte. Quel désespoir pour lui de sentir qu'il n'étoit pas invincible, loin d'être égal au Très-Haut, comme il s'en étoit vanté, mais il guerit bien-tôt. Les esprits possedent parfaitement la vie : elle n'est point placée pour eux dans les entrailles, dans le cœur, dans la tête, ou dans les reins suivant la condition de l'homme me fragile. Il n'eſt qu'un ordre exprès de Dieu qui puiſſe les anéantir. Leur liquide tiſſu ne ſçauroit recevoir de bleſſure mortelle, non plus que l'air fluide. Chaque partie de leur ſubſtance animée de l'eſprit de vie contient le cœur, la tête, les yeux, les oreilles, l'intellect, & généralement tous les ſens, & ſuivant leurs deſſeins ils prennent les membres, la couleur, la taille, la figure, & l'extenſion qui leur conviennent le mieux.

Il ſe paſſoit également des faits mémorables aux lieux où la puiſſance de Gabriël combattoit. Suivi de ſes Guerriers, il perçoit le profond ordre de bataille de Moloch. Ce Monarque furieux l'avoit défié en le menaçant de le traîner garotté aux roues de ſon Char. Il fut puni des blaſphêmes qu'il avoit vomi contre l'Eternel, & fendu depuis le ſommet de la tête juſqu'à la ceinture, il fuyoit traînant ſes armes briſées, & mugiſſant de rage & de douleur.

Aux deux aîles de l'armée (1.) Uriel

1. (*Uriel & Raphaël.*) Il eſt à remarquer que Raphaël parle ici de lui-même ſans y ſonger, car c'eſt lui qui fait le récit. Peut-être Milton a-t'il été emporté par la chaleur de la

& Raphaël rabattirent la vaine gloire de l'ennemi qu'ils avoient en tête. Deux trônes monstrueux & armés d'un roc de diamant tomberent à leurs pieds. L'un étoit Adramelec, & l'autre Asmodée : ils vouloient s'égaler au Tout-puissant, mais percés de playes horribles à travers leurs cuirasses, ils apprirent dans leur déroute à reprimer l'orgueil de leurs pensées.

Abdiel n'épargna pas non plus les Troupes infidelles : sous ses coups redoublés, il renversa Ariel, Arioc, & Ramiel.

Je ne finirois point si je rapportois ici les hauts faits de mille autres, dignes d'être consacrés à l'immortalité, mais les Anges bienheureux contents de leur renommée dans le Ciel, ne cherchent point la louange des hommes : nos ennemis meriteroient aussi des éloges, s'ils eussent combattu pour une meilleure cause. Leur résistance surpassoit tout ce qu'on en pourroit dire. Ils aspiroient par mille périls à la gloire, mais en puni-

composition. Moyse en parlant de lui-même se nomme toujours. Cæsar en fait de même dans ses Commentaires.

tion effacés du livre de vie, & rayés des memoires sacrés, laissons-les sans nom demeurer dans les ténébres de l'oubli. La force separée de la justice & de la vérité, loin d'être louable, ne merite que le blâme & l'ignominie. Comment arriveroit-elle à la gloire ? Elle cherche la renommée par des moyens infâmes.

L'armée des mauvais Anges affoiblie de tous côtés commençoit à plier. Leurs plus puissans guerriers se trouvoient hors de combat. Toute la plaine étoit jonchée d'armes brisées, de chariots, de conducteurs & de chevaux renversés les uns sur les autres. La déroute suivit bientôt : ils prirent honteusement la fuite. Le péché de la désobéissance les avoit avilis & dégradés.

La situation des bons Anges étoit bien differente : sains, entiers, couverts d'armes d'une trempe divine, ils marchoient d'un pas ferme en une phalange impénétrable : l'innocence leur donnoit cet avantage sur leurs ennemis. Ils furent infatigables dans l'action, & invulnérables dans le combat, quoiqu'ils eussent été quelquefois transportés par les coups hors des rangs.

Déja la nuit commençant sa course, étendoit l'obscurité sur le Ciel, & par une médiation agréable imposoit silence au bruit odieux de la guerre. Les vainqueurs & les vaincus se retirerent sous son pavillon nébuleux. Michel & ses Anges victorieux camperent sur le champ de bataille, & poserent de tous côtés en sentinelle des Cherubins vigilans. Satan & ses rebelles s'éloignerent à la faveur des ténébres. Cette même nuit sans prendre aucun repos, il apella ses puissances au conseil, & d'un air plein de résolution, il commença ainsi au milieu de tous.

Le courage que vous avez montré dans ce jour, chers compagnons, fait bien voir que vous êtes invincibles. La liberté n'est point un prix suffisant pour vous. L'honneur, la gloire & l'empire vous sont acquis, & c'est là ce qui touche notre ambition. Vous avez tenu pendant un jour entier la victoire en balance, & si vous avez résisté un jour, pourquoi ne résisteriez-vous pas une éternité? Le Monarque des Cieux n'a point de forces plus grandes à vous opposer, il a mis toutes ses légions en campagne; nous ont-elles forcés à nous rendre? il ſe trompe donc quelquefois, & nous étions aſſez foibles pour croire qu'il liſoit dans l'avenir, & qu'il en regloit les événemens. Nous ſouffrons, il eſt vrai, de nos bleſſures : nos armes ont été moins bonnes que celles de nos ennemis, mais la connoiſſance que nous avons de la douleur ne peut que nous la faire mépriſer. N'avons-nous pas éprouvé que notre ſubſtance céleſte ne ſçauroit recevoir de coup mortel, qu'elle n'eſt ſujette à aucune diſſolution, & que d'elle-même par une vertu naturelle, elle ſe reprend & ſe guérit bientôt de ſes bleſſures. Notre malheur eſt donc peu conſiderable. Peut-être la premiere fois que nous viendrons aux mains, de plus fortes armes, des traits mieux acerés rétabliront entre nous l'égalité qui a été ſeulement rompuë par quelques circonſtances, puiſqu'il ne ſe trouve point de différence, entre notre nature & celle de nos ennemis. Si quelque cauſe inconnuë leur a donné l'avantage de la journée, n'obmettons rien pour la découvrir. Nos lumieres n'ont point ſouffert, & notre eſprit eſt auſſi ſain qu'avant l'action.

Il s'assit, & (1.) Nisroc Chef des Principautés se leva le premier dans l'assemblée : le sang couloit encore le long de ses armes brisées, il avoit à peine la force de se soûtenir, & d'un air sombre, il répondit ces mots ?

O toi qui nous as délivré de la servitude, & qui nous conduis pour nous établir comme des Divinités dans la libre jouissance du Ciel, tu sens bien qu'il est rude même pour des Dieux de combattre avec des armes inégales, & d'être exposés à la douleur & aux blessures, en affrontant des Troupes impassibles & infatigables. Cette inégalité nous obligeroit enfin à nous soûmettre. La valeur & la force ne résistent point éternellement au mal qui affoiblit les bras les plus puissans. Nous pouvons bien sans murmurer nous passer dans la vie des plaisirs vifs & sensibles. On peut sans eux couler tranquillement ses jours ; mais la douleur fait des malheureux, & quand à son excès se joint la durée, elle épuise

(1. *Nisroc.*) Idole de Sennacherib. Isaïe ; c. 37. & L. 4. des Rois, c. 19.

tôt ou tard la patience. Quiconque pourra donc nous donner les moyens de porter des blessures douloureuses à nos ennemis, ou de fabriquer des armes impénétrables méritera bien notre reconnoissance : nous le regarderons comme un second liberateur.

Je t'apporte, répondit Satan d'un air calme & assuré, ce que tu estimes à juste titre si essentiel à notre succès. Qui de nous voyant la brillante surface de ce monde céleste que nous habitons, ce continent spatieux orné de plantes, de fruits, de fleurs d'ambrosie, d'or & de perles ; quel œil, dis-je, peut parcourir assez superficiellement toutes ces choses, pour ne pas conclure que leurs principes composés de parties spiritueuses & ignées sont cachés au fond du Chaos. C'est dans son sein ténébreux que ces semences indigestes sont renfermées jusqu'à ce que touchées & temperées par les célestes rayons, elles se développent & se montrent au jour dans tout leur éclat. Les mineraux de l'abîme nous fourniront de quoi faire une composition meurtriere:nous en remplirons (1.)

1. (*De longues piéces de métal.*) L'Arioste

de longues piéces de métal que nous creuſerons à cet uſage. Le feu s'y communiquera par une petite ouverture percée près d'une des extrêmités, auſſitôt l'artifice ſe dilatant impétueuſement avec un bruit de tonnerre, pouſſera contre nos ennemis des maſſes pernicieuſes qui briſeront tout ce qui ſe préſentera dans leur paſſage. A ces coups inſoûtenables nos ennemis effrayés & confondus, croiront que nous avons déſarmé celui qui lance le tonnerre, & que nous nous ſommes ſaiſis des traits qui le font redouter. Le travail ne ſera pas long : avant que le jour brille tout ſera prêt. Cependant raſſurez-vous, banniſſez la crainte. Si vous reſtez unis, il n'eſt rien de difficile, à plus forte raiſon de déſeſperé.

Ces paroles rappellérent la joie ſur leurs viſages, & ranimérent leur eſpérance. Ils admirérent tous l'invention : chacun étoit ſurpris de ce qu'un autre lui en avoit enlevé la gloire. Rien ne leur

---

dans ſon neuviéme Chant fait une ſemblable deſcription d'une piéce d'artillerie qu'il met entre les mains de Cimoſque Roi de Friſe, longtems avant l'invention de la poudre.

ſembloit ſi ſimple, après que l'idée en eût été renduë publique : auparavant ils auroient trouvé la difficulté inſurmontable. Cependant, ô premier Pere des hommes, ſi le mal prend le deſſus dans les jours à venir, quelqu'un de tes deſcendans malheureuſement ingenieux, ou inſpiré du démon, pourroit imaginer un ſemblable fleau pour déſoler, en punition du péché, les peuples acharnés à ſe faire la guerre, & a ſe détruire l'un l'autre.

Au ſortir du conſeil, ils volent à l'ouvrage : nul ne perd le tems en diſputes frivoles. Leurs mains innombrables s'employent avec ardeur, & creuſent de profonds abîmes dans le Ciel. Bien-tôt ils voyent la nature juſques dans le fond de ſes entrailles, ils y reconnoiſſent les germes informes de toutes choſes. Les uns font des amas de ſouffre & de nitre, qu'ils marient enſemble ; le tout calciné avec art & réduit à un petit grain très-noir eſt mis en magaſin. Les autres s'occupent à foüiller les veines cachées de métal & de pierre, car tu dois ſçavoir que l'intérieur du terrein céleſte eſt preſque ſemblable à celui de la terre où tu habites. Ceux-ci forgent des machines &

des boulets destinés à faire voler la terreur & la ruine : ceux-là font provision de roseaux de feu, dont le seul attouchement devoit produire un effet épouvantable.

Ainsi avant que le jour parut, sans être observés, ils consommerent dans le secret de la nuit ce qu'ils avoient projetté, & ils disposerent leurs machines avec tout l'ordre & toute la prudence possible.

Dès que la charmante aurore se fit voir dans le Ciel, les Anges victorieux se leverent. Au son de la trompette, la milice divine parut en bataille, sous des armes éclatantes d'or & de pierreries. Quelques-uns armés à la legere, du haut des montagnes que le Soleil commençoit à éclairer, regardent à la ronde, & s'éloignent pour reconnoître la contenance, les mouvemens ou les retranchemens des ennemis. Ils virent l'armée de Satan qui s'avançoit à pas lents, enseignes déployées, formant un bataillon unique, mais terrible. Zophiel, le plus leger des Chérubins, retourna promptement sur ses pas, & cria au milieu des airs.

Armez-vous guerriers, armez-vous

pour le combat. L'ennemi que nous croyions éloigné vient ſur nous. Il nous épargnera en ce jour une longue marche & une fatiguante pourſuite. Il s'avance comme un nuage épais. Sa contenance nous préſente une réſolution morne, mais aſſurée : (1.) mettez vos caſques, prenez vos cuiraſſes, couvrez-vous de vos boucliers : ce jour eſt un jour de colere & d'horreur.

Il les avertit ainſi de ſe tenir ſur leurs gardes, mais ils ſont déja préparés : leurs rangs ſe trouvent formés. Ils s'avancent les armes hautes en ordre de bataille. Nos ennemis s'approchoient traînant peſamment leur nombreuſe artillerie, entourée d'eſcadrons épais qui déroboient l'artifice à nos yeux. Nous les obſervions, quand Satan parut à la tête des ſiens, & donna l'ordre.

A l'inſtant le front de l'armée s'ouvre. Les Troupes ſe replient ſur les deux

1. (*Mettez vos caſques.*) » Préparez les ar-» mes & les boucliers, & marchez au combat. » Que les chariots de guerre ſoient tout prêts, » que les Cavaliers montent à cheval, mettez » vos caſques, faite reluire vos lances, revê-» tez-vous de vos cuiraſſes.

flancs. Nous decouvrons un ſpectacle étrange & nouveau : une triple rangée l'une ſur l'autre de colomnes poſées ſur des rouës, car ces piéces reſſembloient à des colomnes, ou à des troncs creux de chênes & de ſapins abbatus dans les forêts ou ſur les montagnes, après que les branches en ont été coupées. Un Séraphin portant en ſa main un roſeau armé de feu, étoit poſté derriere chacune de ces machines.

Nous formions là-deſſus diverſes conjectures, mais nous fûmes bien-tôt tirés de notre incertitude. Ils étendirent leurs roſeaux & ils en toucherent légérement une imperceptible ouverture. Le Ciel parut d'abord tout en feu, & preſque auſſi-tôt il fut obſcurci de la fumée qui ſortoit de la bouche énorme de ces cylindres meurtriers. Ils vomirent avec des mugiſſemens épouvantables la foudre & le tonnerre.

L'armée victorieuſe ne pût tenir contre ce genre d'attaque : les rangs furent rompus ; en vain ces Guerriers, fermes d'ailleurs comme des rochers, ſe roidiſſoient contre le choc. Embarraſſés dans leurs armes, ils tomboient par miliers à la renverſe, Anges ſur Archanges. (1.) S'ils eussent été désarmés, ils se seroient aisément sauvés par la facilité que les esprits ont de se resserrer ou de se transporter agilement d'un lieu à un autre, mais dans la conjoncture où ils se trouvoient, ils étoient nécessairement exposés aux coups, & ils se voyoient honteusement entraînés. Il ne leur servoit de rien d'ouvrir leurs files. Que faire ? S'ils couroient en avant, ils étoient indignement abbatus & renversés d'une

1. (*S'ils eussent été désarmés.*) L'armure des Saints n'est autre chose, selon S. Paul que les vertus Chrétiennes. » Induite vos armaturam » Dei, loricam justitiæ, scutum fidei, galeam » salutis & gladium spiritus, quod est verbum » Dei. C. 6. aux Ephesiens. « Or il est constant que dans les assauts que livre le Démon, ces vertus font souffrir, en ce qu'elles empêchent l'homme de s'abandonner à ses caprices & de satisfaire ses passions. Elles l'exposent même aux coups de ses ennemis. *Qui te percusserit in unam maxillam præbe illi & alteram*, S. Matt. ch. 5. Mais le Juste opprimé se releve bien-tôt. Au lieu que l'impie dont l'armure est le libertinage, l'injustice, l'aveuglement & le désespoir, à la premiere affliction qui lui arrive se trouve confondu par ce qui faisoit autrefois son assurance. *Iniquitates suæ capiunt impium & funibus peccatorum suorum constrigitur.* V. p. 46.

maniere ignominieuſe, ils devenoient la riſée de leurs ennemis. Avoient-ils eſſuyé le premier feu, une rangée de Seraphins paroiſſoit en poſture de faire une ſeconde décharge; cependant ils aimoient encore mieux ſe laiſſer rompre, que de prendre la fuite.

Les rebelles enyvrés du ſuccès, commencerent à donner carriere à leurs vaines ſaillies. La puiſſance éternelle ne leur faiſoit plus de peine. Son tonnerre leur paroiſſoit maintenant peu de choſe. Ils avoient à ce qu'ils penſoient de quoi l'égaler, & ſe regardant comme invincibles avec leur nouvelle artillerie, ils parloient d'un ton de mépris du foudre de Dieu & de ſon armée : le trouble où nous étions ne dura pas long-tems ; la fureur nous anima, & nous fit trouver des armes pour confondre leur malice.

Auſſi tôt, telle eſt l'excellence, telle eſt la force des Anges ! nous jettons nos armes, & plus promptement que l'éclair nous courons, nous volons aux montagnes : (1.) le Ciel a ſes collines & ſes

1. (*Le Ciel a ſes collines.*) Ezechiel en parlant du Ciel dit, *Super terram.* Sur quoi Cor-

vallées, nous arrachons, nous déracinons les monts, tout obéit à notre violence, eaux, bois, rochers : nous les enlevons par les sommets chevelus.

Les esprits rebelles, tu peux te le figurer, furent saisis d'étonnement & de terreur, quand ils virent la base énorme des montagnes fondre sur leur maudite artillerie. Leur courage se glaça ; leur force se trouvoit enterrée sous les rochers : ils se sentoient eux-mêmes opprimés par d'épouvantables masses qui accabloient en tombant des légions entieres.

Les armes dont ils étoient revêtus rendoient encore leur situation plus cruelle, & leur ôtoient la liberté d'agir & de se débarrasser : ils poussoient des rugissemens affreux ; tel étoit le sort de ses esprits autrefois purs & subtils, maintenant appesantis par le péché.

A notre exemple ils arrachent les rochers, ils les jettent contre nous ; les monts rencontrent au milieu des airs

---

nelius *à lapide* fait cette remarque. *Non quæ à nobis calcatur, sed quæ ei similes in cœlo per visionem ostensa est.* V. c. 1. ℣. 15.

les monts lancés avec une violence terrible. Leurs débris pleuvent de toutes parts ſur les deux armées : un bruit affreux ſe fait entendre : toute autre guerre comparée à celle-ci reſſembleroit aux divertiſſemens d'une populace dans les réjouiſſances publiques, ce n'eſt partout que confuſion ſur confuſion. Le Ciel en ce jour auroit été entierement détruit, ſi le Très-Haut qui peſe la conſéquence de chaque choſe, aſſis au milieu de ſon Sanctuaire céleſte, & inviolable, n'eut arrêté le deſordre. Il avoit permis ce tumulte afin d'honorer ſon Fils, ſuivant le deſſein qu'il en avoit conçu. Il remit donc ſa vengeance entre les mains de ce Fils, & prêt à manifeſter la toute-puiſſance qu'il lui avoit transferée, il prononça ce diſcours :

Ecoulement de ma gloire, mon Fils, dans la face duquel ſe laiſſe appercevoir mon eſſence divine, autrement inviſible, executeur de mes décrets, ſeconde toute-puiſſance : Deux jours comme le Ciel les meſure, ſe ſont écoulés, depuis que Michel & ſes Légions ont marché pour dompter les rebelles. Leur combat a été terrible ; quand de telles armées ſe recontrent, le choc doit être épouvantable

épouvantable : je les ai abandonnés à leur propre force : tu ſçais que par leur création ils ſe trouvent égaux ; le péché ſeul a mis entr'eux quelque difference, mais elle n'eſt pas aſſez ſenſible. Mes jugemens n'ont point encore éclaté. Ils reſteroient donc aux mains pendant toute l'éternité, & l'on ne verroit point la déciſion de leur combat ; ils ont donné des deux côtés, des preuves de leur force & de leur courage. Leur fureur s'eſt armée de montagnes au lieu de traits, la diſcorde a renverſé la face du Ciel & met la nature en péril. Deux jours donc ſe ſont paſſés, le troiſiéme t'eſt conſacré, il doit être celui de ton triomphe. J'ai laiſſé monter juſqu'a l'excès la fureur de tes ennemis, pour annoblir ta victoire ; il n'appartient qu'à toi de terminer cette guerre. J'ai tranſmis en toi toute mon immenſité. Les Cieux & les Enfers connoîtront que rien ne t'eſt comparable, & que tu merite l'empire qui t'eſt acquis à titre d'heritage & par une onction ſacrée. Va donc, montre-toi le plus puiſſant dans la puiſſance de ton Pere. Monte ſur mon char, dirige ſes roues rapides qui font trembler la face des Cieux : ſers-toi

(1-) de mon arc, de mes foudres & de mon tonnerre. Prens mes armes ausquelles rien ne résiste, attache mon épée à ton auguste ceinture, poursuis ces enfans de ténébres, plonge-les dans l'abîme le plus profond; qu'ils apprennent qu'on ne méprise point impunément Dieu & le Messie l'oint du Seigneur.

A ces mots, il épancha directement ses rayons sur son Christ, qui représenta son Pere d'une maniere ineffable, & le Fils répondit en ces termes :

Mon Pere, qui êtes le premier, le plus haut, le plus saint & le meilleur, vous songez toujours à glorifier votre Fils, je vous en dois autant, & je m'en acquitterai. Je mets toute ma gloire, toute mon élevation, tout mon plaisir à vous satisfaire & à remplir votre

1. (*Sers-toi de mon arc.*) L'Ecriture donne à Dieu des armes en plusieurs endroits. » Si » vous ne vous convertissez, il fera briller son » épée : il a déja tendu son arc & le tient tout » prêt, & il y a préparé des instrumens de mort; » il a rendu ses fléches brûlantes. Ps. 7. ℣. 19. » Vous qui êtes le Très-puissant ceignez vo- » tre épée sur votre cuisse. Ps. 44. ℣. 4.

volonté ; j'accepte donc le ſceptre & la puiſſance que vous me donnez, & je les remettrai avec encore plus de plaiſir, quand à la fin des tems vous ſerez tout en tous. Alors je ſerai uni à vous pour jamais, & tous ceux que vous aimez ſeront unis à moi ; mais je hais ceux que vous haiſſez, & je puis me revêtir de la terreur qui marche devant vous, comme je me ſuis revêtu de votre clémence. Je ſuis dans tout votre image. Armé de votre puiſſance, j'aurai bientôt délivré le Ciel de ces rebelles. Je vais les précipiter au fond de la demeure fatale qui leur eſt préparée dans les noirs cachots, où ſont les chaînes des ténébres & le ver qui ne meurt point. Ils ſentiront à quoi l'on eſt expoſé quand on veut ſe ſouſtraire à l'obéiſſance qui vous eſt duë & qui porte avec ſoi ſa récompenſe. Vos Saints environneront votre montagne ſacrée, & vos Elûs ſéparés bien loin des impurs, chanteront en votre honneur des Cantiques éternels & des Hymnes de louanges. Ma voix ſe fera entendre parmi toutes les autres.

Il dit, & s'inclinant ſur ſon ſceptre, il ſe leva de la place glorieuſe, où il étoit assis a la droite du Tout-puissant. Déja la troisiéme aurore depuis la rebellion commençoit a briller dans le Ciel ; (1.) le char de l'Eternel partit ainsi qu'un ouragan, (2.) la flamme l'environnoit : (3.) les rouës l'une dans

1. (*Le char de l'Eternel.*) Le chariot de gloire dont Ezechiel donne la description a fort embarassé tous les Commentateurs, il s'y trouve bien des choses qui paroissent inconcevables ; mais on doit songer que ce sont des manieres figurées pour representer aux hommes la grandeur inexprimable de Dieu. Sans entrer dans l'explication de chaque piéce, les rouës l'une dans l'autre, peuvent signifier les différentes spheres du monde. Les quatre animaux sont peut-être les quatre élemens ; leurs aîles expriment l'obéissance de la nature qui se porte où Dieu l'envoye ; leurs yeux sont la figure des astres qui éclairent le monde placé au milieu d'une nuée, c'est-à-dire, dans l'immensité de l'espace qu'on ne sçauroit pénétrer non plus qu'une épaisse nuée.

2. (*La flamme l'environnoit.*) » Un tourbil-» lon de vent venoit du côté de l'Aquilon, & » une grosse nuée & un feu qui l'environnoit, » & une lumiere qui éclatoit tout autour. Eze-» chiel, 4. 1.

3. (*Les rouës l'une dans l'autre.*) » A voir » les rouës & la maniere dont elles étoient fai-» tes, elles paroissoient semblables à l'eau de » la mer, elles se ressembloient toutes quatre, &

l'autre animées de l'esprit de vie se remuoient d'elles-mêmes. Elles étoient (1.) escortées par quatre figures semblables à celles des Chérubins : chacune avoit quatre faces. Leurs corps & leurs aîles étoient parsemés d'yeux sans nombre comme les Etoiles. (2.) Les rouës de

» elles paroissoient dans leur forme & dans leur » mouvement, comme si une rouë étoit au mi» lieu d'une autre rouë. ℣. 16. Par tout où al» loit l'esprit & où l'esprit s'élevoit, les rouës » s'élevoient aussi & le suivoient, parce que » l'esprit de vie étoit dans les rouës. V. 20. Eze» chiel, ch. 1.

1 (*Escortées par quatre figures.*) » Au mi» lieu de ce même feu on voyoit la ressemblan» ce de quatre animaux qui étoient de cette » sorte On y voyoit la ressemblance d'un hom» me. Chacun d'eux avoit quatre faces & qua» tre aîles. Leurs pieds étoient droits. La plan» te de leurs pieds étoit comme la plante » du pied d'un veau, & il sortoit d'eux des » étincelles comme il en sort de l'airain le plus » luisant. Chacun de ces animaux avoit quatre » faces. La premiere étoit celle d'un chérubin, » la seconde celle d'un homme, la troisiéme » celle d'un lion, & la quatriéme celle d'un ai» gle. Ezech. 1. 1. & c. 10. ℣. 14.

2. (*Les rouës de Beril.*) » Les rouës parois» soient à les voir comme une pierre de cryso» lite. Le corps des quatre rouës, leur col, » leurs mains, leurs aîles & leurs cercles

Beril étoient aussi pleines d'yeux étincellans. (1.) Au-dessus des rouës on voyoit un Firmament de cristal: ce Firmament étoit relevé par un Trône de saphir marqueté d'ambre pur, & des couleurs de l'arc pluvieux.

Il monta sur le char lumineux. La Victoire avec des aîles d'aigle se tenoit à sa droite. Son arc & son carquois rempli de triples foudres pendoit à ses cô-

---

» étoient pleins d'yeux tout autour. c. 10. ℣. » 9. & 12. Prenez du feu au milieu des rouës. ℣. 6.

1. (*Au-dessus des rouës.*) » Au-dessus de la » téte des animaux on voyoit un Firmament » qui paroissoit comme un cristal étincellant. » ch. 1. ℣. 22. Et dans ce Firmament qui étoit » au-dessus de leurs têtes, on voyoit comme » un trône qui ressembloit au saphir, & il pa» roissoit comme un homme assis sur ce trô» ne. Je vis comme un métal très brillant & » semblable au feu tant au-dedans qu'autour » de lui, depuis ses reins jusqu'en haut, & de» puis ses reins jusqu'en bas je vis comme un » feu qui jettoit sa lumiere tout autour, & com» me l'arc qui paroit au Ciel dans une nuée » en un jour de pluye, c'est à quoi ressembloit » la lumiere qui brilloit tout autour. Ezech. c. » 1. ℣. 26. « La version Angloise porte, *& je vis comme la couleur de l'ambre*, au lieu d'un métal très-brillant.

tés : autour de lui rouloit un tourbillon furieux de fumée & de flammes, qui dardoient coup sur coup une clarté semblable à celle des éclairs.

Il s'avançoit accompagné d'un gros de dix mille Saints. Une lumiere éclatante annonçoit au loin son approche (1.) Vingt mille chariots de Dieu, j'en ai bien entendu le nombre, se présentoient à droite & à gauche. Au milieu de ce cortege, il fendoit les airs porté sur les aîles des Chérubins. (2.) Le feu

1. (*Vingt mille chariots.*) La Bible Angloise rend ainsi le 17. ℣. du Ps. 68. dans les versions Protestantes, & 67. selon la Vulgate, » Currus Dei decem millibus multiplex. Les » chars de Dieu sont au nombre de vingt mil- » le « Ce passage a été entendu differemment par les Interprétes. V. Bellarmin sur le 18. ℣. du Ps. 67. » Et le nombre de cette armée de » cavalerie étoit de deux cent millions, car » j'en oüis dire le nombre. Apocal. 9. 16.

2. (*Le feu qui répandoit.*) Le Pseaume 17. ℣. 9. exprime de la sorte la grandeur & la colere de Dieu. » Sa colere a fait élever la fu- » mée, & le feu s'est allumé par ses regards. » Des charbons en ont été embrasés Il a ab- » baissé les Cieux, & est descendu. Un nuage » obscur est sous ses pieds, & il est monté sur

que répandoit son Trône de Saphir, glorieusement élevé sur le Firmament cristallin, éblouissoit les yeux.

Les enfans de Dieu le reconnurent d'abord. Une joie inesperée les saisit quand ils virent briller le grand étendard du Messie, & l'oriflamme céleste portée par les Anges.

Michel lui remit le commandement des fidéles légions. Les deux aîles de l'armée se rassemblerent sous ce grand Chef. Devant lui la puissance divine prépara les chemins. A son ordre les monts déracinés se retirerent chacun à sa place. Ils entendirent sa voix, & se soûmettant aussi-tôt ils se mirent en marche. Le Ciel reprit sa face accoûtumée : les montagnes & les vallées se parerent de nouvelles fleurs.

Ses malheureux ennemis virent ces merveilles, mais ils resterent endurcis : ils se rallierent pour combattre, & ils chercherent leur salut dans le désespoir. Croiroit-on que des esprits célestes fu-

---

» les Chérubins, & il s'est envolé. Il a volé sur
» les ailes des vents.

ſent capables d'un tel aveuglement ? Mais quels prodiges peuvent convaincre des eſprits orgueilleux ? Ou quels miracles peuvent ramener des cœurs endurcis ? Ce ſpectacle merveilleux qui les devoit faire rentrer en eux-mêmes, ne ſervit qu'à rédoubler leur haine & leur envie. Aſpirant au même dégré d'élevation ils ſe remirent avec furie en ordre de bataille. Ils croyoient trouver des reſſources aſſurées dans leurs forces ou dans leurs ſtratagêmes : & réſolus de vaincre Dieu & le Meſſie, ou de périr engloutis dans une ruine univerſelle, plûtôt que de fuir ou de faire une honteuſe retraite, ils ſe préparoient à un dernier effort, quand le Fils Dieu fit entendre ces mots à ſes légions.

Reſtez dans votre poſte : ne dérangez point vos brillantes files, vous Saints, tenez-vous ici, Anges armés pour ma querelle, repoſez-vous aujourd'hui des fatigues de la bataille. Vos exploits guerriers ont aſſez prouvé votre fidélité. Le courage avec lequel vous avez ſoûtenu la juſte cauſe du Seigneur a été agréable à ſes yeux ; vous avez employé pour lui les dons que vous en avez reçus. Il vous fit invincibles, vous vous êtes montrés tels, mais la punition de cette troupe maudite est reservée à un autre bras. (1.) La vengeance appartient à Dieu ou à celui à qui il la commet. Le nombre ni la multitude ne sont pas nécessaires pour l'ouvrage de cette journée, soyez seulement attentifs à regarder comment ma main va déployer l'indignation de Dieu sur ces impies. Ils n'en veulent point à vous. Je suis l'unique objet de leur mépris & de leur envie. Je suis en butte à leur rage, parce que mon Pere Céleste (à qui l'empire, la puissance & la gloire appartiennent) a voulu m'honorer. Il m'a remis aussi leur châtiment, ils éprouveront, selon leurs souhaits, quel est le plus fort d'eux tous ensemble, ou de moi seul contre tous. Ils mesurent tout par la force, ils ne connoissent point d'autre merite ni d'au-

1. (*La vengeance appartient à Dieu.*) » Car » il est écrit, c'est à moi que la vengeance » est reservée, & c'est moi qui la ferai, dit » le Seigneur. Saint Paul aux Romains, c. 12. ℣. 19.

tre excellence : je consens donc qu'elle décide entre eux & moi.

En achevant ces mots, il prit ses armes des mains de la terreur. Les traits qui sortirent de ses yeux rendirent son aspect insoûtenable. Sa colere alloit éclater, il marcha contre ses ennemis. Tout à coup les quatre figures qui l'escortoient déployant leurs aîles étoilées, formerent une ombre qui répandit au loin l'effroi, & les roues de son char se remuerent, avec un bruit pareil (1.) à celui des fleuves impétueux, ou d'une armée nombreuse.

Le Fils de Dieu formidable comme la sombre nuit, s'avançoit contre ses rivaux impies. Sous ses roues brûlantes, le solide Empirée trembla d'un bout à l'autre. Tout fut ébranlé hors le Trône

1. (*Des fleuves impétueux.*) » Le bruit que » je leur entendis faire de leurs ailes étoit com- » me le bruit des plus grandes eaux, & comme » la voix que Dieu a fait entendre du haut du » Ciel. Ils faisoient un bruit lorsqu'ils mar- » choient comme le bruit d'une grande multi- » tude, & comme le bruit de toute une armée, » & quand ils s'arrêtoient ils baissoient leurs » ailes. Ezech. 1. 24.

où réside l'Eternel. Il eut bien-tôt joint ces rebelles : il tenoit en sa main une gerbe de tonnerres, ils partirent devant lui, & les impies furent transpercés de mortelles playes. Ses ennemis étonnés perdent courage ; ils ne songent pas même à se mettre en défense, les armes leur tombent des mains.

Le voilà déja qui triomphe, il passe, & la victoire l'a devancé. Il foule en son chemin les boucliers, les casques, & les têtes hautaines des Trônes & des Séraphins renversés. Ils voudroient pouvoir se dérober à son courroux, en cherchant (1.) un abri sous les montagnes dont n'a gueres ils se sentoient accablés.

Avec même furie ses traits rédoutables tomboient de chaque (2.) côté des

1. (*Un abri sous les montagnes.*) » Et ils dirent aux montagnes & aux rochers, tombez » sur nous & cachez-nous devant la face de » celui qui est assis sur le Trône, & de la colere de l'Agneau. Apocal. c. 6. ℣. 16.

2. (*De chaque côté des quatre esprits.*) » Les » charbons de feu brulans, & comme des » animaux paroissoient, à les voir, comme des » lampes ardentes. On voyoit courir au milieu

quatre esprits remarquables par le nombre & par l'éclat de leurs yeux. Un feu devorant sortoit aussi des roues vivantes, & pareillement remplies d'une multitude d'yeux. Un esprit les dirigeoit : chaque œil brilloit de vifs éclairs, & lançoit contre les esprits maudits des flammes terribles, les rebelles resterent privés de leur vigueur naturelle, épuisés, sans cœur, affligés, renversés.

Cependant le Fils de Dieu n'employa pas en ce jour sa puissance entiere ; il retint à demi son tonnerre. Son dessein n'étoit pas de les détruire, il ne songeoit qu'à les chasser de sa présence. Il leur prêta des forces pour fuir, & les poussa devant lui comme un troupeau de boucs ou de vils animaux que la crainte rassemble. Le tonnerre, la terreur, & les furies les porterent jusqu'à l'extrémité du céleste parvis.

(1.) Le Ciel se retira sur lui-même,

» des animaux des flammes de feu & des éclairs
» qui sortoient du feu. Ezech. 1. 13.

1. (*Le Ciel se retira sur lui-même.*) Cette idée est prise de l'Apocalypse, chap. 6. ℣. 14.

s'entr'ouvrit, & leur présenta les vastes précipices de l'abîme. A cette vuë effroyable, ils reculerent d'horreur, mais une horreur encore plus grande les poussoit en avant ; ils se précipiterent d'eux-mêmes hors de l'enceinte du Ciel : la colere éternelle les poursuivit jusqu'à l'extrêmité du gouffre immense, qui les reçut dans son sein.

L'Enfer en entendit le bruit affreux : (1.) l'Enfer vit les ruines du Ciel croulant sur lui : la frayeur le saisit, il voulut s'enfuir, mais la justice inévitable avoit jetté trop profondement ses noires fondations, & il se trouvoit lié de chaînes trop fortes. Ils tomberent pen-

» Le Ciel se retira comme un Livre qu'on » roule.

1. (*L'Enfer vit les ruines.*) Isaïe, chap. 5. présente une idée semblable. » Propterea dilatavit infernus animam suam, & aperuit os » suum absque ullo termino, & descendent fortes ejus, & populi ejus, & sublimes, gloriosique ejus ad eum. « L'abime est encore personifié dans le Cantique d'Habacuc. c. 3. ℣. 10. L'abîme a fait retentir sa voix, & a élevé ses mains vers vous.

dant neuf jours. Le Chaos confondu rugit, & sentit une agitation dix fois plus terrible au moment qu'ils rouloient à travers sa barbare anarchie. La confusion fut si énorme, qu'il s'en trouva même embarassé, quoi qu'il n'aime que le désordre.

L'Enfer rempli d'un feu que rien ne peut éteindre, l'Enfer maison de tristesse & de peine, l'Enfer se dilatant les engloutit, & se referma sur eux, le Ciel délivré de ces infidelles se réjouit, & bien tôt en se rejoignant repara la division de ses murs.

Seul vainqueur de ses ennemis dissipés, le Messie retourna en triomphe sur son char. Les Saints qui étoient restés dans un silence profond, & qui n'avoient fait que contempler ses exploits s'avancerent à sa rencontre en poussant des cris de joie.

Ils vinrent à lui les palmes à la main, chaque ordre glorieux celebra son triomphe, ils proclamerent tous cet auguste Conquerant, Fils héritier, & Seigneur universel, & rendant hommage à son Empire, ils publierent qu'il étoit digne de regner.

Au bruit de leurs acclamations, il s'avançoit en triomphe par le milieu du Ciel : il entra dans les palais ſacrés de ſon Pere majeſtueuſement aſſis ſous un dais magnifique, & ſe plaçant à ſa droite, il prit poſſeſſion du Thrône & de la gloire, vrai partage de la divinité.

Ainſi meſurant les choſes du Ciel par celles de la terre pour te complaire, & pour que l'exemple du paſſé te ſerve de leçon, je t'ai revelé ce qui autrement ſeroit toujours reſté caché aux hommes. Te voilà maintenant inſtruit de la diſcorde, & de la guerre des Anges, tu ſçais la chûte horrible de ces ambitieux qui ſe revolterent avec le Prince des ténébres ; ce même Satan jaloux de ton bonheur medite ta ruine. Il travaille à te détourner auſſi de l'obéïſſance afin que tu ſois privé comme lui de la felicité, & que tu partages ſa peine. Il croit ſe conſoler en ſe vengeant ſur toi, de celui dont tu es l'image. Il croit que s'il te pouvoit rendre le compagnon de ſon malheur il contriſteroit le Très-Haut, mais ne prête pas l'oreille à ſes diſcours ſeducteurs. Avertis ſouvent ta compagne de ce qu'elle doit au Très-Haut ; ſon ſexe eſt le plus foible, il a beſoin de ſecours. N'oublie jamais ce que tu viens d'entendre. Tu vois par un exemple terrible quel eſt le prix de la déſobéiſſance. Les Anges ſont tombés, ils pouvoient ſe ſoûtenir ; ſouviens-toi de leur ſort, & crains de les imiter.

Fin du Livre ſixième.

LIVRE SEPTIE'ME.

ARGUMENT.

A La priere d'Adam, Raphaël explique comment, & pourquoi le monde a été créé. Il lui apprend que Dieu après avoir chassé du Ciel Satan & ses Anges, déclara le dessein qu'il avoit de produire un autre monde, & d'autres créatures pour l'habiter. Il envoye son Fils avec un glorieux cortege d'Anges pour accomplir l'ouvrage des six jours. Les esprits célestes en sélebrent la consommation par des Hymnes & des Cantiques, & remontent au Ciel à la suite du Créateur.

LE PARADIS PERDU.

LIVRE SEPTIE'ME.

Toi, dont la voix m'a conduit dans les nuës au-dessus de la portée des aîles de Pegase, descends du glorieux séjour de l Eternel, (1.) Uranie, si l'on peut t'invoquer sous ce nom. Je sçais te distinguer de ces chimeriques

1. (*Uranie.*) Une des neuf Muses, dont le nom signifie Céleste. On lui attribuë l'invention de l'Astrologie.

filles du Permesse : tu n'es point fixée comme elles sur les sommets bornés du vieil Olimpe, mais née dans le Ciel, (1.) avant que les monts parussent, & que les fleuves coulassent, tu conversois avec la sagesse éternelle, & tu te joüois avec elle en presence du Pere Tout-puissant charmé de tes chants divins : par toi enlevé, quoique terrestre, je suis entré hardiment (2.) dans le Ciel des Cieux, & j'ai respiré l'air pur que tu as temperé. Soutiens-moi toûjours & ramene-moi à mon élement natal, de

1. (*Avant que les monts parussent.*) » Le » Seigneur m'a possedé au commencement de » ses voyes, avant qu'il créât aucune chose j'é- » tois dès-lors. La pesante masse des montagnes » n'étoit pas encore formée. J'étois enfantée » avant les collines. Il n'avoit point encore » créé la terre, ni les fleuves, ni affermi le » monde sur ses pôles. J'étois avec lui, & je » réglois toutes choses. J'étois chaque jour » dans les délices, me joüant sans cesse de- » vant lui. Ch. 8. Prov. ℣. 22. 26. 30.

2. (*Dans le Ciel des Cieux.*) Cette expression est fréquente dans l'Ecriture. » Est-il donc » croyable que Dieu habite véritablement sur » la terre, si les Cieux & le Ciel des Cieux ne » nous peuvent comprendre. L. 3. des Rois, c. 8. ℣. 27.

peur que partageant le ſort de (1.) Bellerophon, je ne tombe d'une région plus haute, pour gemir le reſte de mes jours dans les champs Aleïens, errant, deſeſperé, perdu. Je ſuis arrivé à la moitié de la carriere, mais reſſerré dans l'enceinte de cette étroite ſphere que le Soleil parcourt, ſans m'expoſer davantage au-deſſus du Pôle, je ferai mieux entendre les accens de ma voix. Elle conſerve encore tout ſon éclat, quoi que je me ſois trouvé en butte à la malignité des tems & de l'envie, entouré de dangers de toutes parts, dans les té-

1. (*Bellerophon.*) Fils de Glaucus Roi d'Egypte ou de Corinthe, après avoir défait la Chimere s'enfla de ſes ſuccès & s'efforça de monter au Ciel, mais Jupiter envoya un taon contre Pegaſe ſon cheval, qui le renverſa dans les champs Aleïens en Licie, où il erra le reſte de ſes jours. Il. L. 6. Ciceron dans ſon 3. Livre des Tuſculanes ayant obſervé que les perſonnes dans l'affliction cherchent la ſolitude, rapporte l'exemple de Bellerophon & traduit deux vers d'Homere,

Qui miſer in campis mœrens errabat Aleis,
Ipſe ſuum cor edens, hominum veſtigia luſtrans.

nébres & dans la solitude, excepté quand tu me visites. soit lorsque la nuit étend ses voiles sombres, soit lorsque l'Aurore teint en pourpre l'Orient. Dirige mes chants, Uranie, rassemble autour de moi un petit nombre de personnes dignes de m'écouter, mais écarte la dissonance barbare de Bacchus, & de ses fanatiques enfans, race de cette troupe forcenée qui déchira le chantre de Thrace sur le mont Rhodope, où les bois, & les rochers prêtoient l'oreille à ses transports, avant que sa harpe, & sa voix eussent été déconcertées par les cris bruyans d'une multitude furieuse. Dans cette extrêmité, Calliope ne put se conserver un Fils, tu ne manques pas ainsi à qui t'implore. Tu es un écoulement de l'Eternel; elle n'étoit qu'un songe frivole.

Dites, Déesse, ce qui se passa quand Raphaël, l'affable Archange, eut averti Adam d'éviter l'infidélité, de peur de partager le sort terrible des Démons. Il lui répréſenta le danger qu'il couroit d'être exclus du Paradis avec toute sa posterité, si malgré la deffense ils étoient assez téméraires pour toucher à l'arbre interdit, & s'ils méprisoient au milieu de leur abondance, un commandement si facile à garder. Des objets si sublimes & si étranges conduisirent notre premier Pere à une profonde réverie ; il ne pouvoit accorder dans son esprit la haine, la guerre, & la confusion dans le Ciel, près de la paix de Dieu, au centre même de la beatitude, mais bien-tôt il sentit que le mal de soi-même, incompatible avec la félicité, devoit en être separé ; & qu'il falloit nécessairement qu'il retournât sur ses auteurs, comme l'eau d'un fleuve que le vent refoule vers sa source.

Ainsi Adam dissipa les doutes qui s'élevoient dans son cœur. Il se laisse maintenant entraîner par un loüable désir de connoître ce qui peut encore le toucher de plus près, comment ce monde composé du Ciel & de la terre a commencé, quand, pour quelle cause & de quoi a été formé tout ce qui existoit avant lui au dedans & au-dehors d'Eden. Tel qu'un homme à peine désalteré suit des yeux l'eau courante, & sent renouveller sa soif par le doux murmure du liquide élément, il adressa de nouveau la parole à son Hôte céleste.

La bonté divine compâtit à notre foiblesse : elle t'a envoyé du haut de l'Empirée pour nous instruire sur des points importans, mais que nous n'eussions jamais approfondis sans tes lumieres. Nous devons sans cesse remercier la Providence, & recevoir son avertissement avec une ferme résolution d'observer inviolablement sa volonté suprême, fin derniere de l'homme ; mais puisque tu veux bien nous dessiller les yeux, daigne présentement descendre un peu plus bas, raconte-nous ce qu'il ne nous sera peut être pas moins utile de sçavoir : la création du Ciel que nous voyons si haut, si éloigné, orné d'une multitude innombrable de feux errants, & l'origine de cette substance répanduë autour de nous, de l'air qui forme ou remplit tout espace, & qui embrasse le globe de la terre ; apprend-nous quelle cause détermina de toute éternité le Créateur au milieu de son saint repos à bâtir, mais si tard, dans le Chaos, & en combien de temps l'ouvrage fut accompli. Dévoile-nous ces mystéres, si cependant il ne t'est pas défendu de les révéler. Nous ne prétendons point sonder les secrets de son Empire ; nous ne cherchons à nous instruire que pour célébrer avec plus de connoissance le pouvoir & la

bonté

bonté de l'Auteur de tant de merveilleux Ouvrages. Le grand flambeau du jour n'aura pas si-tôt fini sa carriere. Enchanté de tes sons majestueux, il retardera son cours pour t'entendre conter sa naissance ; ou si l'astre du soir & la Lune se hâtent pour t'écouter, la nuit avec elle amenera le silence. Le sommeil même veillera pour te prêter une oreille attentive : ta voix le suspendra, & nous ne nous appercevrons point de son absence, tant que nous serons avec toi.

Adam supplia ainsi son Hôte illustre. Le Ministre céleste lui répondit : La langue des Anges, ou la voix des Séraphins peuvent-elles suffire à raconter les ouvrages du Tout-puissant ? Ou l'esprit de l'homme est-il capable de les concevoir ? Je ne te cacherai pourtant point ce qu'il t'est permis d'entendre ; il est bon que tu saches ce qui pourra t'inspirer l'amour de l'Eternel, ou contribuer à ton bonheur. J'ai reçu ordre d'enhaut de satisfaire ta curiosité jusqu'à un certain point ; contente-toi de ce que je te révelerai, & n'espere point à force de recherches pénétrer des secrets que l'Etre invisible, qui seul connoît tout, a ensevelis dans une nuit profonde. La nature n'est que trop étenduë pour toi, tu peux l'étudier, mais l'esprit n'a pas moins besoin que le corps de cette tempérance qui sert à moderer l'appétit & à faire connoître la juste mesure, autrement l'excès accable, & la sagesse bien-tôt se change en folie, comme la nourriture produit d'épaisses fumées, lorsqu'elle est prise en trop grande abondance.

Je t'ai raconté la chûte de Lucifer, autrefois plus brillant dans l'armée des Anges, que n'est l'étoile de ce nom entre les astres. (1.) Après qu'il fut tombé avec ses légions foudroyées au travers de l'abîme, & que l'Auguste Fils fut retourné victorieux avec ses Saints, le Tout-puissant vit de son Trône leur multitude, & parla ainsi à son Fils:

Enfin notre ennemi s'est trompé : il croyoit ce rival jaloux avoir entraîné dans sa révolte tous les esprits. Il se flattoit avec leur aide, de nous déposséder

1. (*Après qu'il fut tombé.*) Le Concile de Latran sous Innocent III. nous apprend que les Anges furent créés en même tems que la matiere; mais saint Basile, saint Grégoire de Nazianze, saint Ambroise & saint Hilaire disent que les Anges ont précedés le monde.

de cette forteresse inaccessible, siege de la Divinité suprême : il en a séduit en effet plusieurs qui ne trouveront plus ici de place ; cependant ces Royaumes spatieux sont encore peuplés d'un nombre suffisant pour les posseder & pour m'offrir dans ce haut Temple des adorations convenables ; mais afin qu'il ne se glorifie pas dans son cœur de m'avoir enlevé des adorateurs, je songe à réparer ce dommage, si ç'en est un que de perdre ce qui s'est corrompu de soi-même. Je vais à l'instant créer un autre monde, & d'un seul homme, une race d'hommes innombrables pour l'habiter, jusqu'à ce qu'élevés par les dégrés du mérite, ils s'ouvrent un chemin vers moi, après avoir été éprouvés sous une longue obéissance. En ce tems la terre & les Cieux prendront une face nouvelle : il s'en formera un seul Royaume, une joie & une union sans fin. Réjouissez-vous, célestes Puissances, & toi : mon Verbe, mon Fils que j'ai engendré de toute éternité, (1.) par toi j'accomplis

1. (*Par toi j'accomplis ces merveilles.*) » Car » tout a été créé par lui (Jesus-Christ) dans

ces merveilles, parle, & qu'il ſoit fait. J'envoye avec toi ma puiſſance & mon eſprit qui couvre tout de ſon ombre. Marche, commande au Ciel & à la terre d'occuper un certain eſpace de l'Abîme, de l'Abîme ſans bornes, mais rempli de mon immenſité. Je me renferme en moi-même : ſois le miniſtre & le diſpenſateur de ma bonté ; (1.) je ne l'ai point encore fait éclater ; elle eſt libre d'agir, ou de ne pas agir. La néceſſité & le hazard ne m'approchent point. Ma volonté fait le deſtin.

L'Eternel parla en ces termes, & le Verbe accomplit ſes décrets. Ce que Dieu fait, ſe fait ſubitement : ſes volon-

---

» le Ciel & dans la Terre, les choſes viſibles » & les inviſibles, ſoit les Thrônes, ſoit les » Dominations, &c. Saint Paul aux Coloſſ. c. 1. ✝. 16. L'Ecriture nous enſeigne en pluſieurs autres endroits que Dieu a créé toutes choſes par ſon Verbe.

1. (*Je ne l'ai point encore fait éclater.*) Theophile, Evêque d'Antioche, dit M. Fleury Hiſtoire Eccl. p. 465. l. 4. 4. reconnoît le Verbe coéternel au Pere, mais il nomme génération, ſuivant le ſtile des Anciens, cette progreſſion par laquelle il s'eſt manifeſté au-dehors lorſque le Pere a produit les créatures par lui.

tés ne sont point sujettes aux mesures du tems, ni aux loix du mouvement, mais pour s'accommoder à l'intelligence des hommes il faut une succession de paroles. Le Ciel triompha & fut rempli de joie. Gloire, dirent-ils au Très-Haut, que sa bonne volonté s'étende sur les hommes futurs & que la paix soit dans leur demeure. Gloire à celui dont la colere vengeresse a chassé les impies de sa vuë, & de l'habitation des justes. Gloire & loüange soit à celui dont la sagesse a resolu de tirer le bien du mal, & d'élever sur les Thrônes, d'où les méchans se sont vûs renversés, une meilleure génération qu'il comblera de biens pendant des siécles infinis.

Prêt à consommer ces merveilles le Fils parut ceint de la Toute puissance, couronné des rayons de la Majesté divine, sa sagesse, l'amour immense, & tout son Pere brilloit en lui. Autour de son char s'assemblerent sans nombre les Chérubins, Seraphins, Potentats, Thrônes, Vertus, Esprits ailés, aussi-bien que les chars de l'Arsenal de Dieu qui de temps immemorial sont placés par millions entre deux montagnes d'airain tout prêts pour un jour solemnel.

D'eux-mêmes (car l'esprit de vie étoit en eux) ils vinrent se présenter à leur Seigneur. Le Ciel ouvrit au large ses portes éternelles qui rendirent un son harmonieux, lorsqu'elles commencerent à tourner sur leurs gonds d'or, (1.) afin de laisser passer le Roi de gloire venant dans son Verbe puissant, & dans son esprit pour créer de nouveaux mondes. Ils s'arrêterent sur les confins de l'Empirée, & du bord ils envisagerent l'Abîme vaste, immense, orageux comme la mer, sombre, affreux, désert, boulleversé par les vents furieux & par les vagues qui se soulevoient comme des montagnes pour assaillir le haut des Cieux, & pour confondre le Pôle avec le centre.

Cesse d'élever ta voix contre le Ciel, Abîme ; vous flots, faites silence, dit le Verbe, suspendez vos fureurs. A l'instant porté sur les ailes des Cherubins, il s'avança dans la gloire paternelle au milieu du Chaos, & du monde

1. (*Afin de laisser passer le Roi de gloire.*) » Vous portes éternelles levez-vous & vous ouvrez, afin de laisser entrer le Roi de gloire. Ps. 23. ℣. 7.

encore à naître. Le Chaos entendit au loin sa voix, l'armée céleste marchoit en ordre brillant pour voir la création, & les merveilles de sa puissance.

Il arrêta ses rouës ardentes, & dans sa main il prit le compas d'or preparé dans les trésors éternels de Dieu pour décrire cet univers. Il appuya un pied dans le centre, & tourna l'autre en rond au travers de la vaste profondeur des ténébres, & dit, monde étends-toi jusques-là, ici borne toi, que ce soit là ta circonference.

(1.) Ainsi le Verbe créa le Ciel, & la terre, matiere informe & nuë. L'obscurité profonde couvroit l'Abîme, mais l'esprit de Dieu étendant ses ailes fecondes sur les eaux précipitoit en bas la froide lie de la mort, & insinuoit une vertu & une chaleur vitale au travers de la masse fluide. Il réunit & jetta en moule les choses homogenes, départit les autres en différentes places, il fila l'air à

1. (*Ainsi le Verbe créa.*) Au commencement » Dieu créa le Ciel & la Terre. La Terre étoit » informe & toute nuë : les ténébres couvroient » la face de l'Abîme, & l'esprit de Dieu étoit » porté sur les eaux. Gen. 1. 1.

l'entour, & la terre balancée sur elle-même resta fixe sur son centre.

(1.) Et Dieu dit que la lumiere soit faite, & soudain la lumiere étherée, la premiere des choses, qu'intessence pure saillit de l'Abîme; & de son Orient natal commença à se mouvoir par l'air ténébreux, enchassée dans un nuage brillant, car le Soleil n'étoit pas encore; cependant elle séjournoit dans un tabernacle nébuleux. Dieu vit que la lumiere étoit bonne, & il sépara par l'hemisphere la lumiere d'avec les ténébres. Il appella la lumiere le jour & les ténébres la nuit. Ainsi du soir & du matin se fit le premier jour, & il ne se passa pas sans être chanté, ni célebré par les célestes chœurs quand ils virent la lumiere naissante s'exhaler des ténébres au jour de la formation du Ciel, & de la terre. Ils remplirent de joie, & d'acclamations la vaste

1. (*Et Dieu dit que la lumiere soit faite.*) » Or » Dieu dit que la lumiere soit faite, & la lu- » miere fut faite. Dieu vit que la lumiere étoit » bonne, & il sépara la lumiere d'avec les té- » nébres. Il donna à la lumiere le nom de jour, » aux ténébres le nom de nuit; & du soir & du » matin se fit le premier jour, Genese 1.3. &c.

concavité de l'Univers, & touchant leurs harpes d'or, ils glorifierent dans leurs Hymnes, Dieu & ses ouvrages, & dès ce même jour ils le benirent en lui donnant le titre glorieux de Créateur.

(1.) De nouveau, Dieu dit, que le Firmament soit fait au milieu des eaux, & qu'il sépare les eaux d'avec les eaux, & Dieu fit le vaste Firmament d'air fluide, pur, transparent, élémentaire, étendu en circuit jusqu'à la convexite la plus reculée de ce grand orbe. Les eaux superieures se trouverent ainsi divisées des inférieures par une séparation ferme & sûre, car il bâtit le monde au milieu d'un vaste Ocean de cristal, (2.) com-

1. (*De nouveau Dieu dit, que.*) » Dieu dit » aussi que le Firmament soit fait au milieu » des eaux, & qu'il sépare les eaux d'avec les » eaux, & Dieu fit le Firmament, & il sépara » les eaux qui étoient sous le Firmament d'a- » vec celles qui étoient au-dessus du Firma- » ment, & cela se fit ainsi; & Dieu donna au » Firmament le nom de Ciel, & du soir & du » matin se fit le second jour. Genese 1. 6. &c.

2. (*Comme il fonda la Terre sur les eaux.*) » Parce que c'est lui qui l'a fondée, *la Terre*

me il fonda la terre ſur les eaux calmes qui l'environnent. Il recula au loin l'Empire tumultueux du Chaos, de peur que les extrêmités ſe froiſſant violemment l'une contre l'autre ne troublaſſent toute la ſtructure. Il donna au Firmament le nom de Ciel : & les concerts angeliques célébrerent le ſoir & le matin du ſecond jour.

La terre étoit formée, mais comme une maſſe imparfaite encore enveloppée dans le ſein des eaux, elle ne paroiſſoit point. Le grand Ocean couvroit entierement ſa face, & il ne rouloit point inutilement ſes flots. Leur humeur féconde pénétroit le globe de la terre, abbreuvoit doucement la mere univerſelle, & la diſpoſoit à concevoir quand Dieu dit : (1.) Vous eaux ſous le Ciel reſſerrez-vous, & que l'élément aride paroiſſe. Auſſi tôt les monts firent voir dans les airs leurs dos vaſtes & nuds,

---

» au-deſſus des mers, & établie au-deſſus des » fleuves, Pſ. 23. ℣. 12.

1. (*Vous eaux ſous le Ciel.*) » Dieu dit encore que les eaux qui ſont ſous le Ciel ſe raſſemblent en un ſeul lieu, & que l'élement aride » paroiſſe, & cela ſe fit ainſi. Geneſe 1. 9.

& porterent leurs têtes vers les cieux. Autant que quelques parties de la terre s'éleverent en haut pour former les montagnes, autant d'autres parties s'affaisserent afin de faire un lit vaste, profond & spatieux pour les eaux. Elles y coururent avec précipitation en se roulant en boules comme on voit les gouttes rouler sur l'aride poussiere, une partie se poussoit en avant comme un mur de cristal, tandis que le reste se jettoit par-dessus en formant une chaîne de montagnes. (1.) Telle fut la vîtesse & la crainte que la voix du Tout-puissant imprima à leurs flots rapides; comme des armées à l'appel des trompettes (car tu as entendu parler d'armées) se rangent sous leurs enseignes, ainsi la foule

1. (*Telle fut la vitesse & la crainte.*) „ L'Abime l'environne comme un vêtement, & „ les eaux s'élevent comme des montagnes, „ mais vos menaces les font fuir, & la voix de „ votre tonnerre les remplit de crainte: elles „ s'élevent comme des montagnes, elles descendent comme des vallées dans le lieu que „ vous leur avez établi. Vous conduisez les „ fontaines dans les vallées, & vous faites „ couler les eaux entre les montagnes. Ps. 103. ℣. 6.

des eaux marchoit entraînée dans la pente avec une rapidité de torrent, & dans la plaine coulant avec majesté. Les rochers mêmes & les montagnes ne les arrêterent point, mais passant sous terre, ou faisant un grand détour en serpentant, elles choisirent leurs routes, & creuserent aisément leurs canaux profonds sur la terre molle & limoneuse, avant que Dieu l'eut affermie, en lui ordonnant d'être entierement séche, à la réserve des lieux destinés à servir de lit aux rivieres. (1.) Il appella l'aride élément la terre, & donna le nom de mer au grand réservoir des eaux; il vit ensuite que cela étoit bon, & dit, que la terre produise de l'herbe verte, de l'herbe qui renferme sa sémence, & des

1. (*Il appella l'aride élement.*) „ Dieu donna à l'élement aride le nom de terre, & il appella mers toutes ces eaux rassemblées, & „ il vit que cela étoit bon. Dieu dit encore que „ la terre produise de l'herbe verte qui porte de „ la graine, & des arbres fruitiers qui portent „ du fruit chacun selon son espéce, & qui renferment leur semence en eux-mêmes pour „ se reproduire sur la terre, & cela se fit ainsi: „ & du soir & du matin se fit le troisiéme jour „ Genese 1. 10.

arbres fruitiers portant des fruits chacun ſelon ſon eſpéce, dont la ſémence ſoit en eux mêmes pour ſe renouveller ſur la terre.

Il dit, & la terre aride juſques-là déſerte nuë, déſagréable, & brute, pouſſa l'herbe tendre, dont la verdure étendit ſur ſa face univerſelle un coloris charmant. Toutes ſortes de plantes fleurirent & développant leurs couleurs variées, égayerent ſon ſein parfumé de douces ſenteurs. Celles-ci étoient à peine épanoüies que la vigne pleine de grappes ſerpenta de tous côtés, le lierre ſouple rampa, l'épi fertile ſe ſoûtint en bataille dans ſon champ, puis l'humble arbriſſeau & le buiſſon s'embraſſerent l'un l'autre. Enfin les arbres majeſtueux s'éleverent pompeuſement, & étendirent leurs branches chargées de fruits abondans ou garnis de boutons perlés. Les monts furent couronnés de futayes; les vallées & le bord des fontaines de bouquets touffus, & les rivieres de belles bordures. Alors cette terre parut un Ciel, une place où les Dieux auroient pû s'établir, & ſe promener avec délices ravis de la beauté de ſes ombrages ſacrés. Cependant

(1.) la pluye n'étoit point encore tombée, & la main d'aucun homme ne cultivoit les campagnes ; mais (2.) il s'élevoit de la terre un brouillard humide pour arroser les productions que Dieu avoit créées. Dieu vit que cela étoit bon, & le soir & le matin marquerent le troisiéme jour.

Dieu dit encore (3.) qu'il y ait des

---

1. (*La pluye n'étoit point encore tombée.*) „ Telle a été l'origine du Ciel & de la Terre, „ & c'est ainsi qu'ils furent créés au jour que le „ Seigneur Dieu fit l'un & l'autre, & qu'il créa „ toutes les plantes des champs avant qu'elles „ fussent sorties de la terre ; & toutes les herbes „ de la campagne avant qu'elles eussent poussé; „ car le Seigneur Dieu n'avoit point encore „ fait pleuvoir sur la terre, & il n'y avoit point „ d'homme pour la labourer, mais il s'élevoit „ de la terre une fontaine qui en arrosoit toute „ la surface. Gen. 2. 4.

2. (*Il s'élevoit un brouillard.*) La version Angloise après les septante, & la Paraphrase Chaldéenne dit *un brouillard* au lieu d'une *fontaine*, comme il y a dans la Vulgate.

3. (*Qu'il y ait des corps lumineux.*) » Dieu » dit aussi que des corps de lumiere soient faits » dans le Firmament du Ciel, afin qu'ils separent le jour d'avec la nuit, & qu'ils servent » de signes pour marquer les tems & les sai- » sons, les jours & les années, qu'ils luisent

corps lumineux dans la vaste étenduë du Ciel afin qu'ils divisent le jour de la nuit, & qu'ils servent de signes pour marquer les saisons, les jours, & le cercle des années: qu'ils luisent dans le firmament comme je l'ordonne, & que leur office soit d'éclairer la terre, & cela fut ainsi; & Dieu fit deux grands corps lumineux, grands pour l'usage dont ils sont à l'homme, le plus grand pour présider au jour, le moindre pour briller à son tour pendant la nuit. Il fit aussi les étoiles, & les plaça dans le Firmament pour luire sur la terre, pour regler alternativement le jour & la nuit, & pour séparer la lumiere d'avec les ténébres. Dieu considerant son grand ouvrage vit que celà étoit bon. Le premier des corps célestes qu'il fabriqua fut le Soleil, qui ne fut d'abord qu'une immense sphere

» dans le Firmament du Ciel & qu'ils éclairent
» la terre, & cela fut fait ainsi. Dieu fit donc
» deux grands corps lumineux, l'un plus
» grand pour présider au jour, & l'autre moin-
» dre pour présider à la nuit & pour séparer la
» lumiere d'avec les ténébres. Dieu vit que cela
» étoit bon, & du soir & du matin se fit le
» quatriéme jour. Gen. I. &c.

ſans lumiere, quoique d'une ſubſtance étherée : enſuite il forma la Lune ronde en ſa figure, & des Etoiles de toutes grandeurs, & ſema le Ciel comme un champ d'aſtres nombreux. Il prit la plus grande partie de la lumiere : & la tranſporta de ſon enceinte nebuleuſe dans l'orbe du Soleil qu'il avoit fait ſpongieux, afin qu'il attirât ce fluide dans ſes pores, & ferme pour qu'il pût retenir l'aſſemblage de ſes rayons. Cet aſtre eſt à préſent le grand Palais de la lumiere. Là comme à leur ſource les autres aſtres recourans, dans leurs urnes d'or puiſent leurs feux. Par lui la Planete du matin dore ſes cornes, & toutes elles augmentent par la teinture, ou par la réflexion de ſes rayons, la petite clarté qui leur eſt propre & que l'éloignement diminuë à nos yeux. L'aſtre du jour parut d'abord à l'Orient. (1.) Charmé de parcourir ſon vaſte cercle, dans la

1. (*Charmé de parcourir ſon vaſte cercle.*) „ Il a établi ſa tente dans le Soleil, & il eſt lui-„ même comme un époux qui ſort de ſa cham-„ bre nuptiale. Il ſort plein d'ardeur, pour cou-„ rir comme un géant dans ſa carriere, il part „ de l'extrêmité du Ciel. Pſ. 18. 6.

haute carriere des Cieux , il éclairoit l'Horison. L'aurore préparoit son chemin , & (1.) les Pleïades dansant devant lui versoient de douces influences. La Lune moins brillante se montroit à l'Occident avec une face pleine ; miroir du Soleil , elle empruntoit de lui sa lumiere. Son aspect par rapport à cet astre la dispensoit de briller par elle-même ; elle se retiroit à mesure qu'il avançoit : la nuit vint , & la Lune se fit voir à son tour du côté du Levant , roula sur le grand axe des Cieux , & tint la royauté dont elle fit part à mille moindres flambeaux , à mille & mille étoiles qui émaillerent en ce jour l'hemisphere.

---

1. (*Les Pleïades dansant devant lui.*) Milton désigne ici très-ingénieusement la saison dans laquelle le monde fut créé. Les Pleïades sont sept étoiles placées entre la tête du taureau & la queuë du belier. Les Grecs leur donnerent ce nom , parce qu'elles marquent par leur lever , qui se fait au Printems , la saison favorable de la navigation. Les Latins les nommerent pour cela *Vergelia.* Or le monde , suivant le sentiment des Peres , fut créé le 25. de Mars. La Lune , dit Bede , étoit alors dans son plein. Un Concile tenu en Palestine l'an 198. établit encore cette opinion.

Alors pour la premiere fois ornés de mobiles flambeaux, le soir & le matin couronnerent avec joie le quatriéme jour.

Et Dieu dit (1.) que les eaux produisent des animaux vivans qui nagent dans l'onde, & que les oiseaux volant sur la terre déployent leurs aîles par les régions des airs : & Dieu créa les grandes baleines, & tous les animaux qui se meuvent dans l'air ou dans l'onde, & tous les reptiles que les eaux produisirent abondamment, avec tous les oiseaux pourvûs d'aîles chacun selon son espéce ; il vit que cela étoit bon, & il les benit, disant, croissez, multipliez, rem-

1. (*Que les eaux produisent.*) » Dieu dit encore que les eaux produisent des animaux » vivans qui nagent dans l'eau, & des oiseaux » qui volent sur la terre, sous le Firmament » du Ciel. Dieu créa donc les grands poissons, » & tous les animaux qui ont la vie & le mouvement, que les eaux produisirent chacun selon son espéce, & il créa aussi tous les oiseaux » selon leur espéce : il vit que cela étoit bon, » & il les benit en disant, croissez & multipliez-vous, & remplissez les eaux de la mer, » & que les oiseaux se multiplient sur la terre; » & du soir & du matin se fit le cinquiéme jour. Genes, 1. 20.

plissez les eaux de la mer, des lacs, & des rivieres ; & que les oiseaux s'étendent sur la terre. Aussi-tôt les détroits & les mers, les anses, & les bayes fourmillerent d'une multitude de poissons, qui garnis de nageoires & d'écailles luisantes fendirent les ondes vertes, & s'avancerent sans crainte au milieu de l'Ocean. Quelques-uns solitaires, d'autres avec leurs semblables paissent l'herbe de la mer, & se promenent dans des (1.) bocages de corail. Tantôt ils se joüent en éffleurant subtilement la surface des eaux, tantôt ils montrent au Soleil leurs robes changeantes & dorées. Quelques-uns dans leurs écailles de perles attendent à leur aise une nourriture liquide. Le Veau de mer & le Dauphin voûté folâtrent légerement sur la plaine calme ; d'autres prodigieux en grandeur se roulant pesamment avec leur masse énorme soulevent l'Ocean. Là Leviathan la plus monstrueuse de toutes les créatures vivantes dort étenduë comme un pro-

1. (*Dans des bocages de corail.*) » Les oiseaux du Ciel & les poissons de la mer qui se » promenent dans les sentiers de l'Ocean. Ps. 8. ℣. 9.

montoire ſur les eaux profondes, ou nage, ſemblable à une terre mouvante, & rejette par ſes barbes une mer qu'elle attire par ſes ouyes. Cependant les antres tiedes; les marais, & les rivages font éclore leurs couvées nombreuſes. Ici l'œuf animé par la chaleur s'entrouvre heureuſement, & montre au jour les petits encore tendres & nuds; mais bien-tôt fournis de plumes & d'aîles ils les déployent, & prenant hardiment l'eſſor, ils mépriſent la terre & la couvrent comme un nuage. Là (1.) l'Aigle, & la Cicogne bâtiſſent leurs aires ſur les rochers, & ſur le ſommet des cedres. Quelques-uns diſperſés battent la campagne; d'autres par un inſ-

1. (*L'Aigle & la Cicogne.*) „ Les arbres de » campagne ſeront nourris avec abondance, » auſſi-bien que les cedres du Liban que Dieu » a plantés, & où les petits oiſeaux feront » leurs nids. Celui de la Cicogne eſt comme » le premier & le chef des autres. L'Aigle à » votre commandement s'élevera-t'elle en » haut, & fera-t'elle ſon nid dans les lieux les » plus élevés? elle demeure dans des pier» res, dans des montagnes eſcarpées & dans » des lieux inacceſſibles. Job. chap. 39. verſet 27. &c.

tinct merveilleux s'avancent ensemble sur deux files dont le front se resserre. (1.) Les saisons leur sont connuës, & conduisant au-dessus des mers & des terres leurs caravannes aeriennes, ils volent dans les nues, & se relayent alternativement pour soulager leur vol. Ainsi les prudentes Gruës dirigent chaque année leurs voyages, portées par les vents. L'air flotte sur leur passage & cede aux efforts de leurs plumes innombrables. De branche en branche les plus petits oiseaux voltigeans, égayent les bois par leur ramage & (2.) étendent leurs ailes peintes jusqu'à ce que la nuit leur marque la retraite, alors le rossignol mélodieux ne discontinuë point ses airs, mais toute la nuit il répete ses douces chansons. D'autres sur les lacs argentins & sur les rivieres, baignent leur gorge pleine d'un tendre duvet. Le

1. (*Les saisons leur sont connuës.*) „ Le Milan connoît dans le Ciel quand son temps „ est venu, la Tourterelle & la Cicogne sça„ vent discerner la saison de leur passage. Jer. 8. 7.

2. (*Et étendent leurs aîles.*) „ Est-ce par „ votre sagesse que l'Epervier se couvre de plu„ mes, étendant les aîles vers le midi. Job, ch. 36. ℣. 26.

Cigne avec un col en arc ; relevant comme un manteau Royal ses aîles blanches, porte en avant son corps majestueux ; ses pieds lui servent d'avirons : il quitte quelquefois les eaux, & s'élevant sur ses aîles fortes, il fend la moyenne région de l'air. D'autres marchent d'un pas ferme sur la terre. Tel est cet animal orné d'une crête superbe, le Cocq dont le clairon sonne les heures du silence ; & cet autre que rendent tout fier ses yeux étoilés, & les brillantes nuances de l'Arc-en-Ciel dont il est coloré. Les eaux furent ainsi remplies de poissons, & l'air d'oiseaux, & le soir & le matin solemniserent le cinquiéme jour.

Le sixiéme & le dernier de la création se leva, & les harpes du soir & du matin retentirent quand Dieu dit (1.) que

---

1. (*Que la terre produise.*) „ Dieu dit aussi „ que la terre produise des animaux vivans „ chacun selon son espéce. Les animaux do- „ mestiques, les reptiles & les bêtes de la terre „ selon leurs différentes espéces, & cela se fit „ ainsi. Dieu fit donc les bêtes de la terre selon „ leur espéce, & Dieu vit que cela étoit bon. Gen. I. 24.

la terre produiſe des animaux vivans & domeſtiques, les reptiles & les bêtes de la terre ſelon leurs différentes eſpéces : la terre obéit, & dans l'inſtant ſon ſein fertile produiſit une infinité de créatures vivantes, & d'animaux tout grands, formés & parfaits dans leurs membres. Les bêtes ſauvages ſortirent de la pouſſiere comme de leurs ſéjours ordinaires, & animerent les déſerts, les forêts, les antres & les buiſſons. Elles s'éleverent en paires, parmi les arbres, & marcherent. Les animaux domeſtiques parurent dans les champs & dans les vertes prairies. Celles-là rares & ſolitaires, ceux-ci nombreux & attroupés, (1.) les mottes ſe changerent tantôt en geniſſes, tantôt en lion. Ce dernier impatient (2.) frappe du pied, puis il s'élance comme échappé de ſes liens, & ſecoue en ſe cabrant ſa criniere mêlée.

---

1. (*Les mottes ſe changerent.*) „ Lorſque la » pouſſiere ſe répandoit ſur la terre, & que les » mottes ſe formoient & ſe durciſſoient, où » étiez-vous ? Job. 38. ℣. 38.

2. (*Frappe du pied.*) „ Il frappe du pied la » terre, il s'élance avec audace. Job. chap. 39. ℣. 21.

L'Once, le Leopard & le Tigre ſouleverent la terre qu'ils fendirent avec leurs griffes tranchantes. Le Cerf leger leva hors de terre ſa tête branchuë. (1.) Behemoth le plus gros enfant de la terre dégagea penniblement du moule ſon vaſte coloſſe. Les troupeaux beſlans pouſſerent comme des plantes. (2.) Indécis entre la mer & la terre, le Cheval de riviere & le Crocodile écaillé ſe montrerent au jour. Une infinité de créatures rampantes d'inſectes ou de vermiſſeaux ſortit par differentes ouvertures. Ceux-là remuerent leurs aîles ſouples, & découvrirent de petits traits fins & reguliers, ornés des plus ſuperbes livrées de l'été, avec des mouches d'or, de pourpre, d'azur, & de ſinople. Ceux-ci ſe traînant lentement ſillonnerent la campagne, & ne furent point les moindres productions de la nature. Quelques-uns de l'eſpece des Serpens, merveilleux en longueur & en cor-

1. (*Behemot.*) Job appelle ce qu'on croit l'Elephant de ce nom. „ Conſiderez Behemot que „ j'ai créé avec vous, il mangera le foin com„ me le bœuf. c. 40. ℣. 10. Job.

2. (*Indécis entre la terre & l'onde.*) Il parle ci des Amphibies.

pulence

pulence releverent avec des aîles leur corſage tortueux : d'abord rampa la fourmi œconome : ſon corps tout petit qu'il eſt enferme un grand cœur, & dans ſa république réunie en tribus populaires, elle ſera peut-être un jour le modele de la juſte égalité. Après parut en eſſain l'abeille femelle, qui nourriſſant délicieuſement le Bourdon ſon mari conſtruit ſes cellules de cire, & les remplit de miel. Le reſte eſt ſans nombre, tu ſçais leur nature, & tu leur as donné des noms qu'il n'eſt pas beſoin de répéter. Tu connois auſſi le ſerpent, il eſt le plus fin de toutes les bêtes de la terre. Sa grandeur énorme, ſes yeux d'airain & ſa vaſte criniere le rendent terrible aux animaux, mais (1.) loin d'être mal-faiſant pour toi, il obéit à ta voix.

Déja les Cieux brilloient dans toute leur gloire, & rouloient ſuivant les mouvemens que leur avoit imprimés la puiſſante main du premier moteur. La terre

1. (*Loin d'être malfaiſant pour toi.*) Les Peres de l'Egliſe (dit le P. Calmet) ſoûtiennent que les animaux qui ſont aujourd'hui nuiſibles à l'homme, ne l'étoient point avant ſon péché.

parfaite & consommée dans sa beauté, sourioit agréablement. L'air, l'eau, la terre, étoient peuplés d'oiseaux, de poissons, d'animaux qui voloient, nageoient, marchoient : mais il restoit quelque chose à faire du sixiéme jour. Le chef-d'œuvre n'étoit point encore formé Il manquoit une créature qui ne fût ni courbée vers la terre, ni brute comme les autres, mais d'une stature droite & haute, levant aux Cieux un front serein, qui douée de sainteté & de raison, & se connoissant elle-même, pût gouverner les autres de concert avec le Ciel, qui bien qu'elle sentit sa propre grandeur fût toujours prête à reconnoître & à adorer son Dieu, son Auteur. C'est pourquoi l'Eternel se fit entendre à son Fils en ces mots, (1.) faisons l'homme à notre image, & (2.) à notre

1. (*Faisons l'homme.*) „ Il dit ensuite faisons » l'homme à notre image & à notre ressemblan- » ce, & qu'il commande aux poissons de la mer, » aux oiseaux du Ciel, aux bêtes, à toute la » terre & à tous les reptiles qui se remuent sous » le Ciel.

2. (*A notre image & à notre ressemblance.*) Voici, selon Genebrard, la difference entre image & ressemblance. „ Ad imaginem Dei in

ressemblance, qu'il domine sur les poissons de la mer, sur les animaux qui fendent les airs, sur les bêtes des champs, & sur tous les reptiles qui se traînent sur la terre. Ayant fini ces mots, il te forma, ô Adam, toi homme, poussiere de la terre & répandit sur ton visage (1.) un souffle de vie; il te créa à sa propre image, à l'image, expresse de Dieu, & tu devins une ame vivante. (2.) Il te créa mâle, & ta compagne

» naturalibus mentis facultatibus & ad similitudinem in gratuitis donis, quæ quia postea » peccato amisit, Dei similitudinem perdidisse » memoratur non item imaginem.

1. (*Le souffle de la vie.*) „ Le Seigneur Dieu » forma donc l'homme du limon de la terre; » il répandit sur son visage un souffle de vie, » & l'homme devint vivant & animé. Genese, 2. 7.

2. (*Il te créa mâle, & ta compagne femelle.*) » Dieu créa donc l'homme à son image. Il le » créa à l'image de Dieu, & il les créa mâle & » femelle. Dieu les benit & il leur dit: croissez, » multipliez-vous, remplissez la terre & vous » l'assujettissez, & dominez sur les poissons de » la mer, sur les oiseaux du Ciel & sur tous » les animaux qui se remuent sur la terre. Dieu » dit encore, je vous ai donné toutes les her» bes qui portent leur graine sur la terre, &

femelle pour peupler la terre ; puis il benit le genre humain, & dit croissez, multipliez, remplissez le monde, & dominez d'un bout à l'autre sur les poissons de la mer, sur les oiseaux de l'air, & sur toutes les créatures vivantes qui se remuent sur la terre. Ensuite, comme tu sçais, il te plaça dans ce bocage délicieux, dans ce Jardin planté des arbres de Dieu, délectables à la vue, & au goût, & il te donna libéralement pour nourriture leurs fruits excellens. Tu trouves ici une varieté infinie, mais tu ne sçaurois toucher à l'arbre, dont le goût produit la connoissance du bien & du mal. Au jour que tu en mangeras, tu mourras. La mort est la peine imposée, sois sur tes gardes, & commande bien ton appetit de peur que le péché, & la mort sa noire compagne ne te surprennent. Ici (1.) Dieu finit son ouvrage, &

» tous les arbres qui renferment en eux-mê» mes leur sémence chacun selon son espéce, » afin qu'ils vous servent de nourriture. Gen. 1. 27.

1. (*Dieu finit son ouvrage.*) „ Dieu vit tou» tes les choses qu'il avoit faites, & elles étoient » très-bonnes, & du soir & du matin se fit le

confiderant ce qu'il avoit fait, il vit que tout étoit parfaitement bon. Ainfi le matin & le foir accomplirent le fixiéme jour. Alors le Créateur fe repofa, mais ce repos ne fut que la ceffation du travail, rien ne le peut fatiguer. Il remonta au Ciel des Cieux, fa haute demeure. Il confidera de là ce nouveau monde, l'accroiffement de fon Empire & fut content de fon ouvrage, en voyant comment il fe préfentoit devant fon Trône, combien il étoit bon, rempli de beauté, & répondant à fa grande idée. Il s'avança au bruit des acclamations, & de la fimphonie de dix mille harpes qui faifoient entendre une harmonie divine. La terre, l'air retentirent. Tu t'en fouviens, tu l'entendis. Le Ciel, & fes conftellations s'abbaifferent: les planetes attentives fufpendirent leur cours. Pendant que la brillante cour montoit ravie en une extafe de joie. Ouvrez-vous portes éter-

» feptiéme jour. Le Ciel & la terre furent donc » ainfi achevés avec tous leurs ornemens. Dieu » accomplit le fixiéme jour tout l'ouvrage » qu'il avoit fait, & il fe repofa le feptiéme » jour après avoir achevé tous fes ouvrages, Gen. 1. 31. &c.

nelles, chanterent ils ; vous Cieux, ouvrez vos portes vivantes : laissez entrer le grand Créateur qui revient après avoir achevé son ouvrage magnifique ; ouvrez-vous, & désormais attendez-vous à être souvent ouvertes. Le Seigneur se fera un plaisir de visiter la demeure des justes. Il y dépêchera frequemment ses couriers aîlés pour y répandre ses graces. Ainsi les glorieuses légions chantoient dans leur marche ; cependant à travers le Ciel qui ouvrit de toute leur grandeur ses portiques brillans, il fit un chemin droit au palais Eternel, une route large & superbe, dont la poussiere est d'or, & le pavé d'astres nombreux, comme tu en vois en (1.) Galaxie cette voye lactée, qui de nuit te paroît une zône semée d'étoiles.

Le séptiéme soir s'avançoit sur la terre d'Eden, car le Soleil étoit couché, & le crepuscule qui devance la nuit partoit de son Orient quand le Fils du Tout-puissant arriva au sommet élevé du saint mont des Cieux, au Trône de Dieu, fixe, ferme & assuré pour jamais. Il

1. (*Galaxie.*) La voye lactée se nomme autrement *Galaxie.*

s'assit avec son auguste Pere present à tout, quoique toûjours assis sur son Trône : Tel est le privilege de l'immensité, & il avoit ordonné l'ouvrage, auteur & fin de toutes choses. Après que la création fut finie, il benit & sanctifia le septiéme jour, comme se reposant en ce jour aprés avoir consommé son ouvrage. Ce jour pourtant ne fut point sanctifié par le silence. La harpe ne resta point suspenduë dans l'inaction La flute grave, le timpanon, les orgues mélodieuses & toutes sortes d'instrumens soit à cordes, soit à fils d'or, formerent un concert relevé de voix en partie, ou à l'unisson : des nuages d'encens cacherent la sainte montagne. Ils chanterent la création, & l'œuvre des six jours. Tes ouvrages sont grands Jehova, ton pouvoir est infini : quelle pensée peut te mesurer ? Ou quelle langue peut exprimer ta grandeur ? Elle éclate encore plus dans la création que tu viens de faire, que dans la destruction des esprits audacieux. Tes tonnerres montrent en ce jour ta force, mais il est plus grand de créer, que de détruire. Puissant Roi, rien ne peut borner ton empire absolu : qui oseroit te le disputer ? Tu as reprimé l'attentat orgueilleux, & les vains projets des esprits apostats. Ils vouloient t'abattre ; mais en te refusant l'hommage qui t'est dû ils ont prouvé leur folie & fait briller ta puissance. De la malice même tu sçais tirer le bien : ce monde nouveau en sera l'éternel témoignage. Nous y découvrons un autre Paradis situé prés de la porte du Ciel ; ses fondemens ont été posés sur le cristal des airs. Son étenduë presque immense contient des astres sans nombre, dont chacun sera peut-être quelque jour un monde habité, mais tu sçais leur destination, tes yeux considerent sur tout la terre que tes enfans doivent habiter. O trois fois heureux les hommes que Dieu a créés à son image pour demeurer au monde, & adorer sa divinité ; mais aussi pour dominer en récompense sur tous ses ouvrages tant sur la terre, que dans la mer, & dans l'air, & pour multiplier une race d'adorateurs saints & justes. O trois fois heureux s'ils connoissent leur bonheur, & s'ils perseverent dans l'obéissance. Ils chanterent de la sorte, & l'Empirée retentit des Cantiques de joye. Ainsi fut observé le Sabbat.

Sabbat. Telle eſt l'origine de tout ce qui a été créé avant toi : inſtruis en ta poſterité. Vois à preſent ſi j'ai rempli ton attente, & ſi tu veux ſçavoir quelque autre choſe qui n'excede pas la portée de l'homme tu n'as qu'à parler.

Fin du Livre ſeptiéme.

LIVRE HUITIE'ME.

ARGUMENT.

Adam fait diverses questions sur les mouvemens céleſtes. Il reçoit une réponse douteuse, & une exhortation de chercher plûtôt à s'instruire de ce qui lui peut être utile. Il y souscrit, & pour retenir Raphaël, il lui rapporte ses premieres idées après sa création. Comment il fut enlevé dans le Paradis Terrestre. Son entretien avec Dieu touchant la solitude. Il obtient une compagne & raconte à l'Ange quels furent ses transports en la voyant. Raphaël lui fait là-dessus une leçon utile & retourne au Ciel.

LE PARADIS PERDU

LIVRE HUITIE'ME.

'Ange finit ; sa voix laissa dans l'oreille d'Adam une impression si charmante qu'il (1.) croyoit toûjours l'entendre, & qu'il continuoit d'être attentif : enfin il revint à lui

1. (*Qu'il croyoit toujours l'entendre.*) „ Agamemnon se reveilla de son sommeil, & en „ s'éveillant il lui sembloit que la voix divine

comme quelqu'un qui s'éveille, & il fit ainsi éclater sa reconnoissance.

Non, je ne sçaurois te rendre assez de graces, divin Interprete; tu as pleinement étanché (1.) la soif de science dont j'étois altéré, & ta bonté nous a appris des choses que sans toi nous n'eussions jamais pénétrées : elles nous ont frappé jusqu'au ravissement ; il est juste que nous en rendions gloire au Très-haut ; mais il me reste encore un doute que tu peux seul me résoudre. Quand je considere l'admirable structure, & la grandeur de ce monde composé du Ciel & de la terre. Quand je songe que cette terre comparée au Firmament n'est qu'une motte de terre, un grain, un atôme : lorsque d'un autre côté j'envisage ces étoiles nombreuses qui semblent parcourir des espaces incompréhensibles ? car la distance de ces astres, & la promptitude de leur retour journalier en sont une preuve, je

» répanduë tout autour de lui retentissoit enco-
» re à ses oreilles. Homere, L. 2.

2. (*La soif de science.*) Quintilien dit : *Eloquentia quamdam facit audiendi sitim.*

me perds dans mes raisonnemens. Est-il possible, dis je, que tant de merveilleuses substances soient uniquement faites pour répandre jour & nuit la lumiere sur un objet si petit ? Comment la nature œconome & sage, est-elle tombée dans de telles disproportions ? Pourquoi d'une main peu discrete a-t-elle créé pour un usage qui paroît si borné, tant de corps, plus grands & plus sublimes ? Falloit il sans aucun relâche imposer à leurs orbes une semblable course qu'ils recommencent tous les jours ; tandis que la terre qui pourroit faire un moindre circuit en tournant sur son centre, servie par des êtres plus nobles qu'elle-même, reste dans un profond repos, arrive sans peine à ses fins, & tire à tous momens un tribut de chaleur & de lumiere qui parviennent jusqu'à elle avec une activité dont les corps ne sont point capables, & dont les nombres mêmes ne sçauroient exprimer la vitesse ?

Notre premier Pere parla de la sorte. Sa contenance fit connoître qu'il alloit se livrer à des speculations abstraites, & profondes. Eve que la bienseance avoit retenuë jusqu'ici avec eux, mais que la modestie avoit empêché d'entrer dans la conversation, s'en apperçut. Elle se leva avec humilité, mais en même temps avec grace, & elle se retira pour visiter les fruits, les plantes & les fleurs qui desiroient sa presence. Ce n'est pas qu'elle s'ennuyât de leurs discours, ou que des entretiens si sublimes fussent au-dessus de sa portée. Elle se reservoit le plaisir d'en entendre le recit de la bouche d'Adam quand elle seroit seule avec lui. Elle crut qu'il convenoit mieux d'exposer ses doutes à son époux, & qu'elle seroit plus en droit de lui faire des questions qu'au celeste ministre. Elle sçavoit bien qu'il entremêleroit cet entretien sublime de digressions agréables, & de témoignages d'amitié : les paroles d'Adam eussent été peu sensibles pour elle sans marques de tendresse. Quand trouverons-nous des époux dans qui l'amour égale le respect, dans qui le respect égale l'amour. Elle se retira avec une démarche divine ; les graces la suivirent, & laisserent à leur place le regret de son départ. Après qu'elle se fut éloignée, Raphael repondit avec une douce complaisance, aux doutes qu'Adam avoit proposés.

Je ne blâme point l'envie que tu as de t'instruire. (1.) Le Ciel est comme le livre de Dieu : il est placé devant toi pour que tu y lises ses merveilles & pour que tu connoisses les saisons, les heures, les jours, les mois, & les années. Mais il n'importe point de sçavoir si le Ciel se meut, ou la terre, pourvû que tu comptes juste. Le grand Architecte fit sagement de cacher plusieurs choses aux hommes comme aux Anges, & de ne point prodiguer ses secrets; on doit plûtôt les admirer, que chercher à les approfondir. Peut-être même a-t'il (2.) abandonné cette structure cé-

1. (*Le Ciel est comme le livre de Dieu.*) Origenes a crû faussement que les astres étoient une espéce de livre, où étoit écrit tout ce qui devoit arriver, suivant ce passage d'un ancien livre apocriphe intitulé la priere de Joseph. *Legi in tabulis Cœli*; mais leur destination nous est mieux marquée au 14. & 15. ℣. du 1. ch. de la Genese.

2. (*Il a abandonné cette structure céleste aux jugemens.*) „ Tout ce qu'il a fait est bon en son „ tems, & il a livré le monde à leurs disputes, „ sans que l'homme puisse reconnoître les ou„ vrages que Dieu a créés depuis le commen-

leste aux jugemens des humains, pour se joüer de leurs vagues & folles opinions, lorsqu'ils viendront dans la suite des tems à faire le plan des Cieux, & à calculer les étoiles. Il se rira des vains efforts de leur esprit, quand ils travailleront à remuer la puissante machine de l'Univers. Que n'imagineront-ils point pour expliquer les divers phenomenes? Ils construiront, ils renverseront, ils ceindront la sphere embarassée de concentrique, d'excentrique, de cycle, d'épicycle, d'orbe l'un dans l'autre. Par tes raisonnemens je conjecture ceux de tes descendans, car ta conduite entraînera ta posterité. Tu trouves mauvais que les corps plus grands & lumineux en servent un moindre qui n'est pas brillant, & que le Ciel fasse tant de chemin, pendant que la terre se repose toûjours, quoiqu'elle reçoive seule tout l'avantage. Considere d'abord que le grand ou le brillant ne sont pas des marques assurées de l'excellence. La terre quoique si petite & sombre, en comparaison des Cieux, peut posseder

» cement du monde jusqu'à la fin, dit l'Ecclesias-
» te, 3. 11.

quelque chose de plus parfait que le Soleil qui n'a que de l'éclat, & dont la vertu inutile à soi-même opere seulement sur la terre fertile. C'est là premierement que ses rayons, d'ailleurs oisifs, exercent leur vertu, encore ses feux ne sont-ils point faits pour le service de la terre, mais pour toi habitant de ce globe. La vaste circonference du Ciel publie la magnificence de l'Auteur qui l'a formé : son étenduë annonce à l'homme qu'il ne possede point en propre ce monde, édifice trop spatieux pour lui : aussi n'en occupe-t'il qu'une petite portion ; le reste est ordonné pour des usages mieux connus à son Souverain. Attribuë la rapidité, quoiqu'inconcevable, de ces cercles, à la Toute-puissance, qui pouvoit donner aux substances corporelles une activité presque spirituelle. Si cela t'étonne, quelle sera ta surprise quand je te dirai qu'après l'aurore levée, je suis parti des palais où réside l'Eternel, & que je suis arrivé avant le midi en Eden, distance que tous les nombres connus ne sçauroient exprimer. Tu vois par là combien est foible ce qui t'a excité à douter, cependant je t'avertis que je n'ai fait que supposer ce mouvement du Ciel, je ne l'affirme point, quoi qu'en disent tes yeux. Mais les sens sont trompeurs. L'Eternel a placé des espaces immenses entre le Ciel & la terre, afin que la vüe humaine, si jamais elle veut trop embrasser, se perde comme dans un abîme. Sans tirer aucun avantage de ses efforts. Que dirois tu si le Soleil étoit le centre du monde, & si les autres étoiles répondant par une proprieté merveilleuse à sa vertu attractive rouloient autour de lui en differens cercles. (1.) Tu remarques des mouvemens inegaux dans six de ces astres, tu les vois tantôt hauts, tantôt bas, puis cachés, directs, retrogrades, ou stationnaires. Eh! quoi si la

1. (*Tu remarques des mouvemens inégaux.*) „ Les planettes (dit M. de Fontenelle premier „ soir) n'étant point attachées à un même Ciel „ & ayant des mouvemens inégaux, elles se re„ gardent diversement & figure diversement „ ensemble, au lieu que les Etoiles fixes sont „ toujours dans la même situation les unes à „ l'égard des autres. « Les planetes paroissent directes quand elles vont suivant l'ordre des signes, retrogrades quand elles retournent contre l'ordre des signes, stationnaires, quand elles ne semblent ni avancer ni reculer.

terre étant elle-même pour les autres une ſeptiéme Planete, quoi qu'elle ſemble ſi ſtable, ſe mouvoit inſenſiblement de trois mouvemens differens, (1.) tu ne ſerois plus obligé alors de rapporter ces irregularités, à differentes ſpheres muës en des ſens contraires, & qui ſe croiſent obliquement : car c'eſt ce que tu es obligé d'admettre ſi tu fais tourner le Soleil, & le grand mobile que tu places ſans le voir au-deſſus des étoiles (2.) comme la rouë du jour & de la nuit. Tu n'as plus beſoin de toutes ces ſpheres, s'il eſt vrai que la terre induſtrieuſe ſe procure elle même le jour voyageant à l'Orient, & qu'elle aille au devant de la nuit en dérobant un hemiſphere aux rayons du Soleil, tandis que ces mê-

1. (*Tu ne ſerois plus obligé de rapporter.*) „ Il „ faut (dit M. Fontenelle ſixiéme ſoir) ou que „ tous les corps céleſtes tournent en vingt-qua- „ tre heure autour de la terre, ou que la terre „ tournant ſur elle-même en vingt-quatre heu- „ res, attribuë ce mouvement à tous les corps „ céleſtes.

2. (*Comme la roue du jour & de la nuit.*) Le Taſſe dit :

E la rota al girar leggiera, e pronta.

mes rayons éclairent l'autre moitié de son globe. La Lune avec son flambeau dissipant les ténébres, égaye pendant la nuit l'obscurité de la terre. Que dirois-tu si la terre renvoyant vers la Lune cette lumiere qui lui vient de jour à travers les champs transparens de l'air, étoit pendant que tu joüis du Soleil un astre nocturne pour cette planete. Conçois-tu que toutes deux peuvent être de même nature; que la Lune peut avoir d s campagnes & des habitans Tu vois ses taches comme des nuages, les nuages se fondent en pluye, & la pluye ramolissant son terrein pourroit produire des fruits destinés pour la nourriture de quelques habitans. Peut être même découvriras tu un jour d'autres Soleils, & dans leurs tourbillons d'autres Lunes qui formeront ensemble (1.) un meslange de lumiere male & femelle : qui sçait si ces deux sexes qui animent le monde ne sont

1. (*Un mélange de lumiere mâle & femelle.*) Les Astronomes divisent les planetes en masculines qui sont les plus chaudes, en feminines, qui sont humides & en hermaphrodites, ou androgines qui sont tantôt chaudes & tantôt humides

point placés dans chaque planete ; car que tant de corps immenses dans la nature soient dénués d'ames vivantes, deserts, & seulement faits pour briller, & que cependant chaque orbe contribuë à peine un rayon de clarté, arrivant de si loin, à cette partie habitable qui leur renvoye de nouveau la lumiere ; c'est ce qui fournira toûjours un champ pour la dispute. Mais de quelque maniere que soient les choses, soit que le Soleil dominant dans le Ciel se leve pour la terre, ou que la terre se leve à l'égard du Soleil, soit qu'il entre par l'Orient dans sa carriere ardente, ou que tournant sur son axe de l'Occident au Levant, la terre s'avance d'un pas ferme & reglé, & qu'elle t'emporte doucement avec l'air fluide, n'étens point tes recherches au-delà des bornes que Dieu t'a prescrites : laisse-lui son secret, songe seulement à le servir & à le craindre, qu'il dispose à son gré des autres créatures, quelque part qu'elles soient placées : joüis de ce qu'il te donne, joüis de ce Paradis & de ta belle Eve. Le Ciel est trop haut pour que tu puisses distinguer ce qui s'y passe. Sois humblement sage, songe uniquement à ce qui te regarde. Ne t'occupe point d'autres mondes, des créatures qui s'y trouvent, de leur état, de leur condition, ni de leurs dégrés, mais contente-toi de la connoissance des choses qui t'ont été revelées sur la terre & dans le Ciel.

Adam satisfait de sa réponse lui repliqua, quelle obligation ne t'ai-je point, pure intelligence? De quel embarras ne m'as-tu point tiré? Tu m'as enseigné à vivre de la maniere la plus douce, sans me livrer à des pensées épineuses qui ne sont propres qu'à troubler le repos de la vie; le Seigneur a voulu éloigner de nous les soins pénibles, il nous épargnera les chagrins, à moins que nous ne les cherchions nous-mêmes dans l'égarement de nos pensées & de nos vaines notions Mais l'esprit & l'imagination sont sujets à s'emporter s'ils ne sont tenus en bride, & ils ne cessent point de s'égarer, jusqu'à ce qu'instruits par l'experience, ils apprennent que la vraye sagesse n'est point de sçavoir une infinité de choses éloignées de l'usage, obscures & subtiles, mais de connoître ce qui se rencontre tous les jours de la vie en notre chemin: le reste n'est que fumée, n'est que vanité, & nous laisse sans experience &

toûjours indécis dans les points qui nous intéressent le plus ; consens donc à descendre de ce haut degré, prenons un vol plus bas, peut-être des objets plus simples me donneront-ils lieu de te demander d'utiles éclaircissemens, si tu veux bien le souffrir, en me continuant tes bontés. Je t'ai oüi raconter ce qui a précedé ma création. Ecoute maintenant mon histoire, peut-être n'est-elle point venuë jusqu'à toi. Le jour n'est point encore prêt de finir. Tu vois ce que je fais pour te retenir. Pourquoi parlerois-je, si je n'esperois pas de t'engager à me répondre. Pendant que je suis avec toi, je m'imagine être dans le Ciel, & ton discours est plus doux à mon oreille que les fruits du palmier ne sont agréables au retour du travail à l'heure du repas. Ces fruits quoique savoureux lassent & rassasient, mais tes paroles remplies d'attraits plaisent sans pouvoir causer de dégoût.

Pere des hommes ; lui répondit Raphaël avec une douceur céleste, tes lévres ne sont point sans charmes, ni ta langue sans éloquence. Tu es créé à l'image de Dieu; il a versé abondamment sur toi ses dons tant interieurs qu'extérieurs ; les graces accompagnent tes paroles, & la nobleſſe de ton origine ſe fait ſentir juſques dans ton ſilence. Dans le Ciel même nous ne te regardons pas autrement que comme notre compagnon de ſervice ſur la terre, & nous recherchons avec plaiſir les voyes de Dieu envers l'homme, car nous voyons que la Providence t'a couronné de gloire & qu'elle a répandu ſur toi ſon amour. Dis donc, le jour de ta création je me trouvai chargé d'un voyage fâcheux : je fus envoyé en détachement avec une légion choiſie pour faire une excurſion vers les portes de l'Enfer. Nous marchâmes tandis que Dieu étoit à ſon ouvrage. Il falloit empêcher de ſortir du Tartare les troupes ou les eſpions des rebelles, de peur que le Tout puiſſant indigné ne fut forcé de joindre la deſtruction à la création. Ne t'imagine pas pourtant qu'ils oſent rien entreprendre ſans ſa permiſſion. S'il nous envoye porter ſes ordres ſuprêmes, ce n'eſt que pour montrer ſa grandeur & pour nous tenir dans l'obéiſſance que l'on doit à ſon Souverain. Nous trouvâmes les portes effroyables de l'Enfer étroitement fermées & baricadées, mais de loin nous entendimes

au

au dedans des sons tristes & lugubres, le bruit des tourmens, de hautes lamentations, une rage furieuse. Nous retournâmes avec joie aux côtes de la lumiere avant le soir du Sabbat : tel étoit notre ordre. Mais raconte maintenant si tu as eu quelque plaisir à m'entendre, je n'en aurai pas moins à t'écouter.

La puissance céleste s'exprima de la sorte, & notre premier Pere prit la parole. Il est difficile pour l'homme de dire comment la vie humaine a commencé. Connoît-on avant que d'exister ? mais le désir de converser plus long-temps avec toi, m'engage à te conter ma naissance. Comme nouvellement éveillé du plus profond sommeil, je me trouvai doucement couché sur l'herbe fleurie, trempé d'une sueur embaumée que le Soleil qui s'abreuve de l'humidité légere, secha bien-tôt par ses rayons. Aussi-tôt je tournai vers le Ciel mes yeux étonnés, & je regardai pendant une espace de temps le vaste Firmament, jusqu'à ce que poussé par un subit mouvement distinct, je me dressai comme tendant là haut, & je me tins debout sur mes pieds. Autour de moi, de toutes parts, je vis des montagnes, des vallées, des bois épais, des plaines découvertes, & des ruisseaux qui fuyoient en murmurant; j'apperçus encore des créatures qui vivoient, qui se remuoient, qui marchoient, ou qui voloient. Des oiseaux chantoient sur les branches, l'air étoit parfumé; tout rioit, mon cœur nageoit dans la joie. Je m'examinai moi-même, & je considerai les diverses parties de mon corps. Quelquefois j'allois, quelquefois je courois pour me dénouer les membres, & pour éprouver ma force, mais je ne sçavois point qui j'étois, où je me trouvois, ni comment j'existois. J'essayai de parler, & d'abord je parlai, ma langue obéit, & sur le champ nomma tout ce qui se présentoit à mes yeux. Toi, Soleil, dis-je, belle lumiere, & toi, terre, séjour enchanté, montagnes, vallées, rivieres, bois, plaines, & vous qui vivez, & qui vous remuez belles créatures, dites si vous l'avez vû, comment ai-je reçu l'être? Comment suis-je venu ici? Ce n'est point de moi-même j'ai donc été formé par quelque grand Créateur prééminent en bonté & en puissance. Dites moi comment puis-je le connoître? Comment dois je adorer celui de qui j'ai reçu tant de graces, la vie, le mouvement, & le ſentiment d'un bonheur plus grand que je ne ſçaurois l'exprimer ?

A ces mots je partis ſans ſçavoir où j'allois, je m'éloignai de l'endroit où j'avois d'abord reſpiré l'air, & enviſagé pour la premiere fois cette heureuſe lumiere ; enfin comme je ne recevois nulle réponſe, je m'aſſis pour méditer à l'ombre, ſur un banc de verdure, garni de fleurs. Là (1.) un tendre ſommeil pour la premiere fois me ſurprit, & ſaiſit d'un doux accablement mes ſens aſſoupis, ſans aucun trouble, quoique je crûſſe alors que je repaſſois inſenſiblement à mon premier état, & que je rentrois dans le néant. Soudain je (2.) ſentis ſe

1. *Un tendre ſommeil pour la premiere fois,*) „ Le Seigneur Dieu envoya donc à Adam un „ profond ſommeil. Gen. 2. 21.

2. (*Je ſentis ſe placer ſur ma tête un ſonge.*) Les ſonges dans Homere ſont des divinités qui ſe placent ſur la tête. V. le 14. L. de l'Odyſſée. „ Cette image entre donc dans la chambre où „ elle étoit couchée, elle ſe place ſur ſa tête. Et Liv. 6. „ La déeſſe ſe gliſſe comme un vent „ leger ſur le lit de Nauſicaa, ſe place ſur ſa „ tête. “ (parce que l'imagination a ſon ſiége

placer ſur ma tête un ſonge dont la viſion agréable me fit croire (1.) que j'exiſtois encore, & que je vivois. Quelqu'un dont le port me ſembloit divin s'approcha, & dit : Adam pere des hommes, & le premier d'entr'eux, leve toi : ta demeure t'attend. Je viens à tes cris pour te conduire au jardin de délices que je t'ai préparé.

(2.) Il me prit par la main, me leva, & pardeſſus les campagnes & les rivieres me tranſportant doucement en l'air ſans remuer les pieds, il me remit ſur une montagne couverte d'un bois char-

---

dans la tête) La même idée ſe trouve dans Job, 4. 13 &c. „ Dans l'horreur d'une viſion de „ nuit, lorſque le ſommeil aſſoupit davantage „ tous les ſens des hommes, un eſprit ſe vint » préſenter devant moi. Je vis quelqu'un dont » je ne connoiſſois pas le viſage, &c.

1. (*Me fit croire que j'exiſtois.*) M. Deſcartes ſe prouve ainſi ſon exiſtence. *Je penſe, donc je ſuis.*

2. (*Il me prit par la main.*) » Le Seigneur » Dieu prit donc l'homme & le mit dans le Pa» radis de délices, afin qu'il le cultivât & qu'il » le gardât. Gen. c. 2. ℣. 15. « Il paroit par ce verſet que Dieu créa l'homme hors du Paradis.

mant. Le ſommet formoit une grande plaine : je vis un enclos vaſte & planté des plus beaux arbres, avec des promenades & des berceaux, tels que je ne trouvois preſque plus rien de beau dans ce que j'avois auparavant admiré ſur la terre. Chaque arbre chargé des fruits les plus exquis & les plus tentans, excita en moi un appetit ſoudain de cueillir & de manger ; je m'éveillai, & je trouvai réellement devant moi tout ce que j'avois vû en ſonge.

J'aurois ici recommencé ma courſe vagabonde, ſi la divine préſence de celui qui m'avoit conduit ſur la hauteur ne m'eut apparu entre les arbres. Plein de joie, mais en même temps de crainte & de reſpect, je me jettai à ſes pieds en l'adorant.

Il me releva, & me dit avec douceur : je ſuis celui que tu cherches, auteur de tout ce que tu vois au-deſſus, à l'entour & au deſſous de toi. Je te donne ce Paradis, c'eſt à toi de le cultiver. Mange librement de tous les fruits qui croiſſent dans le jardin: ne crains point ici de diſette, ſeulement tu ne toucheras point à l'arbre qui donne la connoiſſance du bien & du mal, & qui eſt placé au milieu du jardin près de l'arbre de vie. Je t'en défens l'usage. Cette légere abstinence sera le gage de ta foi, & la preuve de ton obéissance. Qu'il te souvienne de l'avertissement que je te donne. Abstiens-toi d'en goûter ; sçache qu'au jour que tu en mangeras & que tu transgresseras mon ordre unique, tu mourras. Dévoué dès l'heure même à la mort, & privé de cet état heureux, tu seras relegué dans un monde de malheur & de tristesse.

Il prononça d'un ton sévere la défense rigide, dont mon oreille retentit encore, d'une façon terrible, quoiqu'il soit en mon pouvoir de n'en point encourir l'effet ; mais bien-tôt il reprit un aspect serein.

Je ne t'abandonne pas seulement, me dit-il, cette belle enceinte, je te livre encore toute la terre. J'en donne la souveraineté à toi & à tes enfans. Possede-là en commun avec eux, & domine sur tout ce qui respire ici bas dans la mer ou dans l'air, bêtes sauvages, poissons & animaux domestiques. Pour t'en assurer par un signe, voilà les oiseaux & les animaux suivant leurs differentes espéces ; je te les amene pour recevoir de toi leurs noms, & pour t'offrir leurs hommages avec un humble ſujétion. Ton empire s'étendra auſſi ſur les poiſſons qui reſtent dans leur demeure aquatique ; (1.) ils ne ſe préſentent point ici, l'air eſt trop ſubtil pour eux.

Comme il achevoit ces mots, les oiſeaux & les animaux s'approcherent deux à deux, ceux-ci ſe traînans contre terre d'une maniere careſſante ; ceux-là battans des aîles en s'abbaiſſant vers moi : je (2) les nommois à meſure qu'ils paſſoient, je connoiſſois leur nature : telle étoit la pénétration que Dieu m'avoit donnée, mais parmi toutes ces créatures je ne trouvois point ce qui me manquoit encore, comme il me ſembloit, ainſi je pris la liberté de parler à la céleſte viſion.

O ! par quel nom t'appellerai-je ; car

1. (*Ils ne ſe préſentent point ici.*) Saint Auguſtin ne croit pas que les poiſſons ſe ſoient aſſemblés devant Adam de même que les autres animaux.

1. (*Je les nommois.*) » Adam appella donc » tous les animaux d'un nom qui leur étoit pro» pre, tant les oiſeaux du Ciel que les bêtes » de la terre, mais il ne ſe trouvoit point d'ai» de pour Adam qui lui fut ſemblable. Gen. c. 20. ℣. 20.

au-dessus de toutes ces espéces, au-dessus du genre humain ou de ce qui est encore plus haut que le genre humain, tu surpasses tous les noms que je peux donner. Comment puis-je t'adorer Auteur de cet univers créé en faveur de l'homme, pour le bonheur duquel tu as si abondamment préparé de tes mains liberales toutes ces choses, mais je ne vois personne qui les partage avec moi. Quelle félicité peut-on goûter dans la solitude, & seul dans la jouissance de tout, quel contentement peut on trouver ? Je fus assez présomptueux pour parler ainsi, & la vision brillante avec un sourire qui en relevoit l'éclat, me répondit :

Qu'appelles-tu solitude ? La terre & l'air ne sont-ils pas remplis de diverses créatures ? Ne sont-elles pas toutes à ton commandement pour contribuer à tes plaisirs? N'entens-tu pas leur langage ? Leurs façons d'agir ne te disent-elles rien? Elles ont un (1.) instinct qui égale presque la science, & elles s'expriment d'une

1. (*Un instinct qui égale presque la science.*) S. Basile dit des animaux dans le Paradis terrestre ; *Et loquebantur sensate.*

maniere

maniere si prochaine du raisonnement, qu'elles peuvent t'amuser. Fais-en donc tes plaisirs & gouverne-les. Ton Royaume est suffisamment étendu. Ainsi parla le Seigneur universel, ainsi sembloit-il ordonner; mais après avoir demandé avec une humble priere la permission de parler, je répondis;

Que mes paroles ne t'offensent pas, céleste Puissance, mon Créateur, sois-moi propice tandis que je parle: ne m'as-tu pas ici commis à ta place: ceux-ci ne sont-ils pas des inferieurs au-dessous de moi? Entre inégaux quelle societé peut s'assortir? Quelle harmonie ou quel vrai plaisir peut s'y trouver? L'amitié veut des engagemens reciproques: elle se fonde sur un juste rapport d'humeur & de condition; celui qui domine & celui qui doit obéir ne se plairont jamais, mais ils s'ennuiront bien-tôt l'un l'autre. Je parle d'une societé telle que je la cherche, propre à partager les plaisirs raisonnables que la brute ne connoît point. Chacun des animaux s'amuse avec son semblable: ils s'attachent à leur espéce. L'oiseau ne pourroit pas si-bien se satisfaire avec les bêtes sauvages, ni le poisson avec les animaux domestiques, ni le ſinge avec le bœuf : l'homme peut encore moins converſer avec les animaux.

Le Tout-puiſſant me répondit avec bonté, je vois Adam que tu te propoſes un plaiſir fin & délicat dans le choix de tes aſſociés, & que tu ne ſçaurois goûter de plaiſirs dans la ſolitude, quoiqu'ils te ſuivent par tout. Que penſes-tu donc de moi & de mon état ? Je ſuis ſeul de toute éternité ; car je ne connois ni ſecond, ni ſemblable, encore moins d'égal : avec qui donc puis-je m'entretenir, ſi ce n'eſt avec mes productions, qui ont plus de diſproportion avec moi que les moindres de mes créatures n'en ont avec toi ?

Il ceſſa, je répondis humblement : toute penſée humaine eſt bien éloignée de pouvoir pénétrer la hauteur & la profondeur de tes voyes éternelles, ſuprême entre les Eſtres : tu es parfait, & rien ne manque à ton bonheur ; il n'en eſt pas ainſi de l'homme ; borné de ſa nature, il ſent en lui-même un deſir ſecret de remedier, ou de ſe dérober à ſon imperfection par la converſation avec ſon ſemblable ; il n'eſt pas beſoin non plus que tu te multiplies étant déja infini & abſolu de tout point, quoiqu'unique,

Mais (1.) l'homme trop défectueux pour l'unité, doit faire voir par le nombre sa propre insuffisance. Il faut donc qu'il produise son semblable de son semblable, & qu'il soit soûtenu par un amour mutuel & par une compagnie qu'il puisse chérir. Quoique seul tu es excellemment accompagné de toi-même, & tu n'as besoin de societé ni de communication, cependant si tu le voulois, tu pourrois porter tes créatures à telle hauteur qu'il te plairoit, & tu pourrois les rapprocher de plus en plus de ta Divinité. Pour moi je ne sçaurois par la conversation élever ceux-ci de rampans qu'ils sont vers la terre, ni trouver de plaisir dans leur com-

1. (*L'homme trop défectueux pour l'Unité. &c.*) L'Abadie ch. section 2. de la vérité de Religion Chrétienne, prouve ainsi l'unité de Dieu. » Tout ce qui est multiplié est par là » même très-imparfait; l'unité n'est point suf-» fisante, il faut la multitude. Tout ce qui n'a » besoin d'être multiplié est au contraire sou-» verainement parfait, c'est qu'alors on trouve » toutes choses en une. Il faut plusieurs flam-» beaux pour nous éclairer, la multitude en » marque l'imperfection. Il ne faut qu'un Soleil » pour nous éclairer: l'unité de cet astre en » fait l'excellence.

merce. J'uſai de la liberté qui m'avoit été accordée, je parlai de la ſorte, & je fus écouté. J'obtins cette réponſe.

Adam, j'ai voulu voir juſqu'où alloit ta pénétration, & je trouve que tes lumieres ne ſe bornent point à connoître la nature des animaux. Les noms que tu leur as donnés, expriment leurs divers caractéres : tu te connois encore toi-même. L'eſprit qui t'anime ſe fait voir en tes diſcours. Mon image empreinte ſur ton front n'a point paſſé juſqu'aux animaux ; tu as raiſon de mépriſer leur ſocieté : elle eſt peu convenable pour toi, penſe toujours de même. Avant que tu parlaſſes je ſçavois qu'il (1.) n'étoit pas bon pour l'homme d'être ſeul, auſſi ne te deſtinois-je pas pour compagnie celle que tu as vuë. Je ne te l'ai montrée que pour t'éprouver, & pour voir comment tu jugeois de la convenance des choſes. Celle que bien-tôt je te préſenterai te plaira : tu peux t'en aſſurer : tu trouveras en elle ta reſſemblance, un

1. (*Il n'étoit pas bon pour l'homme d'être ſeul.*) » Le Seigneur Dieu dit auſſi, il n'eſt pas bon » que l'homme ſoit ſeul, faiſons lui une aide » ſemblable à lui. Gen. 2. 18.

aide convenable, une autre toi-même exactement conforme aux desirs de ton cœur.

Il cessa de parler, ou bien je n'entendis plus. Ma foiblesse ne pût soûtenir plus long tems ce sublime entretien. (1.) Accablée de sa divinité & éblouie de sa gloire, elle tomba dans une espéce d'étourdissement : j'appellai le sommeil à mon aide, je me j'ettai dans ses bras pour réparer mes esprits épuisés : il vint à moi & ferma mes yeux. (2.) Il ferma mes

---

1 (*Accablée de sa divinité.*) » Je ne voudrois point, dit Job, 23. 6. qu'il (Dieu) me » combattit de toute sa force, ni qu'il m'accablât par le poids de sa grandeur. " Et ℣. 15. » C'est pourquoi le trouble me saisit en sa présence, & lorsque je le considere je suis agité » de crainte. " Daniel, c. 10. ℣. 8. J'eus cette » grande vision, la vigueur de mon corps m'abandonna, mon visage fut tout changé, je » tombai en foiblesse, & il ne me demeura aucune force. Le bruit d'une voix retentissoit à » mon oreille, &c.

1. (*Il ferma mes yeux, mais il me laissa.*) Cornelius *à lapide* dit sur le 21. ℣. du chap. 2. Genese. ,, Immisit ergo Dominus soporem in » Adam, non tantùm ut non sentiret costam sibi » detrahi, sed etiam simul cum somno eum raptum esse in extasim mentis, quâ mens non tan-

yeux, mais il me laissa le libre usage de l'imagination, qui est ma vue intérieure. Par elle transporté comme en extase, tout endormi que j'étois, je vis auprès de moi l'Etre glorieux en présence duquel je m'étois trouvé pendant que je veillois : il se baissoit contre moi, m'ouvroit le côté gauche, & en prenoit une côte fumante de sang spiritueux, principe de la vie. La blessure fut large, mais soudain remplie de chair elle fut guérie. (1.) Il pressa la côte & la façonna de ses mains. Entre ses mains artistes crut une créature pareille à l'homme, mais d'un sexe différent, si belle, si aimable, que tout ce qu'il y avoit de beau dans le monde s'éclipsoit devant elle, ou se trouvoit réuni en sa personne. Je trouvai tout en elle : ses regards inspirerent

---

» tum naturali modo soluta & libera erat à cor-
» poris & sensum functionibus, sed & divinitùs
» ità elevabatur ut videret ea quæ gerebantur.
» Immo sunt qui putant Adamum in hac extasi
» vidisse Dei essentiam.

1. (*Il pressa la côte.*) „ Et lorsqu'il étoit en-
» dormi il tira une de ses côtes & mit de la chair
» en la place, & le Seigneur Dieu forma la
» femme de la côte qu'il avoit tirée d'Adam &
» la mena à Adam. Gen. 2, 21. 22.

à mon cœur une tendresse inconnue. Sa présence répandoit par tout l'esprit d'amour & de joie. Elle disparut, & la tristesse me saisit. Je me reveillai en sursaut, résolu de la trouver, ou de déplorer à jamais sa perte, & de renoncer à tous autres plaisirs. Je commençois presqu'à me désesperer, quand je l'apperçus à quelques pas, telle que je l'avois vuë dans mon songe, ornée de tout ce que la terre ou le Ciel pouvoient verser sur elle pour la rendre aimable. (1.) Elle vint à moi conduite par son divin Créateur tout invisible qu'il étoit, & instruite des devoirs de son état. La grace étoit dans ses pas, le Ciel dans ses regards, & dans chaque geste la dignité & l'amour. Transporté de joie, je ne pus m'empêcher de crier à haute voix :

---

1. (*Elle vint à moi conduite par.*) Cornelius *à lapide* sur le 22. ℣. ch. 2. Gen. dit : „ Ex hoc „ videtur colligi quod Deus costam hanc in „ alium locum ab Adamo dormiente parum se- „ paratum tulerit, ibique ex ea Evam ædifica- „ verit eamque decentiâ & gratiâ repleverit, „ deinde expergefacto Adamo Evam ad eum „ quasi ad sponsum adduxerit ut matrimonio „ indissolubili illos copularet.

Voilà mon ſouhait : tu as accompli tes paroles, Créateur bon & bienfaiſant. Tu m'as donné une infinité de biens, mais voici le plus beau des dons que tu m'as faits (1.) Je vois maintenant l'os de mes os, la chair de ma chair, moi-même devant moi, elle tirera ſon nom de l'homme, parce qu'elle a été priſe de l'homme ; il abandonnera donc ſon pere & ſa mere, & s'attachera à ſa femme, & ils ne ſeront qu'une chair, qu'un cœur & qu'une ame.

Elle m'entendit ; une puiſſance ſurnaturelle l'entraînoit vers moi : cependant l'innocence & la modeſtie virginale, ſa vertu, & je ne ſçais quel ſentiment intérieur lui firent connoître qu'elle devoit ſe laiſſer rechercher, & que ce n'étoit point à elle à faire les premieres démarches, ou pour dire tout,

---

1. (*Je vois maintenant l'os de mes os.*) „ Alors „ Adam dit, voilà maintenant l'os de mes os „ & la chair de ma chair. Celle-ci s'appellera „ d'un nom qui marque l'homme, parce qu'el„ le a été priſe de l'homme ; c'eſt pourquoi „ l'homme quittera ſon pere & ſa mere & s'at„ tachera à ſa femme, & ils ſeront deux dans „ une ſeule chair. Gen. 2. 23. 24.

la loi de la nature gravée dans ſon cœur innocent l'obligea à baiſſer la vue & à ſe détourner. Je la ſuivis, elle fut touchée de l'honneur que je lui rendois, & avec une majeſté complaiſante elle m'accepta pour époux. Je la conduiſis au berceau nuptial. L'incarnat de ſon teint effaçoit les plus vives couleurs de l'aurore. Le Ciel & ſes conſtellations verſerent ſur cette heure leurs plus douces influences. La terre & les montagnes treſſaillirent : les oiſeaux marquerent leur joie : les zephirs charmans firent entendre aux bois leurs tendres ſoupirs, & de leurs aîles ſecouerent en badinant les roſes & les parfums des arbriſſeaux. Enfin l'oiſeau dont les tons réjouiſſent la nuit chanta l'himenée, & preſſa l'étoile du ſoir d'arriver ſur le ſommet du mont pour allumer la lampe nuptiale. Je t'ai découvert ma ſituation & l'excès de félicité dont je jouis ſur la terre. Je conviens que je trouve du plaiſir dans tout ce que la nature préſente à mes yeux ; mais ce plaiſir eſt tel, que ſoit que je le prenne, ou non, il ne produit dans mon eſprit aucun changement, aucun deſir vehement : je veux dire ces délicateſſes qui flattent le goût, la vue, l'odorat ; telles ſont les plantes, les fruits, les fleurs, les promenades & le doux chant des oiseaux : mais j'ai peine à moderer les mouvemens qui m'entraînent vers ma compagne. Le calme & la superiorité que je conserve dans la jouissance de tout le reste m'abandonne en la voyant. Je concois, il est vrai, que suivant le but de la nature, elle m'est inférieure quant a l'esprit, & aux facultés internes qui sont les plus excellentes : elle ressemble moins aussi dans l'exterieur à l'image de celui qui nous a faits tous deux, & elle exprime moins ce caractére d'empire qui nous a été donné sur les autres créatures. Cependant quand je l'envisage, elle semble si parfaite & si remplie de la connoissance de ses droits, que ce qu'elle veut faire ou dire, paroît le plus sage, le plus vertueux, le plus discret, le meilleur. La science se déconcerte en sa présence, la sagesse discourant avec elle se démonte, & ressemble à la folie. L'autorité & la raison l'accompagnent comme si elle eût été conçue dans les idées de Dieu indépendamment de moi pour être la premiere : enfin les graces ont élû leur demeure dans sa personne aimable, & elles ont placé autour d'elle comme une garde Angelique, le respect & la crainte.

N'accuse point la nature, lui répondit l'Ange en resserrant le front, elle a fait son devoir, fais seulement le tien, & ne renonce point à la sagesse, elle ne t'abandonnera pas au besoin, si tu ne l'abandonnes, attribuant beaucoup trop aux choses les moins excellentes, comme tu viens toi-même de t'en appercevoir. Qu'admires-tu, & qu'y-a-t'il en elle qui doive te transporter de la sorte? Est-ce son extérieur? Elle est belle, sans doute, & merite bien ta tendresse, ton estime & ton amour, mais non ta soumission. Compare-toi avec elle, & prononce. Souvent rien ne profite plus que l'estime de soi-même, quand elle est bien menagée & qu'elle se trouve fondée en raison. Plus tu auras l'esprit de sentir ta superiorité, plus elle te reconnoîtra pour son Chef: alors elle fera céder aux réalités cette belle apparence dont elle n'est ornée que pour augmenter tes plaisirs, & qui n'est si respectable que pour que tu puisses avec honneur aimer ta compagne. Au reste, sçache qu'elle s'apperçoit de tes foiblesses & qu'elle pourra s'en prévaloir: mais si les choses de ce monde ont pour toi tant d'attraits, ſonge que (1.) ces mêmes biens ont été accordés aux divers animaux, & qu'ils ne leur auroient point été partagés, s'ils contenoient en ſoi quelque choſe qui fût digne de ſoumettre le cœur de l'homme, ou de lui inſpirer de la paſſion. Ce que tu trouves de plus relevé dans ſa ſocieté attrayante, douce & raiſonnable, eſtime le toujours. Tu fais bien de l'aimer, non d'en être paſſionné ; car ce n'eſt point dans la paſſion que conſiſte le véritable amour. L'amour rafine les penſées & aggrandit le cœur ; il a ſon ſiege dans la raiſon, il eſt judicieux, il ſera l'échelle par où tu pourras t'élever à l'amour céleſte, pourvû que tu ne te laiſſes point abſorber dans la volupté. Auſſi

1. (*Ces mêmes biens ont été accordé aux animaux.*) Saint Hilaire Evêque de Poitiers raconte ainſi les motifs de ſa converſion. „ Je „ conſiderois que l'état le plus déſirable ſelon „ les ſens, eſt le repos dans l'abondance, mais „ que ce bonheur nous eſt commun avec les „ bêtes. Je compris donc que le bonheur de „ l'homme devoit être plus relevé, & je le „ mettois dans la pratique de la vertu & la „ connoiſſance de la verité. V. M. Fleury, Hiſt. Eccleſiaſt. L. 13.

n'as-tu point trouvé parmi les animaux, de compagnie digne de toi.

Adam à demi déconcerté, lui répondit: je ne ſuis point tranſporté de la beauté, ni du plaiſir qui nous eſt commun avec les animaux. Je penſe du lit nuptial avec une vénération myſtérieuſe, & j'en conçois de plus hautes idées. Ce qui me charme le plus dans ma chaſte compagne, c'eſt la grace répanduë ſur ſes lévres & qu'elle fait paſſer dans toutes ſes actions; c'eſt une décence infinie dans ſes manieres; l'amour donne du prix à tout ce qu'elle fait, & une complaiſance mutuelle eſt la marque ſincere de l'union de nos eſprits, & la preuve qu'un ſeul & même eſprit nous anime. Harmonie admirable entre deux époux, harmonie, dis-je, bien plus agréable que celle des ſons mélodieux, l'une ſoûmet le cœur, l'autre ne flatte que l'oreille. Je te découvre ce qui ſe paſſe au fond de mon cœur. Je ne perds pourtant point ma liberté; une multitude infinie d'objets font ſur mes ſens une diverſion agréable; mon eſprit toujours à lui, toujours le maître (1.) approuve le meilleur, & ſuit

1. (*Approuve le meilleur, & ſuit ce qu'il ap-*

ce qu'il approuve. Tu ne me blâmes point d'aimer ; l'amour, dis-tu, conduit aux Cieux. Il est tout à la fois & le guide & le chemin. Pardonne-moi donc si la demande que je te vais faire n'est pas raisonnable. Les esprits célestes aiment-ils ? S'ils aiment, comment expriment-ils leur amour ? Est-ce par un doux commerce de tendres regards, ou bien confondent-ils leurs rayons par un attouchement ineffable ?

L'Ange lui répondit avec un souris enflammé d'un rouge de roses célestes, vrai coloris de l'amour : qu'il te suffise de

---

prouve) Cornelius *à lapide* sur le premier chapitre de la Gen. dit : „ Creavit Deus hominem „ tanta integritate animi & innocentia prædi„ tum ut mens subjecta esset Deo & sensus ra„ tioni & corpus animo. " Il en est autrement depuis la chute de l'homme. Saint Paul aux Romains, c. 7. ℣. 15. expose l'état où nous nous trouvons. „ Je n'approuve pas ce que je „ fais, parce que je ne fais pas le bien que je „ veux, mais je fais le mal que je hais ; ainsi ce „ n'est plus moi qui fais cela, mais c'est le pé„ ché qui habite en moi ; car je sçai qu'il n'y a „ rien de bon en moi, c'est à-dire, dans ma „ chair, parce que je trouve en moi la volon„ té de faire le bien, mais je ne trouve point „ le moyen de l'accomplir.

ſçavoir que nous ſommes heureux, & qu'il n'eſt point de bonheur ſans amour. Nous poſſedons au ſouverain degré toute la pureté de la jouiſſance que tu connois nonobſtant ton corps (car tu as été créé pur) & nous ne rencontrons point d'obſtacles. Si les eſprits s'embraſſent, ils ſe joignent entierement. Ils trouvent plus de facilité à ſe mêler enſemble que l'air avec l'air, & ils s'uniſſent par des deſirs purs, ſans être obligés de s'approcher matériellement comme la chair avec la chair, qui ſépare l'ame d'avec l'ame. Mais il faut que je te quitte. Le Soleil paſſé au-delà du (1.) Cap-Verd & des Iſles Heſperides, me donne en ſe couchant le ſignal du départ. Perſiſte dans le bien, vis heureux, & aime; mais plus que toutes choſes, aime celui dont on remplit les commandemens par l'amour. Prens garde que la paſſion n'engage ton jugement à faire quelque choſe d'indigne de toi: ton ſort & celui de tes enfans eſt en ta main. Sois ſur tes gardes: ta perſéverance fera ma joie & celle de tous les

1. (*Le Cap-Verd.*) Eſt la partie Occidentale de l'Afrique.

bienheureux. Tiens-toi ferme : il est (1.) au pouvoir de ton libre arbitre de te soûtenir, ou de te laisser tomber. Dieu t'a accordé les moyens nécessaires pour persévérer.

En achevant ces mots, il se leva. Adam lui donna cette bénédiction. Puisqu'il te faut partir, vas hôte céleste, messager divin, envoyé par celui dont j'adore la bonté souveraine. Ta condescendance pour moi a été excessive, & elle sera honorée à jamais de ma reconnoissance. Sois toujours protecteur & ami du genre humain, & reviens souvent vers nous.

Ils se séparerent de la sorte ; l'Ange se retira au Ciel, & Adam à son berceau.

---

1. (*Il est au pouvoir de ton libre arbitre de.*) » Le Seigneur a mis devant vous l'eau & le » feu, étendez votre main auquel il vou plaira, la mort & la vie, le bien & le mal sont » devant l'homme, celui qui lui plaira lui sera » donné. Ecclesiastique, c. 15.

Fin du huitième Livre.

LE

LIVRE NEUVIE'ME.

ARGUMENT.

Satan ayant parcouru la terre, & s'étant armé de malice, revient de nuit comme un brouillard dans le Paradis. Il s'insinue dans le Serpent tandis qu'il dormoit. Adam & Eve sortent au lever de l'aurore, pour leurs occupations ordinaires. Eve propose de s'écarter l'un de l'autre, & de travailler séparément. Adam s'y oppose, alleguant le danger prochain, & la crainte qu'il a que l'ennemi dont ils ont été avertis ne vienne la tenter quand elle sera seule Eve touchée de ce qu'il ne la croit pas assez circonspecte, ni assez ferme, persiste dans sa premiere idée, afin de faire preuve de sa vertu. Adam se rend à la fin. Le Serpent la trouve seule & l'aborde avec souplesse. D'abord il la regarde, ensuite il lui parle en termes flatteurs, & l'éléve au-dessus de toutes les créatures. Eve surprise de l'entendre parler, lui demande comment il a acquis la voix, & la raison humaine qu'il n'avoit point dans son ori-

gine. Le Serpent répond que le fruit d'un certain arbre du Jardin lui a procuré ces avantages. Eve le prie de la conduire à cet arbre. Elle trouve que c'est celui de la science qui leur étoit interdit. Le Serpent l'engage à manger du fruit ; elle le trouve exquis, & elle délibere quelque tems si elle en fera part à Adam, ou non. Enfin elle lui porte une branche garnie de ses fruits. Adam est d'abord consterné ; mais par un excès d'amour, il prend la résolution de perir avec elle, & s'aveuglant lui-même, il mange du fruit. Quels en furent les effets Ils cherchent d'abord à couvrir leur nudité, ensuite la discorde se met entr'eux, & ils en viennent aux reproches.

LE PARADIS PERDU.

LIVRE NEUVIE'ME.

E temps n'eſt plus, cet heureux temps (1.) où Dieu & les Anges, hôtes indulgens de l'homme, venoient familierement converſer avec lui, & partageoient à ſa table un frugal re-

(1.) *Dieu & les Anges.*) Dieu parle à Caïn avant ſon péché, & la plainte que Caïn adreſſe à Dieu après avoir tué Abel : *je n'oſerai plus paroître devant vous*, engage le Pere Calmet à

pas, ſans lui faire ſentir le poids de leur ſuperiorité : il me faut aujourd'hui changer ces récis en hiſtoires tragiques. Mon objet ſera déſormais la défiance indigne, la perfidie, la révolte, & la deſobéiſſance de la part de l'homme ; l'averſion, la colere, le juſte reproche, & la rigueur de la part du Ciel irrité. Je vais chanter ce moment fatal qui fit entrer dans le monde une foule de malheurs, le péché, & la mort ſuite du péché, & la miſére qui prépare les voyes de la mort. Triſte emploi ! mais la colere de l'inexorable Achille contre ſon ennemi indignement traîné autour des murailles de Troye, ni la rage de Turnus perdant ſon épouſe Lavinie, ni le courroux de Neptune & de Junon qui déſola ſi long-temps les Troyens & le fils (1.) de Citherée,

faire cette remarque : *Il ſemble par cet endroit que Dieu apparoiſſoit ſouvent aux premiers hommes, & qu'il leur parloit familiérement.* Le Fils de Dieu, dit ſaint Juſtin, étoit le premier des trois qui apparut à Abraham.

1. (*Le fils de Citherée.*) Venus eſt appellée Citherée de l'Iſle de Cithere qui lui étoit conſacrée. Cette Iſle eſt proche de la Crete ; d'autres diſent qu'elle prit le nom d'une Ville de Chypre. Neptune & Junon étoient dans le par-

n'offrirent jamais de si grandes images. Puisse la Divinité qui me protege me fournir des expressions dignes d'un si grand sujet. Elle me dicte au milieu du sommeil, ou m'inspire dans mes veilles des vers qui coulent sans travail, depuis que mon choix, long-temps incertain, s'est fixé à des objets vraiment sublimes, & trop negligés. Chante qui voudra les combats consacrés à Calliope dans l'opinion des hommes; qu'il produise pour chef-d'œuvre un long & ennuyeux carnage de Chevaliers supposés dans des batailles imaginaires, tandis que la patience des Martyrs, & leur force invincible restent dans l'oubli. Qu'il décrive, j'y consens, les courses, les jeux, l'appareil des tournois, les boucliers, les armoiries, les tentes & les coursiers: qu'il s'attache à peindre la broderie des housses, l'éclat des harnois, & la magnificence des champions rangés à la barriere: qu'il varie la description de ces jeux militaires, par le détail d'un repas servi dans une salle enchantée, l'ordonnance de ces pompes où

ti des Grecs contre les Troyens. Ænée & Cupidon fils de Venus, tenoient pour les derniers, préside le faste, peut distinguer des hommes du commun; pour moi, je renonce à ces frivoles peintures, elles sont au-dessous de l'heroïque. Je parcours à grands pas des sentiers non encore battus par l'Epopée: jamais elle n'entonna des airs si graves ni si majestueux; mais dans le déclin du monde vieillissant, mes forces engourdies par le froid du climat & des ans, seroient bien-tôt épuisées, si l'intelligence qui m'inspire cessoit de me soutenir.

Le Soleil étoit tombé; Hesperus, l'avant-coureur du crepuscule, qui concilie pour quelques momens la lumiere & les ténébres, commençoit à disparoître: déja d'un bout de l'hemisphere à l'autre, la nuit avoit investi l'horison, quand Satan, que les menaces de Gabriel avoient contraint de s'enfuir, retourna vers les contrées du Paradis. Armé de fraude & de malice, il s'avançoit sans crainte pour s'employer à la destruction de l'homme, & la consideration de tout ce qu'il pouvoit attirer sur lui-même de plus rigoureux, n'étoit point capable de l'arrêter. Les tenebres tomboient lorsqu'il partit: il fit le tour de la terre, & revint à l'heure que la nuit déploye son voile le plus épais. Il eût soin d'éviter le jour : trop instruit qu'Uriel, conducteur de l'orbe du Soleil, l'avoit découvert la premiere fois, & qu'il avoit averti de son entrée les Cherubins qui gardoient la porte du Paradis. Chassé du jardin de délices, il roula avec l'obscurité pendant sept nuits continuës. Trois fois il tourna autour de la ligne équinoxiale. Quatre fois il croisa le char de la nuit d'un pole à l'autre, en suivant chaque colure ; la huitiéme nuit le ramena, & il se glissa furtivement par une entrée, dont les Cherubins placés de l'autre côté de la montagne, ne se méfioient point. Ce fut à la faveur du gouffre où le fleuve du Tigre se précipitoit. La rapidité de sa chûte faisoit jaillir une fontaine près de l'arbre de vie. Satan se plongea dans le gouffre L'onde qui se relevoit, l'introduisit dans le jardin ; le broüillard lui servit d'envelope. Il songea ensuite à s'avancer sans être connu. Il avoit parcouru la mer & la terre depuis Eden jusques par delà le (1.)

1. (*Le Pont-Euxin.*) C'est ce que nous appellons la Mer Noire.

Pont-Euxin, les (1) Palus Meotides, & le fleuve (2.) d'Oby en montant. De là il étoit descendu jusqu'à (3.) l'Antartique. Il s'étoit aussi transporté de l'Orient au Couchant depuis (4.) Oronte jusqu'à la barriere de (5.) Darien qui

1. (*Les Palus Meotides.*) Autrement Mer de Zabache ou de la Tana ; elle est séparée du Pont-Euxin par le Bosphore Cimmerien, dit le Détroit de Vospero.

2. (*D'Oby*) Fleuve de Moscovie ; il sépare l'Asie de l'Europe, & se jette par six embouchures dans la Mer Glaciale, entre Obdora & Samoieda.

3. (*L'Antartique.*) Le Pôle Artique est celui du Septentrion, l'Antartique celui du Midi.

4. (*Oronte.*) Fleuve de Syrie ; il prend sa source au Mont Liban.

5. (*Darien.*) Ville de l'Amerique meridionale sur le Golphe d'Urraba, dans la Province de Terre ferme. Il y a un Golphe & une Riviere de ce nom dans l'Istme de Panama, qui joint les deux continens de l'Amerique, & sépare la Mer du Nord de la Mer Pacifique. *Milton* veut faire entendre que le Démon avoit parcouru la terre en tout sens, du Midi au Septentrion, & du Couchant à l'Orient, comme il est marqué dans Job. ch. 2. ℣. 2. *Le Seigneur dit à Satan, d'où viens-tu ? Il lui répondit : J'ai fait le tour de la terre, & je l'ai parcourue toute entiere.*

partage

partage l'Ocean, & poursuivant sa route, il avoit passé dans les pays qu'arrosent l'Inde & le Gange. Pendant qu'il faisoit le tour du globe terrestre, il avoit tout observé; & après avoir mûrement pesé quelle créature seroit la plus propre à seconder ses desseins, il avoit trouvé que le serpent étoit (1.) le plus fin de tous les animaux: il le choisit comme le meilleur suppôt de fraude. L'esprit & la subtilité naturelle du serpent éloignoient le soupçon, au lieu que dans un autre animal on auroit pû reconnoître la puissance du Démon produisant des actions au dessus de la capacité des brutes. Il songea donc à trouver le serpent: mais son cœur forcené exhala auparavant sa tristesse en ces plaintes:

Que tu approches du Ciel, ô terre, si tu n'es même une demeure préferable, une habitation plus digne des Dieux. La main qui t'a construite aura sans doute encheri sur ses premiers chefs d'œuvres. Un Dieu voudroit-il faire un moindre ouvrage, après en avoir fait un meil-

1. (*Le plus fin.*) *Or le Serpent étoit le plus fin de tous les animaux que le Seigneur Dieu avoit formé sur la terre.* Genese, 3. 1.

leur ? Tu as toutes les perfections du Ciel. Autour de toi tournent d'autres Cieux brillans. Leurs lampes officieuses élançant lumieres sur lumieres, se meuvent uniquement pour ton service. Leurs rayons précieux, leurs influences sacrées se concentrent en toi. Dieu, dont la circonference illimitée embrasse l'Univers, est en même temps le centre de tout ce qui existe ; de même tu reçois tribut sur tribut de ces orbes, dont la vertu se rapporte entierement à ton globe. Ils ne pourroient rien sans ton secours : tu es l'heureux terme de leur fecondité merveilleuse : tu leur prêtes ton sein pour toutes leurs productions. La charmante verdure, les plantes, les créatures plus nobles, qui possedent suivant divers degrés de vie la vegetation, & le sentiment, seroient des ouvrages inconnus sans ta cooperation. De combien l'homme ton souverain est il encore plus admirable ? avec quel plaisir aurois-je parcouru ton vaste contour, si le plaisir pouvoit encore trouver quelque entrée dans mon cœur : si je pouvois goûter l'agréable varieté de tes décorations, montagnes, vallées, rivieres, bois, plaines, isles, mers, continens ? Ici des côtes couronnées de forêts, là des rochers, des grottes & des antres : helas ! je n'ai trouvé nul azile, nul refuge ; & plus je vois d'objets admirables, plus je souffre interieurement : telle est la fatalité de ma destinée. Les biens même dont le ciel abonde me seroient encore plus insupportables, si l'on me forçoit à en être le témoin ; j'y renonce, à moins que je n'en surmonte le grand Monarque. Il m'est inutile de prétendre adoucir mes malheurs : rendons les autres miserables, dussent encore leurs peines retomber sur moi : ce n'est qu'en détruisant que je puis soulager mon cœur implacable ; & si je viens à bout de détruire celui pour qui tout a été créé, ou si je l'engage à faire ce qui peut causer sa perte, la ruine de tout s'ensuivra. L'homme est le chef du monde ; à son sort dans le bien ou dans le mal, est enchaîné le sort de tous les êtres : précipitons le dans le mal, afin que la destruction soit universelle. J'aurai seul parmi les infernales puissances la gloire d'avoir renversé en un moment ce que le Tout-puissant a été six jours & six nuits à former. Eh ! qui sçait si ce grand ouvrage n'a point été l'objet de ses medications éternelles ? Peut-être auſſi n'y a t-il penſé que depuis la nuit où j'affranchis d'une ſervitude ignominieuſe la moitié des eſprits celeſtes. Peut-être ne ſçauroit il plus produire d'Anges, ſi pourtant il a produit les Anges. Ceux qui m'ont ſuivi ne ſont plus à lui ; il en veut réparer la perte, ou bien il veut combler notre deſeſpoir, en nous faiſant remplacer par des créatures qu'il éleve d'une ſi baſſe origine, pour les revêtir de nos dépoüilles celeſtes. J'ignore ſes deſſeins, mais ils ſont effectués. Il a créé l'homme, c'eſt pour lui qu'il a conſtruit ce monde magnifique, & la terre, lieu de ſa reſidence : il l'a déclaré ſouverain ; & de plus, ô indignité ! les Anges ſont chargés de veiller à ſa conſervation. Ils m'ont déja repouſſé : je veux les ſurprendre ; le broüillard me dérobe à leur connoiſſance : les replis du ſerpent me cacheront encore mieux. O comble de miſere ! j'ai diſputé l'empire au Fils de l'Eternel, aujourd'hui je ſuis trop heureux d'enfermer dans un vil animal cette eſſence qui aſpiroit à la Divinité. Mais à quoi ne ſe contraignent pas l'ambition & la vengeance ? pour ſe ſatisfaire doit-on craindre de s'abaiſſer ?

vains ſcrupules éloignez - vous. Je me ſoumets à tout, pourvû que mes coups accablent celui qui excite mon envie. Je ne puis atteindre le celeſte Monarque, frappons ſon nouveau favori, cet enfant du dépit que le Createur a tiré de la pouſſiere pour nous inſulter : il faut repouſſer l'injure par l'injure.

A ces mots, ainſi qu'un noir broüillard, il ſe coule terre à terre dans les tenebres, & traverſe les buiſſons, les plaines, & les ruiſſeaux, en cherchant le ſerpent. Il le trouva profondément endormi. Sa tête feconde en fineſſe & en ſubtilité repoſoit au milieu de pluſieurs cercles que formoient les replis de ſon corps. Il ne ſe tenoit point caché dans un ombre horrible, ou dans un antre affreux ; il n'étoit point encore nuiſible ; il d'ormoit ſur l'herbe ſans craindre, & ſans ſe faire craindre. Satan s'inſinua avec l'air qu'il reſp roit, & prenant poſſeſſion du cœur & de la tête, il répandit ſur ſes ſens l'eſprit d'intelligence ; mais il ne voulut point interrompre ſon ſommeil, & il attendit patiemment la venüe du jour.

Dès que la lumiere ſacrée commença à dorer dans Eden les humides fleurs qui exhaloient leur encens matinal, au temps que tout ce qui respire envoye en haut du grand Autel de la terre ses loüanges tacites au Créateur, & porte jusqu'à son Trône une odeur agréable, nos premiers Peres sortirent, & joignirent leur adoration vocale à l'hommage tacite des créatures muettes. Ils profiterent des momens où la fraîcheur & le baume de l'air se font le mieux sentir; ensuite ils délibererent sur les moyens d'avancer leur ouvrage qui s'augmentoit de jour en jour, & auquel la main de deux personnes seules dans un si grand jardin ne pouvoit suffire. Eve adressa ces mots à son mari:

Adam, ne nous rebutons point de cultiver ce jardin, & de prendre soin des plantes & des fleurs que Dieu nous a confiées: cet emploi n'a rien que d'agréable; mais que pouvons-nous, seuls comme nous sommes? L'on diroit que nos travaux ne font que nous en préparer de plus grands. Les branches superfluës que nous coupons, que nous étayons, ou que nous lions dans le cours de la journée, repoussent en une nuit ou deux, & rendent nos soins inutiles: dis-moi donc ce qu'il nous faut faire, ou écoute ce que je viens d'imaginer. Partageons-nous ; ſuis ton inclination, ou vas au plus preſſé : amuſe-toi à tourner le chevre-feüille autour de cet arbre, ou dirige le lierre qui ne demande qu'à monter ; pour moi, dans ce buiſſon de roſes entremêlées de mirte, je trouverai ſuffiſamment de quoi m'occuper juſqu'à l'heure du repas. Pendant que nous travaillons à côté l'un de l'autre, faut-il s'étonner que notre ouvrage n'avance pas ? Les regards & les ſourires viennent à la traverſe, ou de nouveaux objets nous engagent dans des diſcours imprévus ; ainſi nous ſommes détournés à tout moment ; & quoique nous nous levions du matin ; nous n'avons preſque rien fait quand la journée finit.

Adam lui répondit : Eve, ma ſeule aſſociée ; car ta compagnie me fait oublier toutes les créatures qui vivent ſur la terre, ton projet eſt juſte, & tu ne ſçaurois mieux faire que de ſonger aux moyens d'avancer l'ouvrage que le Seigneur a confié à nos ſoins : auſſi je ne manquerai point à te donner les loüanges que tu merites ; rien de plus aimable dans une femme que de ſçavoir s'occuper utilement, & de le diſputer ainſi à un époux laborieux ; mais le Seigneur ne nous a pas si étroitement imposé le travail, qu'il nous ait interdit toute récréation : il nous a permis de prendre quelquefois un relâche necessaire, & d'entremêler à nos occupations la nourriture du corps, ou la conversation qui est la nourriture de l'esprit, ou ce doux commerce de regards & de sourires. Les sourires refusés aux stupides animaux, sont un écoulement de la raison, & servent à ranimer l'amour, qui n'est pas l'objet le moins noble de l'homme. Il ne nous a pas créés pour un travail penible, mais agréable. Nos mains s'employant de concert, entretiendront assez pour nos besoins ces berceaux & ces routes, où nous faisons notre demeure & nos promenades. Bien-tôt de plus jeunes mains viendront nous seconder. Mais si trop de conversation te fatigue, je consentirai à une courte absence. La solitude est quelquefois préferable à la societé, & un peu de retraite fait mieux sentir la douceur de la compagnie : Je t'avoüerai pour-tant qu'une chose me fais peine ; je crains qu'il ne t'arrive quelque mal, si tu te sépares de moi ? tu sçais l'avertissement qui nous a été donné. Nous avons un ennemi dangereux: Jaloux de notre bonheur, & déſeſperant du ſien, il médite notre perte : ſans doute qu'il veille, & qu'il nous obſerve de près. Il ne ſonge qu'à prendre ſes avantages. C'eſt le ſeconder que de nous ſéparer. Il ne ſçauroit nous ſurprendre tant que nous ſerons enſemble : chacun au beſoin pourroit donner à l'autre un prompt ſecours. Je m'imagine que ſon but eſt de nous rendre infidéles à Dieu, ou de troubler l'amour conjugal qui peut-être plus que toute autre benediction dont nous jouiſſons, excite ſon envie; mais ſoit qu'il ait ce deſſein, ſoit qu'il ſe propoſe encore quelque choſe de plus fatal, ne quitte point un époux à qui tu dois la vie, & qui ne manquera jamais de prendre ta défenſe. Quand il y a quelque danger, quelque deshonneur à craindre, une femme eſt avec plus de ſureté & de bienſéance auprès de ſon mari qui la garde, ou qui ſouffre avec elle tout ce qui peut arriver de plus triſte

Eve avec une majeſté virginale, compoſant ſon viſage d'une maniere douce, mais auſtere, comme une perſonne qui aime, & qui pourtant eſt fâchée de ſe voir contrariée, répondit :

Adam, je le sçai que nous avons un ennemi ; je sçai qu'il cherche notre ruine : vous m'en avez instruite, & je l'ai entendu de la bouche de l'Ange même au moment qu'il vous quittoit. J'étois alors derriere une touffe d'arbrisseaux, & je m'en revenois à l'heure que les fleurs du soir ferment leurs calices odoriferans ; mais que vous deviez douter de ma fidelité pour Dieu, ou pour vous sous le prétexte que nous avons un ennemi à redouter, c'est à quoi je ne me serois point attenduë. Nous n'avons déja rien à craindre de sa violence, immortels & impassibles comme nous le sommes : Ses artifices sont donc le sujet de votre frayeur. De telles allarmes me font trop appercevoir que vous ne comptez pas assez sur ma foi, & sur mon amour. C'est en accuser la foiblesse que d'en craindre l'inconstance. Comment une pensée injurieuse à celle qui vous aime tant, a-t-elle trouvé place dans votre cœur ?

Adam adoucit en ces termes ses avis salutaires : Fille de Dieu & de l'homme, Eve que l'innocence & la pureté rendent immortelle, si je veux te retenir, ce n'eſt point que ta vertu me ſoit ſuſpecte je ſonge ſeulement à éviter toute inſulte de la part de notre ennemi. Celui qui tente, quoique ſans ſuccès, deshonore toûjours celui qu'il attaque, en ſuppoſant qu'il peut ſe laiſſer corrompre. Tu reſſentirois toi-même avec dépit & avec indignation une telle injure, dans le temps même où tu triompherois de ſes lâches artifices. Ne prends point en mauvaiſe part l'envie que j'ai de te préſerver d'un tel affront. Je connois l'audace de notre ennemi ; mais il n'oſera jamais la pouſſer juſqu'à nous attaquer enſemble, ou s'il l'oſe, il tournera contre moi ſes premiers traits : ſa malice & ſa fraude demandent toute notre attention. Il doit être fort ſubtil, puiſqu'il a pû ſéduire des Anges : ne rejette point mon ſecours. Je reçois de l'influence de tes regards un renfort de vertu. Ta préſence me rendroit plus ſage, plus vigilant, plus fort, s'il étoit beſoin d'une force exterieure. Tandis que tes yeux ſeroient tournés ſur moi, la honte que j'aurois à me laiſſer vaincre ou ſurprendre, animeroit mon courage, & m'inſpireroit une vigueur nouvelle. Pourquoi ma vûë ne feroit-elle pas même impreſſion ſur soi, & pourquoi refuses-tu d'essuyer en commun le peril? Peux-tu souhaiter un témoin plus attentif & plus sensible à ta victoire?

Adam s'interessant pour sa Compagne, exprima de la sorte les mouvemens que lui inspiroit l'amour conjugal; Eve crut qu'il faisoit tort à la sincerité de sa foi, & repliqua:

Si nous avons toûjours à craindre un ennemi subtil ou violent, & qu'il puisse nous vaincre séparément, nous ne sçaurions goûter de tranquillité. En nous tentant, dis-tu, notre ennemi nous offense; mais la mauvaise opinion qu'il peut concevoir de nous, n'imprime point de deshonneur sur notre front; toute l'infamie en rejaillit sur lui: pourquoi donc le fuir, ou le craindre? Hâtons-nous bien plûtôt de le confondre; par là nous obtiendrons la paix interieure du cœur, la faveur du Ciel, un triomphe glorieux après notre victoire. Qu'est-ce que la foi, l'amour & la vertu, qui n'ont point été tentées, ou qui n'ont point combattu sans un surveillant? Ne soupçonnons point notre sage Créateur d'avoir laissé notre felicité assez imparfaite, pour que nous ne soyons pas en sureté ſéparés comme réunis. Notre bonheur ſeroit foible, & notre Paradis n'auroit plus rien de divin, s'il étoit ainſi expoſé à la ſurpriſe.

Adam répondit avec chaleur : Eve, gardons-nous de rien reprendre aux ouvrages de Dieu ; il a ſagement ordonné toutes choſes. En formant l'Univers, ſa main n'a point laiſſé ſes créatures imparfaites, ni défectueuſes. Sa bonté ſe ſeroit-elle reſſerrée pour l'homme ? Non ſans doute. Il ne lui a rien refuſé de ce qui peut aſſurer le bonheur de ſon état. L'homme eſt en ſureté contre toute violence exterieure. Le danger eſt au dedans de lui ; cependant ſon ſalut eſt entre ſes mains : il n'eſt point ſujet au mal, s'il ne s'y livre par un acte de ſa volonté. Cette volonté eſt libre, le Seigneur l'a ainſi ordonné : elle obéit librement à la raiſon, & il a pourvû la raiſon d'une droiture qui diſtingue le vrai d'avec le faux ; mais en nous mettant par ſa grace en état de défenſe, il nous recommande d'être ſur nos gardes. Il faut que notre raiſon veille toûjours de peur qu'elle ne s'égare ; & que ſuivant la fauſſe lueur d'une apparence de bien, elle n'engage la volonté à faire ce que Dieu a expreſſément défendu. Ceſſe d'attribuer mes conſeils à une défiance que je n'eus jamais : mon tendre amour me les a dictés. Avertis-moi de même : nous ſommes bien affermis ; cependant nous pouvons tomber, & nous laiſſer ſurprendre : évite donc la tentation, & ne t'écarte point de moi. L'épreuve viendra ſans être cherchée. Veux tu prouver ta conſtance ? Prouve d'abord ton obéiſſance. Qui ſçaura ſi tu as triomphé, quand on ne t'aura point vûë dans le combat ? Qui rendra témoignage de ta fidelité ? Mais ſi tu crois qu'une attaque imprévûë ſeroit plus dangereuſe pour nous, va ; reſtant contre ton gré, tu n'en ſerois que plus abſente : va, conſerve le précieux dépôt de ton innocence ; ne démens point ta vertu. Dieu a fait ce qu'il devoit à ton égard : c'eſt à toi de remplir à preſent ton devoir envers lui.

Le Patriarche du genre humain parla dans ces termes ; Eve perſiſta. Cependant déferant en quelque ſorte à la volonté de ſon mari, elle repliqua pour la derniere fois. C'eſt donc avec ta permiſſion que je te quitte : j'y ſuis ſurtout déterminée, par la raiſon que tu as touchée dans tes dernieres paroles. Si nous étions ſurpris, peut-être aurions-nous plus de peine à résister. Armée de tes conseils, je me presente au combat. Je ne crains point qu'un ennemi si orgüeilleux cherche d'abord le côté le plus foible : s'il tourne là son attaque, sa défaite n'en sera que plus honteuse.

En achevant ces mots, elle dégagea doucement sa main de celle d'Adam, & telle qu'une legere Nymphe des bois (1.) Oreade, ou (2.) Dryade, ou de la cour de Diane, elle s'avança vers les bocages. Son port majestueux surpassoit celui même de (3.) Delie. Elle n'étoit point comme elle armée d'Arc & de Carquois, mais d'instrumens propres au jardinage ; soit que la simplicité de ces premiers temps de l'innocence les eût formés grossierement sans le secours du feu, soit qu'ils leur eussent été apportés par les Anges. Ornée de la sorte, elle ressembloit (4.) à Pales, ou à (5.) Po-

1. (*Oreades.*) Nymphes des Montagnes.
2. (*Dryades.*) Nymphes des Forêts.
3. (*Delie*) Diane ainsi nommée de l'Isle de Delos, où elle nâquit.
4. (*Pales.*) Déesse des Bergers.
5. (*Pomone.*) Déesse des Vergers. Vertumne prit toutes sortes de figures pour s'en faire

mone, quand elle fuyoit devant Vertumne, ou à Cerès dans la fleur de sa virginité, avant qu'elle eût eu Proserpine de Jupiter. Adam la suivit long-temps d'un œil satisfait, mais qui laissoit entrevoir le regret de son départ. Souvent il lui repetoit de revenir bien-tôt, & elle lui répondoit autant de fois qu'elle retourneroit avant la moitié du jour pour préparer le repas du midi, & pour se reposer avec lui pendant la chaleur de la journée.

O séparation fatale ! Malheureuse Eve,

---

aimer, & il n'en put venir à bout qu'en reprenant sa figure naturelle. Ovide en parle au 14. Liv. des Métamorphoses.

Rege sub hoc Pomona fuit, quâ nulla Latinas
Inter Hamadryadas coluit solertius hortos;
Nec fuit arborei studiosior altera fœtus,
Unde tenet nomen; non sylvas illa nec amnes,
Rus amat, & ramos felicia poma ferentes,
Nec jaculo gravis est, sed aduncâ dextera falce:
Quâ modo luxuriem premit, & spatiantia passim,
Brachia compescit, &c.

(1.) tu

(1.) tu te flattes en vain d'un agréable retour. Tu ne trouveras plus dans le Paradis ni de doux repas, ni de tranquille repos. Tu vas te précipiter dans le piége caché sur ton chemin parmi les fleurs & les ombrages. La colere infernal t'attend au passage pour te couper la retraite, ou pour te renvoyer dépoüillée d'innocence, de foi & de felicité.

Déja depuis le point du jour le Prince des Démons, pur serpent en apparence, étoit en marche; il cherchoit nos deux premiers Peres, & se préparoit à attaquer en eux tout le genre humain: il alloit & venoit dans les berceaux & dans la campagne, partout où les bosquets étoient les plus vifs; il conjecturoit avec raison qu'ils ne pouvoient être

1. (*Tu te flattes.*) Homere fait la même exclamation au sujet de Chromius & d'Aretus, qui s'avançoient pour se saisir des chevaux d'Achille; & le Tasse, quand Argand eût juré la mort de Tancrede.

O vani giuramenti, ecco contrari.
Seguier tosto gli effetti a l'alta speme,
E cader questi in tenzon pari estinto
Sotto colui, che fù già preso, e vinto.

loin de ces lieux charmans par la fraîcheur des ruisseaux & des ombrages. Il les cherchoit tous deux, mais il souhaitoit de trouver Eve séparée de son mari; il le souhaitoit, sans pourtant esperer ce qui arrivoit si rarement, quand, selon son desir & contre son esperance, il apperçut Eve seule au milieu d'un nuage de parfums. On ne l'y voyoit qu'à demi; les roses épaisses s'empressoient de croître sous ses yeux: elle se courboit pour relever les foibles tiges des fleurs, dont la tête colorée des plus belles nuances, & enrichie de pourpre, d'azur & d'or, pendoit languissamment sans pouvoir se soutenir: elle les étayoit délicatement avec des baguettes de mirte; mais elle ne songeoit point qu'elle-même, la plus belle fleur de toutes sans support, étoit si loin de son meilleur appui, & que la tempête étoit si proche. Le séducteur s'avança vers elle, & traversa plusieurs allées de cedres, de pins, ou de palmiers, qui formoient un couvert admirable. Tantôt il se rouloit avec hardiesse, tantôt il se cachoit; puis il se découvroit tout à coup parmi les arbrisseaux entrelassés, & parmi les fleurs dont Eve avoit bordé de sa main les diverses routes. Tout rioit dans ce terrein, mille fois plus délicieux que ces jardins imaginaires, ou d'Adonis ressuscité, ou du fameux Alcinoüs, hôte du fils du vieux Laërte : cet autre jardin, mais plus réel, où le sage Monarque folâtroit avec la belle Egyptienne son épouse, n'en auroit point encore approché. Il admira la campagne, & plus encore la personne : tel après avoir été longtemps renfermé dans une grande Ville, où les égoûts & les immondices corrompent la pureté du Ciel, quelqu'un qui profite d'un beau jour d'été pour aller dès le matin respirer un air plus pur dans une charmante campagne, est réjoüi de tout ce qu'il rencontre. L'or des moissons, l'herbe fleurie, le bêlement des troupeaux, le doux chant des oiseaux, chaque objet, chaque son champêtre, tout l'enchante. Si par hazard une jeune beauté vient à passer avec la démarche d'une Nymphe, ce qu'il admiroit, lui devient plus sensible à cause d'elle ; mais elle le ravit encore plus que tout le reste ; il trouve dans elle mille attraits nouveaux. Tel fut le plaisir que prit le Serpent, en contemplant dans ce bosquet fleuri la beauté, qui dès le point du jour avoit choisi cette retraite solitaire. Son air divin comme celui des Anges, mais accompagné d'une aimable douceur sa simplicité gracieuse, ses manieres & ses moindres actions engageoient insensiblement le séducteur, & calmoient sa ferocité. Une stupide extase endormant sa malice, lui tint lieu de bonté, & désarma quelque tems l'inimitié, la fraude, la haine, l'envie & la vengeance; mais l'enfer qu'il porte partout, & qui le suivroit jusques dans le Ciel, termina bient-tôt ses délices; & la vûë de tant de plaisirs qui n'étoient point faits pour lui, ne servit qu'à le déchirer plus vivement. Il rappella la haine & la fureur, & s'encourageant de la sorte, il ranima les funestes projets qu'il avoit conçus.

Où m'entraînez-vous, vaines pensées d'admiration? par quel charme séduisant me faites-vous oublier ce que je dois executer ici? ni l'amour, ni l'esperance de changer mon triste sort, ne m'amenent en ces lieux: je n'y viens point chercher le plaisir, mais ruiner tout plaisir, excepté celui qui se trouve à détruire; toute autre joye est perduë pour moi: l'occasion me rit, ne la laissons point échapper. Voici la femme seule exposée à mes traits ; je n'apperçois point son mari, que je craignois le plus. Son intelligence plus relevée, son courage mâle, son port heroïque, sont soûtenues d'une force invincible. Quoiqu'il soit formé de terre, ce n'est point un ennemi à mépriser : il est invulnerable ; mes playes saignent encore, & l'enfer a entierement changé ma nature ; sa compagne possede des graces infinies, & pourroit donner de l'amour aux Dieux, mais elle ne m'intimide point. Si la beauté peut inspirer le respect & la crainte, est-ce à moi qui ne connois que la haine ? haine d'autant plus funeste, que pour la mieux cacher, j'emprunterai le langage même de l'Amour.

A ces mots, l'ennemi des hommes intimement uni au serpent, fatale société ! s'avance vers Eve. (1.) Il ne se traînoit point alors en rampant contre

1. (*Il ne se traînoit point.*) Joseph & S. Basile ont crû que le Serpent, avant la tentation d'Eve, marchoit droit, & que Dieu l'obligea à ramper, en punition de ce qu'il avoit servi d'instrument à la malice du Démon.

terre ; il se portoit en avant sur sa croupe, ainsi que sur une base circulaire de divers contours, qui recourbés les uns sur les autres, se confondoient comme un vrai labyrinthe : sa tête parée d'une crête superbe, ses yeux d'escarboucle, & son col doré, luisant & verdâtre, se relevoient avec éclat, tandis que l'extrêmité de son corps replié en spirale flottoit sur l'herbe.

Jamais le temps n'a produit rien de si beau dans l'espece des serpens. On opposeroit en vain la métamorphose d'Hermione & de Cadmus arrivée en Illirie, ou celle de la Divinité qui se rendit visible dans (1.) Epidaure, ou la forme que prit Jupiter (2.) Ammon,

1. (*Epidaure.*) Ville d'Argie dans le Peloponese, célébre par le Temple d'Esculape. Les Romains affligés de la peste ayant consulté l'Oracle, envoyerent un Vaisseau à Epidaure ; les Habitans réfusant de livrer leur Dieu, un Serpent d'énorme grandeur monta sur le Vaisseau, fut porté à Rome, & reveré comme Esculape.

2. (*Jupiter Ammom.*) Olympie, femme de Philippe, Roi de Macédoine, & mere d'Alexandre le Grand, qui prétendoit être fils de Jupiter. Plutarque rapporte ces paroles dans

ou le Dieu (1.) du Capitole : celui là avec Olympie, celui ci avec l'Heroïne qui donna le jour à Scipion, le soûtien de Rome.

Il vint en tournoyant, comme quelqu'un qui voudroit exposer ses raisons, mais qui craint d'être importun. Tel près de l'embouchûre d'une riviere, ou bien à la vûë d'un cap où le vent tourne continuellement, un vaisseau conduit par un habile Pilote, louvoye, & change à tout moment ses voiles ; ainsi il varioit son allure, & s'entortillant en cent façons, il formoit devant Eve plusieurs lacs d'amour, afin d'attirer ses regards.

Occupée de son ouvrage, elle enten-

la vie d'Alexandre : on dit aussi que quelquefois, ainsi qu'elle dormoit en son lit, on apperçut un grand Serpent étendu tout au long d'elle, &c.

1. (*Ou le Dieu du Capitole.*) Davantage, dit Plutarque, (vie de Cornelius Scipion) il semble que quelques-uns ont eû semblable opinion de Scipion, comme jadis d'Alexandre, Roi des Macédoniens ; c'est à sçavoir que l'on avoit vû un Serpent en la chambre de sa mere. Ce fut lui qui vainquit Annibal, & fut surnommé l'Africain.

dit l'agitation des feuilles, mais elle n'y fit dabord aucune attention. Elle étoit accoutumée à voir badiner au milieu de la campagne les differentes especes d'animaux, plus dociles à sa voix que le troupeau deguisé n'étoit à l'ordre de Circé.

Il sentit augmenter par là sa confiance, & se présenta devant elle sans être appellé, puis il resta comme saisi d'admiration: on le voyoit plier & replier en signe de caresses sa tête glorieuse & son col delié, qui representoit une infinité de vives couleurs; il léchoit d'une maniere flateuse les vestiges de ses pas. Enfin, ses expressions muettes & pleines de graces attirerent les yeux d'Eve sur son badinage: il fut charmé d'avoir obtenu son attention, & par le moyen de la langue du serpent, dont il se servit comme d'un organe, ou par l'impulsion (1.) de l'air, qu'il sçut modifier,

1. (*Par l'impulsion de l'air.*) » Quelques-uns » (remarque le P. Calmet.) ont crû que le Dé» mon avoit remué la langue du Serpent, & lui » avoit fait véritablement prononcer des paro» les; d'autres soûtiennent que le Démon trom» pa les yeux d'Eve, & forma dans l'air, ou il

il employa ces trompeuſes paroles pour la tenter.

Ne vous étonnés pas, Souveraine de l'Univers, vous qui ſeule dans la nature devez cauſer de l'étonnement, ne vous étonnez pas de ma liberté : vos yeux plus ſereins que le Ciel le plus calme, ſont le ſiege de la douceur, les armeriez-vous contre moi de ſeverité ? Raſſurez un ſujet que la majeſté de votre front, & votre ſolitude reſpectable, ont déja confondu. Si j'ai fait un crime en m'approchant de vous pour vous contempler, c'eſt le crime de vos charmes; vous êtes la plus noble image du Créateur ; vous meritez, comme lui, le tribut de nos hommages. L'Eternel vous

» ſimplement dans l'organe de la premiere femme, des paroles qu'elle crut ſortir de la gueule du Serpent. Abarbanel, & quelques autres, ne conçoivent ici qu'une choſe fort ſimple, exprimée d'une maniere cachée & énigmatique, que le Serpent étoit monté pluſieurs fois ſur l'Arbre de la Science du bien & du mal, en préſence de la femme, & ayant mangé du fruit défendu ſans en reſſentir la moindre incommodité, la femme crut qu'elle en pouvoit uſer de même, ſans craindre d'en mourir.

a ſoumis toute la Terre ; tout ce qui l'habite trouve ſon bonheur à ſe ranger ſous votre ſceptre , tout adore votre celeſte beauté , qui ne ſçauroit avoir trop d'admirateurs : je vous vois à regret au milieu d'une troupe groſſiere d'animaux , incapables de diſcerner , & le nombre & l'étenduë de vos divines perfections : un ſeul homme en connoît le merite ; mais tant d'attraits ne doivent-ils avoir qu'un ſeul adorateur ? Déeſſe incomparable , vous êtes digne de commander aux Anges : quand verrai-je les Dieux marchant à votre ſuite ſe diſputer l'honneur de vous ſervir ?

Tel fut le prélude artificieux du Tentateur. Ses paroles s'inſinuerent dans le cœur d'Eve : l'étonnement où elle étoit de l'entendre parler , lui fit d'abord garder le ſilence , mais bien-tôt elle marqua ainſi ſa ſurpriſe.

Qu'entens-je ? le langage de l'homme employé par une brute ; ſa voix exprime des penſées raiſonnables. Je croyois du moins que Dieu avoit réfuſé la parole aux animaux ; quant à la raiſon , je ſuſpendois mon jugement , car ſouvent il paroît beaucoup d'eſprit dans leurs regards & dans leurs actions. Je ſçavois bien que le ſerpent étoit le plus ſubtil des animaux; mais j'ignorois qu'il eût la faculté de peindre, comme nous, ſes idées. Redouble donc ce miracle; dis-moi, comment as tu acquis la parole, & qui t'a rendu ſi paſſionné pour moi? qu'eſt-ce qui t'attache plus à moi que les autres créatures qui ſe préſentent tous les jours à ma vûë? explique-moi ce myſtere; une telle merveille merite bien qu'on y faſſe attention.

Reine de ce beau monde, reprit le fourbe Tentateur, je puis facilement vous répondre, & il eſt juſte que vous ſoyés obéïe. Semblable aux animaux qui paiſſent l'herbe rampante ſur la terre, je n'avois au commencement que des penſées groſſieres, terreſtres, & conformes à ma nourriture. La nature pour toute ſcience m'avoit donné l'inſtinct de connoître ce qui ſervoit à me ſubſtenter, ou à perpetuer mon eſpece; je ne concevois rien au-deſſus. Un jour errant à l'avanture, ma vûë tomba ſur un arbre chargé d'un fruit doré, vermeil, & du plus beau coloris que l'on vit jamais Je m'approchai pour le regarder. Une odeur ſuave ſe répandant des branches, excita mon appetit. Mes ſens ne furent jamais si flattés par le doux parfum du fenoüil, ou par le lait que distillent à la fin du jour sur la terre une brebis ou une chevre, que leurs petits folâtrant trop long temps, ont oublié de tirer. Je résolus, sans differer, de satisfaire le desir ardent que j'avois d'en goûter. La faim & la soif, puissans motifs de persuasion, réveillées par l'odeur de ce fruit attrayant, me donnerent de l'industrie. Je m'entortillai autour du tronc : pour atteindre aux branches, il faudroit avoir ou votre stature, ou celle d'Adam. D'autres animaux que moi, enflammés du même désir, mais n'ayant pas la même adresse, me regardoient avec une espece d'envie. Dès que je me vis à portée de ce fruit tentant, qui pendoit en abondance, je cueillis, je mangeai ; je trouvai un goût si savoureux, une fraîcheur si exquise, que jamais le suc des plantes, jamais l'eau des plus claires fontaines ne m'avoient paru si délectables. J'apperçus aussi-tôt en moi-même un changement étrange : un nuage épais qui m'envelopoit la tête, se dissipa comme une vapeur ; je fus frappé d'un rayon de lumiere jusqu'alors inconnu ; je sentis la raison se développer dans mes facultés interieures ; des idées nettes & solides s'arrangerent d'elles-mêmes ; la parole vint naître sur ma langue : de tout ce que j'étois autrefois, il ne m'est resté que la seule figure. Depuis ce temps je me suis livré tout entier à des speculations sublimes & profondes ; je me suis élevé sur les aîles de mes pensées, jusqu'au sanctuaire de la verité. J'ai vû, j'ai comparé dans le Ciel & dans l'air, sur la terre & sur l'onde, les objets les plus dignes d'attention ; mais rien ne m'a tant frappé que vous. L'éclat de vos beaux yeux efface les clartés celestes : vous êtes la beauté même, & vous en serez toûjours le plus parfait modéle : voilà ce qui m'a attiré ; voilà ce que je contemple, transporté hors de moi-même ; & si mes regards importuns vous fatiguent, recevez au moins mes adorations, elles vous sont dûës à juste titre ; l'Univers vous reconnoît pour sa Divinité.

Par ce discours le serpent subtil augmenta encore l'étonnement d'Eve, qui répondit imprudemment.

Serpent, les loüanges excessives dont tu m'accables, me font douter que ce fruit ait veritablement la vertu de donner la ſageſſe ; tu es le premier de qui je les aye reçûes. Mais cet arbre eſt ſi loin d'ici ? où ſe trouve-t-il, dis-moi ? Il en croît dans ce ſéjour une multitude ſi variée, que nous n'avons pas eû le temps de les connoître, ni de ſçavoir ce qu'ils produiſent ; leurs fruits ſe gardent incorruptibles pour les hommes qui doivent naître, & nous aider à les conſommer.

Reine adorable, reprit l'impoſteur avec un malin contentement, le chemin eſt beau & court : il n'y a qu'une allée de mirtes à traverſer ; l'arbre eſt ſur un terrein plat, proche d'une fontaine, au milieu d'un boſquet de Mirre & de Baume fleuris : ſi vous voulez me ſuivre, je vous y conduirai bien-tôt.

Mene-moi donc, dit Eve : auſſi-tôt il prend les devans ; ſon ardeur pour le crime précipite ſa marche ; à peine peut-il ſe contenir : ſa crête en paroît plus animée ; la joye lui donne un nouvel éclat. Tel un Meteore formé d'exhalaiſons terreſtres que le froid de la nuit condenſe, & que l'air promene de place en place, s'enflâme par l'agitation : ſon globe, s'il eſt permis de le croire, dirigé par quelque mauvais eſprit, répand en tournoyant une lueur trompeuſe, détourne du chemin le voyageur qui marche pendant la nuit, & le mene dans des terres graſſes & marécageuſes, quelquefois dans des étangs & dans des lacs, où il ſe trouve ſubitement englouti, loin de tout ſécours. Ainſi brilloit le ſerpent ſéducteur en conduiſant Eve, notre crédule mere, à l'Arbre défendu, d'où pendoit le germe fatal de nos maux. Elle l'apperçut bien-tôt, & dit à ſon guide :

Serpent, nous aurions pû épargner nos pas ; ce fruit n'eſt point propre pour nous, conſerve-le pour toi : il eſt veritablement merveilleux s'il produit des effets ſi ſurprenans, mais nous n'en pouvons faire aucun uſage. Cet ordre eſt la ſeule défenſe qui ſoit émanée de la bouche de Dieu ; tout le reſte eſt en notre pouvoir ; nous n'avons d'autres loix à ſuivre que celle de notre raiſon.

(1.) Quoi, reprit le Tentateur, Dieu

1. (*Quoi, reprit, &c.*) » Le Serpent dit à » Eve : pourquoi Dieu vous a-t-il défendu de » manger du fruit de tous les arbres qui ſont » dans le Paradis ? On croit que ceci n'eſt que » la continuation du dialogue du Serpent avec » la femme, dont Moyſe ne nous a point don» né le commencement. Voyez le P. Calmet.

vous a défendu de manger du fruit des arbres de ce jardin ! il vous a cependant declaré les maîtres de tout sur la terre ou dans l'air.

Eve encore exempte de peché, (1.) lui répondit : nous pouvons manger de tous les fruits du Paradis ; mais le Seigneur nous a défendu de toucher au fruit de ce bel Arbre, qui est au milieu du Paradis, de peur que nous ne mourions.

A peine eut-elle fini ce discours, que le Tentateur plus hardi, sous une apparence de zéle & d'amour pour l'homme, & comme indigné du tort qu'il souffroit, dressa une nouvelle batterie. Il parut touché de compassion, agité, troublé ; puis il se leva avec grace, comme

1. (*Lui répondit.*) » La femme lui répondit : » nous mangeons du fruit des arbres qui sont » dans le Paradis ; mais pour ce qui est du fruit » de l'arbre qui est au milieu du Paradis, Dieu » nous a commandé de n'en point manger, & » de n'y point toucher, de peur que nous ne » fussions en danger de mourir. Mais le Ser» pent dit à la femme, assurément, vous ne » mourrez point ; car Dieu sçait qu'aussi-tôt » que vous aurez mangé de ce fruit, vos yeux » seront ouverts, & vous serez comme des » Dieux, par la connoissance que vous aurez » du bien & du mal. *Genese*, c. 3.

quelqu'un qui doit traiter une affaire d'importance. Ainsi l'on voyoit autrefois dans Athenes & dans Rome, où l'éloquence fleurissoit au temps de la liberté, avant que la servitude l'eût abatardie, un Orateur chargé d'un grand interêt se recueillir en lui-même. Son air, son maintien, chaque mouvement, chaque geste préparoit l'attention du Peuple avant qu'il parlât. Quelquefois commençant avec emphase, il entroit tout d'un coup en matiere, comme si son ardeur pour la justice l'eût forcé de supprimer un préambule inutile. Ainsi le Tentateur s'arrêtant, se remuant ou se dressant de toute sa hauteur, disposoit Eve à l'écouter, & commença d'un ton passionné :

O plante sacrée, source de sagesse, vraie mere de la science ! je sens à cette heure la puissance qui opere en moi. Par toi je penetre, non-seulement les choses jusques dans leurs principes, je demêle encore les voyes des Agens les plus hauts malgré leur impenétrable profondeur. Reine de cet Univers, n'ajoutez point de foi à ces rigoureuses menaces de mort, vous ne mourrez point. Qu'est ce qui vous feroit mourir ? *Seroit-ce* le fruit ? Il vous ouvre l'entrée de la ſcience. Seroit-ce celui qui a fait la menace ? Jettez les yeux ſur moi ; j'ai touché, j'ai mangé ; cependant je vis, & je ſuis parvenu à une vie plus parfaite, pour m'être élevé par une noble audace au-deſſus de ma condition. Ce qui eſt permis aux animaux, ſeroit il interdit à leurs Rois ? Ou la colere de Dieu s'allumeroit-elle pour un ſujet ſi leger ? Ne louera-t-il pas plûtôt votre courage, que la menace de la mort n'a point empêché de mériter une vie plus heureuſe par la connoiſſance du bien & du mal ? Du bien, pour le pratiquer, rien n'eſt plus juſte : quant au mal, ſi le mal eſt quelque choſe de réel, pourquoi ne le pas connoître ? C'eſt le meilleur moyen de l'éviter. Dieu ne ſçauroit vous punir & être juſte : s'il eſt injuſte, il n'eſt pas Dieu ; il ne faut point le craindre, il ne faut point lui obéir. Que prétend-t-il donc en cherchant à vous intimider ? Eh ! Ne le voyez-vous pas ? Il veut vous tenir dans l'ignorance & dans l'humilité, pour ſe conſerver des adorateurs. Il ſçait qu'au jour que vous en mangerez, vos yeux que vous croyez bons, mais qui ſont encore troubles, ſeront parfaitement ouverts & éclairés. Vous ſerez comme des Dieux, & vous connoîtrez comme eux le bien & le mal. Si de l'état de brute ce fruit m'a rendu interieurement semblable à l'homme, il faut par une juste proportion qu'il vous rende semblables aux Dieux, ainsi peut-être vous mourrez en quittant l'humanité pour vous revêtir de la divinité. Qui ne souhaiteroit une mort dans la suite & si fortunée ? Qui pourroit en craindre le moment, malgré les frayeurs qu'on a voulu vous en donner ? Que sont les Dieux, pour que l'homme ne puisse parvenir à leur rang ? Usez de ce qu'on sert à leur table, & vous serez bien-tôt leur égale. Ils se sont trouvés les premiers dans le monde ; ils nous ont fait accroire que tout procedoit d'eux ; j'en doute ; car je vois que cette terre merveilleuse, échauffée par les rayons du Soleil, produit chaque espece, & je ne vois rien faire aux Dieux. S'ils ont tout fait, pourquoi la connoissance du bien & du mal se trouve-t-elle dans cet Arbre, afin que quiconque en mange obtienne la sagesse sans leur permission ? L'homme peut-il commettre un crime en tâchant d'acquerir des lumieres ? Quel tort fait votre science au Seigneur ? Si tout dépend de lui, qu'eſt ce que peut produire cet Arbre contre ſa volonté? Eſt-ce l'envie qui l'a engagé à vous faire cette défenſe? Mais l'envie peut-elle trouver place dans des cœurs céleſtes? Il eſt donc évident que ce fruit vous ſera d'une utilité infinie. Déeſſe humaine, prenez & goûtez hardiment.

Il finit: ſes paroles artificieuſes firent, hélas! trop d'impreſſion dans le cœur d'une femme trop foible. Elle regarda fixement le fruit; la vuë ſeule en étoit tentante, & le ſon de ſes mots perſuaſifs retentiſſoit encore dans ſon oreille; cependant l'heure de midi s'approchoit, & éveilloit en elle un ardent appetit que redoubloit (1.) l'odeur exquiſe de ce

1. (*L'odeur exquiſe de ce fruit.*) » La femme voyant que le fruit de cet arbre étoit bon » à manger, & agréable à la vuë, elle en » prit, elle en mangea, & elle en donna à ſon » mari, qui en mangea comme elle. *Geneſe*, 3. *c*. 6.

Quelques-uns concluent qu'Adam avoit aſſiſté à l'entretien qu'eut la femme avec le Serpent; mais l'on croit communément qu'il ne s'y trouva point; & le Texte même n'enferme point cette idée. Saint Paul écrit a Timothée, 1.1. 14. *Adam non eſt ſeductus, mulier autem* fruit ; sa beauté sollicitoit son œil avide ; elle commençoit à succomber, mais auparavant elle s'entretint de la sorte :

Divin fruit, ta vertu, sans doute, est grande ; mais pourquoi nous es-tu interdit ? Pourquoi t'avons-nous si long-temps négligé ? Dès le premier essai, tu as donné la parole aux stupides & aux muets : par toi la langue auparavant embarrassée se trouve en état de publier tes louanges. Celui qui nous défend ton usage, ne nous a point caché ton prix, puisqu'il t'a nommé l'Arbre de la Science du bien & du mal. Sa défense releve ton merite, elle nous laisse pressentir tes vertus & nos besoins ; car sûrement on n'a point le bien que l'on ignore, ou si on le possede, & qu'on l'ignore, cette ignorance est égale à la privation. Il est donc sensible que celui qui nous défend la science, nous défend aussi le bien, qu'il nous défend d'être sages : de telles défenses n'obligent point : mais si la mort vient nous frapper, à quoi nous serviront les connoissances que nous aurons acquises ? Au jour que nous mangerons de ce fruit,

seducta in prævaricatione fuit. Voyez le P. Calmet.

nous sommes condamnés à mourir. Eh! quoi le serpent est-il mort? Il a mangé, il vit, il sçait, il parle, il raisonne, il discerne; lui qui jusques là étoit privé de la raison. La mort a-t-elle été faite uniquement pour nous? Ou les bêtes seules ont-elles droit sur une nourriture divine, refusée à l'homme? Le serpent, le premier & le seul qui en ait goûté, nous invite à partager son bonheur: exempt de toute envie, il nous transporte ses droits. Le serpent n'est point un garant suspect; ami de l'homme, il est éloigné de toute tromperie & de toute malice. Qu'est-ce donc que je crains? mais plûtôt dans cette ignorance du bien & du mal, de Dieu ou de la mort, de la Loi ou de la peine, sçai-je ce qu'il faut craindre? Instruisons-nous. Ce fruit divin possede la vertu de rendre sages; il renferme & l'utile & l'agréable. Qui nous empêche donc d'en prendre, & de nourrir à la fois le corps & l'esprit?

A ces mots, dans une heure fatale, portant au fruit sa main temeraire, elle cueillit, elle mangea. La terre sentit la funeste blessure; & la nature poussant (1.)

1. (*De profonds soupirs,*) Au douziéme Livre

de profonds ſoupirs, annonça que tout étoit perdu.

Le ſerpent ayant conſommé ſon crime, ſe déroba dans le bois, & il le pouvoit aiſément. Eve donnoit toute ſon attention à ce fruit délicieux. Il ſurpaſſoit à ſon goût tous ceux qu'elle connoiſſoit : peut-être avoit-il en effet plus de faveur ; peut-être ſe l'imaginoit-elle par la haute attente qu'elle avoit de la ſcience, & par l'idée qu'elle ſe formoit de ſa divinité prochaine. Elle ignoroit qu'elle faiſoit paſſer la mort en ſon ſein. Enfin raſſaſiée, & comme enyvrée de ſon crime, elle ſe livra aux tranſports les plus vifs de joie & de confiance.

O le plus précieux de tous les arbres, tu conduis heureuſement à la ſageſſe ! Pouvois-tu être condamné à l'obſcurité ? On t'avoit diffamé devant nous, & ton beau fruit pendoit abandonné comme nuiſible. Arbre divin, je vais réparer ta gloire. Au lever de l'aurore je viendrai chaque jour dans la joie de mon cœur

---

de l'Odyſſée, lorſque les Compagnons d'Ulyſſe ont mangé les bœufs du Soleil, il arrive des prodiges, & le Ciel donne des ſignes de ſa colere.

chanter tes louanges, & publier tes merites. Mon premier ſoin ſera de ſoulager tes branches qui offrent liberalement à toute la nature leurs fruits abondans. Je ne ceſſerai point de te viſiter juſqu'à ce que ton ſuc coulant dans mes veines avec mon ſang, ait fait paſſer dans mon eſprit la ſcience univerſelle des Dieux. Ils nous envient ce qu'ils ne ſçauroient donner. Si la ſcience étoit en leur pouvoir, elle ne croîtroit pas ſur cet arbre. Quelles obligations ne t'ai-je point, ô experience, incomparable guide? Sans toi l'ignorance étoit pour toujours mon partage: tu m'as donné l'accès à la ſageſſe qui prend plaiſir à ſe cacher. Peut-être ſuis-je devenue inviſible comme les Dieux; ils ignorent mon changement. Le Ciel eſt trop haut, & trop éloigné, pour qu'ils puiſſent voir diſtinctement ce qui ſe paſſe ſur la terre. D'autres ſoins ont détourné les yeux de notre grand Legiſlateur. Peut-être ſes eſpions ſont-ils tous raſſemblés autour de lui. Mais comment me dois-je montrer à Adam? Lui déclarerai-je dès aujourd'hui mon bonheur? Lui apprendrai-je les moyens de s'élever comme moi? Ou plûtôt lui en ferai-je un myſtére? Ne ſeroit-il pas

plu

plus prudent de garder ſans partage en mon pouvoir l'avantage de la ſcience ? Par là j'attirerois davantage ſon amour ; je ſerois ſon égale ; & peut-être, ce qui n'eſt point à mépriſer, obtiendrois-je cette ſuperiorité qu'il a ſur moi, & qui m'oblige de lui ceder ſans ceſſe. Mais quoi ! ſi tandis que je m'applaudis, Dieu me préparoit des châtimens, s'il me donnoit le coup de la mort, ſi je rentrois dans le néant, Adam formeroit de nouveaux liens avec une nouvelle Eve, & trouveroit ſon bonheur avec elle. Ah cette penſée ſeule me fait mourir ! le ſort en eſt jetté ; Adam partagera avec moi le bien ou le mal. Je l'aime ſi tendrement, que je pourrois endurer avec lui toutes les morts: ſans lui je ne pourrois goûter la vie.

Elle dit ; & après une inclination devant cet Arbre, dont l'ambroiſie devoit l'élever au rang des Dieux, elle part pour aller rejoindre ſon époux. Adam l'attendoit avec impatience : il avoit treſſé une guirlande de fleurs choiſies, pour orner ſes cheveux, & pour couronner ſes travaux ruſtiques, comme les Moiſſonneurs ont coutume de couronner la Reine de leur moiſſon.

Cette legere absence animoit ses sentimens, & lui promettoit de nouveaux plaisirs au retour de sa belle compagne. Cependant le battement inégal de son cœur lui présageoit quelque chose de sinistre : ses alarmes ne lui permirent pas de differer ; il vole au-devant d'elle par la route même qu'elle avoit suivie en le quittant.

Cette route conduisoit vers l'Arbre de la Science. Il la vit : hélas ! elle tenoit en main une branche de cet Arbre funeste : le fruit avoit encore toute sa fleur, & répandoit une odeur charmante. Elle courut à lui : le trouble de son visage anonnçoit par avance, & déclaroit ouvertement son crime. Sa bouche le publia bien-tôt avec des mots flatteurs, qui ne lui manquoient jamais au besoin.

Adam, ne t'es-tu point étonné de mon retardement ? J'ai été séparée de toi, privée de ta présence, & ce temps m'a paru un siécle. Je ne connoissois pas encore les impatiences de l'amour, & je ne m'y exposerai plus : non, je te le proteste, je ne ferai de ma vie un essai qui m'a coûté si cher. Je n'avois point éprouvé jusqu'ici les inquiétudes de l'éloignement, quand on perd de vue tout ce que l'on aime; mais j'ai été retenuë par quelque chose de surprenant Cet arbre n'est pas, comme on nous l'a dit, un arbre dangereux & mortel; ses vertus sont admirables: il a la vertu de déciller les yeux, & d'élever à la Divinité; j'en ai pour garant l'experience même. Le plus subtil des animaux, le serpent, soit qu'on ne lui eût point fait de défense, soit qu'il n'ait pas craint de désobéir, a mangé du fruit, & il n'est pas mort, suivant la ménace qui nous a été faite. Depuis ce temps il parle, il raisonne; & par la force de ces discours il m'a si bien convaincue, que j'en ai goûté, & j'ai trouvé que les effets répondoient à ce qu'il me disoit. Il m'a paru que l'on m'ôtoit un bandeau de dessus les yeux; ce fruit a porté la lumiere dans mon esprit, & l'élevation dans mon cœur. J'ai senti qu'il m'approchoit du rang des Dieux: je n'ai cherché cette grandeur que pour te la procurer. La Divinité même, si je ne la partageois avec toi, perdroit à mes yeux son plus bel avantage. Prends donc ce fruit, afin qu'un même sort, une même joie, nous unissent comme l'amour nous lie maintenant: si tu me refuſes, je crains qu'une inegalité de conditions ne nous ſepare, & qu'alors, mais trop tard, je ne veuille pour toi renoncer à la Divinité, quand le deſtin ne le permettra plus.

Eve ſe juſtifia de la ſorte : elle affectoit de montrer de la joie ; mais ſon œil inquiet découvroit le malheur de ſon état. Adam, dès qu'il eût entendu la déſobéiſſance où ſa femme s'étoit portée, demeura ſurpris, interdit, déconcerté ; une froide horreur courut dans ſes veines, & la foibleſſe s'empara de ſes membres. La guirlande qu'il avoit treſſée pour Eve, tomba de ſes mains appeſanties, & les roſes ſe flétrirent ſubitement. Il reſta long-temps pâle, & ſans voix ; mais enfin il rompit le ſilence par ces lamentations :

O toi, dont la beauté faiſoit juſqu'ici l'ornement de la nature ; toi, le dernier & le meilleur des ouvrages de Dieu, créature en qui excelloit tout ce qui pouvoit être formé pour la vue ou pour la penſée, de ſaint, de divin, de bon, d'aimable & d'attrayant ; dans quel abîme t'es-tu précipitée ? Comment te vois-je en un inſtant pervertie, dégradée, avilie, & livrée à la mort ? Eve a-t-elle pû consentir à violer la défense du Très-Haut? Eve a-t'elle pû se résoudre à porter une main criminelle sur le fruit sacré? Ah! je reconnois ici le funeste ouvrage d'un ennemi inconnu. Ma résolution est prise; je te suivrai dans les bras de la mort. Puis je vivre sans toi? Comment renoncer aux charmes de tes entretiens, & à l'amour qui formoit entre nous de si douces chaînes? Irai-je encore traîner une vie errante & solitaire dans ces bois déserts? Quand l'Eternel pourroit se résoudre à créer une seconde Eve; quand il la formeroit encore d'une partie de moi-même, pour me donner une compagne, ta perte ne s'effaceroit jamais de mon cœur. Non, non, je sens que la chaîne de la nature m'entraîne: tu es chair de ma chair, os de mes os; un même sort nous est réservé.

Après ces exclamations, il se calma un peu; & comme un homme qui commence à revenir d'un triste accablement, & qui s'étant d'abord livré à la douleur, se soumet enfin à une chose sans remede, il adressa ce discours à Eve:

Temeraire, quelle tempête viens-tu de soulever contre nous? Nos regards même auroient dû par respect s'abstenir de contempler ce fruit, & tu as osé y porter une main profane, en manger malgré la malediction que tu sçavois y être attachée : quelle faute ; mais enfin elle est commise, & qui peut empêcher que ce qui est fait ne soit arrivé ? Le Tout-puissant même & le Destin ne sçauroient renverser l'ordre des actions passées. Peut-être cependant tu ne mourras point: peut-être l'action n'est-elle pas si odieuse, après que le fruit a été profané par le serpent. Cet attentat l'aura sans doute flétri, & privé de sa sainteté avant que l'homme en ait goûté : j'envisage encore qu'il n'a point été mortel pour lui. Le serpent vit, comme tu le dis, & il a l'avantage de posseder une vie plus parfaite. Cette induction est forte pour nous ; en le mangeant nous pourrions devenir des Dieux, ou des Anges demi Dieux. Comment croire que le sage Créateur veuille sérieusement effectuer sa menace, & nous détruire ? Nous sommes ses meilleures créatures : il nous a constitués en dignité, & préposés sur tous ses ouvrages. Comme ils ont été créés pour nous, par une dépendance nécessaire ils periroient avec nous. ainsi l'Eternel trompé dans ses desseins, feroit, déferoit, & perdroit le fruit de ses productions. Cette idée est indigne de Dieu : quoiqu'il pût récommencer sa création, il seroit pourtant fâché de nous exterminer. Son adversaire en triompheroit, & seroit en droit de dire : L'état de ceux que le Seigneur favorise le plus, est peu assuré. Qui peut se flatter de lui plaire long temps ? Il m'a ruiné le premier, il ruine aujourd'hui le genre humain : qui doit-il ruiner encore après nous ? il se gardera bien de donner à notre ennemi ce sujet d'insulter sa Providence. Mais j'ai lié mon sort avec le tien : je suis résolu de subir même jugement : si la mort m'unit avec toi, la mort est une vie pour moi : la nature (je le sens dans mon cœur) avec ses liens puissans m'entraînant vers toi, me ramene à moi-même : tout ce que tu es vient de moi. Notre état ne peut être separé : un seul esprit nous anime, nous ne sommes qu'une chair : te perdre, ce seroit me perdre moi-même

O glorieuse preuve d'un amour excessif, répondit Eve, illustre témoignage, exemple relevé qui m'engage à l'imiter ! Mais étant si éloignée de ta perfection, comment y parviendrai-je, Adam du cher côté duquel je me vante d'être issue ?

quelle est ma joie quand je t'entends rappeller notre union, un cœur, une ame en nous deux ! Tu m'en donnes en ce jour une preuve bien marquée : tu te soumets à la mort, & à tout ce qu'il y a de plus terrible, plûtôt que de laisser rompre notre union, que l'amour a formée. Tu déclares que tu es resolu de t'engager avec moi dans la même faute, dans le même crime, si c'en est un de goûter de ce beau fruit. C'est lui, (car du bien procede toujours le bien) c'est lui qui par sa vertu t'a présenté un moyen de signaler ton amour d'une maniere éclatante. Si je croyois que mon experience dût être suivie de la mort dont nous avons été menacés, je m'offrirois seule à ses plus rudes coups. Je ne te proposerois point de marcher sur mes traces, & j'aimerois mieux mourir que de t'obliger à faire quelque chose de pernicieux à ton repos, sur tout après que tu viens de me donner une si autentique assurance de ton amitié ; mais ce que j'éprouve m'engage à te presser de suivre mon exemple Loin que la mort m'ait anéantie, je sens ma vie augmentée, mes yeux ouverts, de nouvelles esperances, de nouvelles joie, un goût si divin, que tout

ce

ce que j'ai connu de voluptueux jusqu'ici, me semble insipide au prix de ce fruit. Manges-en donc, Adam, sur mon experience, & livre aux vents la crainte de la mort.

En disant ces mots elle l'embrassa ; & ravie de le voir s'exposer volontairement à la colere divine, ou à la mort plûtôt que de l'abandonner, elle versa des larmes de tendresse. Pour marque de sa reconnoissance, elle lui donna liberalement du fruit séducteur de la branche qu'elle tenoit en main. Il n'hesita point à manger malgré ce qu'il sçavoit; il en mangea, non par ignorance, mais par foiblesse pour les charmes de sa femme.

La terre trembla, comme étant de nouveau dans les douleurs, & la nature poussa un second mugissement. Le tonnerre gronda, le Ciel s'attrista, & versa quelques larmes à la consommation du crime dont tous les hommes devoient être infectez. Adam n'y fit point d'attention ; il étoit tout occupé du goût de ce fruit.

Eve ne craignit point de redoubler sa premiere faute ; elle vouloit rassurer son epoux par son exemple. Les voilà tous deux enyvrés, ils nagent dans la joie.

Ils s'imaginent sentir la divinité qui leur donne des ailes pour voler dans les Cieux ; mais ce fruit trompeur produisit un effet bien contraire. Il enflamma pour la premiere fois en eux une ardeur criminelle ; les soupirs commencerent à être les interpretes de leur amour, & bientôt Adam découvrit en ces termes l'égarement de son esprit.

Ma chere compagne, le goût n'est pas une des moindres parties de la sagesse. Je t'admire par là. Nous perdions tout en nous abstenant de ce fruit, & nous ne connoissions pas le meilleur mets du monde. S'il se trouve tant de plaisir dans les choses qui ne sont pas permises, il seroit à souhaiter qu'au lieu d'un seul arbre, il y en eût dix de défendus. Réjouissons-nous de la découverte que nous avons faite. Jamais depuis le premier jour que je t'ai vuë, & que je t'épousai ornée de toutes les perfections imaginables, ta beauté n'enflamma mes sens d'une pareille ardeur. Tu dois à la vertu de ce fruit mille nouvelles graces que je n'avois point apperçues dans toi.

Eve lui répondit par des regards pleins de langueur. Il saisit sa main, qu'elle lui abanbonna sans résistance pour se laisser conduire à ſon gré. Un berceau riant les enveloppa de ſon ombre épaiſſe. Les fleurs, les penſées, les violettes, l'aſphodele & l'hiacinte, doux & nouveaux tapis de la terre, leur ſervirent de couche.

Le ſommeil verſant ſur eux ſon humide roſée, mit fin à leurs plaiſirs : & les ſonges, funeſtes enfans de l'intemperance, commencerent à les tourmenter. Ils s'éveillerent accablés de fatigue : ils ſe regarderent l'un l'autre, & virent leur honte & leur nudité : leurs yeux s'étoient ouverts. L'innocence, dont le voile autrefois leur ôtoit la vuë du mal, les avoit abandonnés. La juſte confiance, la pureté naturelle & l'honneur s'étoient éloignés d'eux. Tel l'Hercule Danite, le fort Samſon, ſe leva d'entre les bras impurs de la Philiſtine Dalila, & s'éveilla privé du don de force qu'il avoit reçû du Ciel.

Dépouillés comme lui, & dénués de toute leur vertu, ils garderent longtemps un morne ſilence, comme s'ils euſſent perdu la voix. Adam la recouvra le premier : & malgré la confuſion dont il étoit couvert, il fit entendre ces plaintes.

Pourquoi as-tu prêté l'oreille aux faux raiſonnemens de ce reptile ſéducteur ? Il diſoit bien que nous changerions. Où eſt l'élevation qu'il nous promettoit ? Nos yeux ſe ſont ouverts en effet, nous connoiſſons le bien & le mal ; le bien que nous avons perdu, & le mal où nous ſommes livrés. Funeſte ſcience, ſi c'en eſt une de ſçavoir que nous ſommes dénuez d'honneur, d'innocence, de foi, de pureté. C'étoient là nos premiers ornemens : ils ſont maintenant flétris & ſouillés. Nous portons ſur le front les ſignes évidens de l'infâme concupiſcence, d'où dérivent le mal & la honte qui marchent toujours à la ſuite du crime. Comment ſoutiendrai-je la face de Dieu ou des Anges, que je voyois autrefois ſi ſouvent avec joie & avec tranſport ? Ces figures céleſtes éblouiront déſormais de l'éclat inſupportable de leurs rayons cette ſubſtance terreſtre. O ! puiſſai-je vivre errant & ſolitaire dans quelque retraite obſcure, où les bois impénetrables à la lumiere du jour, entretiennent une nuit perpetuelle ! Couvrez moi, vous. Pins, Cedres, cachez-moi ſous vos branches innombrables ; épargnez à mes yeux la clarté du Soleil, Mais dans l'état déplorable où nous sommes réduits, songeons à dérober à nos yeux ce qui nous feroit rougir. Couvrons nous de feuilles, afin que la honte que nous commençons à connoître, ne nous reproche pas sans cesse notre impureté.

Tel fut son conseil, & tous deux ils s'enfoncerent ensemble dans le bois le plus epais. Ils y choisirent le figuier; non cette espéce renommée pour le fruit; mais cette autre que connoissent encore aujourd'hui les Orientaux en (1.) Malabar, ou (2.) Decan. Ses rameaux courbés prennent, dit-on, racine en terre; & croissant à l'ombre de la principale tige, comme des filles qui se rassemblent autour de leur mere, forment des portiques où résident les échos: c'est là que le Berger Indien se garantit de l'ardeur du jour; cependant il observe à travers

1. (*Malabar.*) Côte d'Asie en la presqu'Isle de l'Inde deça le Gange, au couchant du Cap Commorin: on y trouve divers Royaumes, Angamele, Calicut, Cananor, Cochin, &c.

2. (*Decan.*) Royaume des Indes, en la presqu'Isle deça le Gange. Les Portugais y possedent Goa, & le Grand Mogol les villes de Renby de Chaul, &c.

les ouvertures ses troupeaux qui paissent l'herbe tendre. Ils en cueillirent des feuilles larges comme un bouclier d'Amazone ; & les ajustans sur leurs corps ils essayerent, mais en vain, de se dérober la honte de leur crime.

Quelle différence entre cet état, & celui de l'innocence ? Ainsi dans ces derniers siécles, (1.) le Voyageur Genois trouva les Americains portant une ceinture de plume, du reste nuds, & dispersez parmi les forêts qui sont sur les rivages des Isles.

Enveloppez de la sorte, mais sans avoir le contentement & le repos de l'esprit, ils s'assirent : une pluye de larmes tomba de leurs yeux ; il s'éleva encore au-dedans, de rudes & de furieuses tempêtes.

---

1. (*Le Voyageur Genois.*) Christophle Colomb, de Genes, Pilote célebre, nâquit en 1442. il obtint trois Vaisseaux de Ferdinand & d'Izabelle, Rois d'Arragon & de Castille, pour aller chercher de nouvelles Terres. Il partit de Palos en 1492. & navigea tant qu'il trouva les Isles. Ferdinand Colomb, son fils, a écrit sa vie. *Historia de l'Amirante Christoval Colom.* Voyez Morery. Il mourut en 1506, âgé de soixante-quatre ans.

Les passions tumultueuses la colere, la haine, la méfiance, le soupçon & la discorde ébranlerent violemment l'assiette de leur esprit ; region calme autrefois & paisible, maintenant agitée & turbulente. L'entendement ne gouvernoit plus, la volonté n'écoutoit plus sa voix : elle se trouvoit soumise à l'appetit sensuel, qui, soulevé contre l'empire de la raison, prétendoit alors dominer. Adam voulut parler ; il ne put que se plaindre.

Pourquoi n'as-tu pas déferé à mes paroles, dit-il, en s'adressant à Eve : Pourquoi n'es-tu pas demeurée avec moi, comme je t'en priois, quand un déréglement d'esprit te faisoit courir à ta perte ? Nous ne serions pas, comme nous le sommes, dépouillés de tout, honteux, nuds, misérables. Que personne désormais ne s'expose sans nécessité à mettre sa foi à l'épreuve : quiconque en cherche l'occasion, est déja criminel.

Eve, sensible à ce reproche, lui répondit : Quels mots sont sortis de ta bouche, cruel Adam ? Tu me fais un crime de mon malheur ; ta présence ne l'eût point détourné ; peut-être même serois-tu tombé le premier ; tu n'aurois pû découvrir de fraude dans le Serpent. Il n'y a point de ſujet d'inimitié entre nous : pourquoi devoit-il me vouloir du mal, ou chercher à me nuire ? Falloit-il jamais ne m'éloigner de toi ? Mais puiſque j'étois ſi foible, & que tu étois mon Chef, pourquoi ne me commandois-tu pas abſolument de reſter ? Tu ſçavois que je m'expoſois à un ſi grand danger ; ta facilité nous a perdus : ſi tu m'avois marqué un peu de fermeté, nous ſerions encore innocens.

Ingrate, reprit Adam, courroucé pour la premiere fois, eſt-ce là ta tendreſſe ? Eſt-ce là le prix de mon amour ? Je t'en donnai une preuve certaine, quand il n'y avoit encore que toi de criminelle. J'aurois pû jouir de l'heureux état de l'immortalité ; cependant j'ai preferé la mort avec toi, & maintenant tu me fais des reproches, comme ſi j'étois la cauſe de ta chûte. Je n'ai pas été aſſez ſévére à te retenir : Que pouvois-je faire de plus ? Je t'ai prévenue, je t'ai avertie, je t'ai fait connoître le danger, & l'ennemi caché qui te menaçoit. Si j'en euſſe fait davantage ; j'aurois employé la violence, & la force n'a point de droits ſur la volonté ; elle eſt libre de ſa nature, mais la préſomption t'a emportée : le deſir d'une vaine gloire t'a fait mépriſer le danger : hélas !

je me ſuis trop repoſé ſur tes perfections ; j'ai crû, ſans raiſon, que le mal n'auroit point de priſe ſur toi ; je ſuis la victime de mon erreur, & tu oſes maintenant être mon accuſatrice. Il en arrivera de même à quiconque ſe fiant trop au mérite de ſa femme, lui laiſſera faire ſa volonté ; elle ſuivra ſes caprices ; & après qu'elle aura fait ce qu'elle ſe propoſoit, s'il en arrive quelque mal, elle accuſera d'abord la foibleſſe de ſon mari.

Ainſi dans une accuſation mutuelle ils paſſoient le temps ſans fruit : aucun d'eux ne ſe condamnoit lui-même ; & leur vaine diſpute ſembloit ne devoir jamais finir.

Fin du neuvième Livre.

LIVRE DIXIE'ME.

ARGUMENT.

AUssi-tôt que les Anges ont connu la désobéissance de l'homme, ils abandonnent le Paradis, & remontent au ciel pour justifier leur vigilance. L'Eternel déclare qu'ils ne pouvoient empêcher l'entrée de Satan. Le Fils de Dieu, envoyé pour juger les coupables, descend, prononce le jugement, & touché de compassion, il les habille tous deux, & remonte. Le Péché & la Mort assis jusques-là aux portes de l'Enfer, sentant par une sympathie merveilleuse le succès de Satan dans ce nouveau Monde, & le crime de ceux qui l'habitent, prennent la resolution de ne pas rester davantage aux Enfers, mais de se transporter vers la demeure de l'homme pour trouver Satan. Ils font une communication de l'Enfer à ce monde, & construisent un pont à travers le Chaos, en suivant la route que Satan avoit d'abord tenuë ; ensuite se préparant à descendre sur la terre, ils le rencontrent qui revenoit tout fier de ses succès. Leur congratulation mutuelle. Satan arrive à Pandæmonium ; il raconte avec vanité dans une pleine Assemblée la victoire qu'il a remportée sur l'Homme. Au lieu des applaudissemens qu'il comptoit recevoir, il entend un sifflement général. Les Anges de Ténébres sont changés tout à coup en Serpens : ils rampent tous suivant le jugement prononcé dans le Paradis. Un bois de la même nature que l'Arbre défendu, s'éleve auprès d'eux. Ils montent avidement sur les branches pour prendre du fruit, & mâchent de la poussiere & des cendres ameres. Le Péché & la Mort infectent la nature. Dieu prédit que son Fils les détruira un jour tous deux. Il commande à ses Anges de faire diverses alterations dans les Cieux, & parmi les Elemens. Adam s'appercevant de plus en plus du changement de son état, pleure amerement, & répousse Eve, qui met tout en usage pour le consoler. Elle redouble ses efforts, & l'appaise enfin : elle songe à détourner la malediction qui devoit tomber sur leur postérité, & propose à Adam des moyens violens, qu'il n'approu-

ve point. Il conçoit de meilleures espérances, il lui rappelle la promesse qui leur a été faite, que sa race tirera vengeance du Serpent, & il l'exhorte à se joindre avec lui pour appaiser par la pénitence & par les prieres la Divinité offensée.

LE PARADIS PERDU.

LIVRE DIXIE'ME.

DEJA le crime que Satan venoit de consommer dans Eden, étoit connu de l'Eternel. Il sçavoit comment, sous la figure du serpent, il avoit séduit Eve, qui après avoir mangé du fruit fatal, en avoit fait encore goûter à son mari; car qu'est-ce qui peut échapper à l'œil qui voit tout, ou qui pourroit tromper l'esprit saint, à qui rien n'est caché: Cet Etre souverainement sage n'empêcha point Satan de tenter nos premiers Peres. Les lumieres & les forces qu'ils tenoient de Dieu suffisoient pour découvrir & pour repousser les piéges d'un ennemi déclaré, ou d'un ami contrefait. Ils sçavoient l'un & l'autre, & ils devoient toujours avoir devant les yeux l'ordre qu'ils avoient reçu d'en-haut, de ne point toucher à ce fruit, malgré toutes les tentations qui pouvoient se présenter. Au moment qu'ils tomboient dans la désobéissance, ils encouroient la peine prononcée suivant l'Oracle infaillible, (1.) & par une complication de crime ils méritoient la mort. Les Anges qui étoient répandus dans le Paradis Terrestre, monterent promptement vers le Ciel : leur morne silence marquoit assez à quel point ils étoient sensibles au malheur de l'homme. Sa faute leur étoit connuë ; mais ils ne concevoient point comment le subtil ennemi s'étoit glissé à leur

1. (*Et par une complication de crime.*) Saint Augustin a remarqué que la femme n'auroit jamais goûté les propositions du serpent, si elle ne se fut laissée prévenir par la présomption de sa propre excellence, & par un amour déréglé de l'indépendance.

insçu Dès que les funestes nouvelles arriverent aux portes de l'Empirée, tous ceux qui les entendirent, furent attendris. Le front des Bienheureux (1.) se couvrit d'une sainte tristesse, mais qui n'alteroit point leur beatitude. Le Peuple Céleste, curieux d'apprendre le détail, courut en foule autour des nouveaux venus. Ceux-ci chargés de rendre compte au Trône suprême, s'avancerent avec respect, & ils justifierent aisément leur extrême vigilance ; alors le Pere Tout-puissant, du fond de son Tabernacle, qu'une obscurité majestueuse environne, fit entendre le tonnerre de sa voix.

Esprits immortels, & vous puissances, dont le zele n'a point été secondé par le succès, ne soyez point abattus ni découragés. Vos soins les plus sinceres ne pouvoient prévenir ce qui vient d'arriver sur la terre ; je vous le predis lorsque le

1. (*Le front des Bienheureux se couvrit.*) La même idée se trouve dans Homere, au quinziéme Livre de l'Iliade. *Amadis*

Sur le Palais d'Olympe à l'heure se murirent
Tous les Dieux étonnés des mots qu'ils entendirent.

Tentateur sorti des enfers, traversoit les gouffres de l'abîme. Je vous fis entendre qu'il réüssiroit dans ses mauvais desseins: que l'homme seroit séduit & perdu par la flatterie, & qu'il écouteroit plûtôt l'esprit de mensonge que son Créateur; cependant mes decrets ne concouroient point à necessiter sa chûte ou à ébranler par le moindre degré d'impulsion son libre arbitre. Je l'avois laissé à sa propre disposition, pour en conserver ou pour en rompre l'équilibre: il est tombé. Que reste-t-il, sinon de fulminer contre lui la sentence irrevocable de la mort, dénoncée au jour de sa transgression? Il regarde déja la menace comme frivole, parce qu'elle n'a point eû son effet immediatement après sa désobéissance; mais avant la fin du jour il verra que mes coups, pour être suspendus, n'en sont pas moins certains. S'ils ont méprisé ma bonté, je leur ferai redouter ma justice: c'est à toi, ô mon fils, de prononcer leur arrêt; je t'ai remis mes jugemens au Ciel, sur la Terre, & dans les Enfers. La Clemence & la Justice marcheront devant toi. Quel Juge plus favorable les hommes pourroient ils souhaiter? Tu en es le le mediateur, la rançon, le Redempteur : & la nature humaine, dont tu consens à te revêtir, te constituë (1) leur Juge narurel.

L'Auguste Pere s'énonça dans ces termes ; & dévoilant sa gloire dans tout son éclat, il répandit à sa droite les rayons sereins de la Divinité sur son Fils, qui representa dignement la splendeur paternelle.

Mon Pere, répondit-il, avec une douceur toute divine, c'est à vous de commander, à moi d'executer votre volonté suprême : mon obéissance répondra toûjours à votre amour. J'irai juger sur la terre ces coupables, ausquels malgré leur crime vous daignez encore prendre interêt, la peine de leur crime tombera sur moi, quand les temps seront accomplis ; je m'y suis engagé devant vous, & je ne m'en repens point. En vertu de ce sacrifice volontaire, j'ai obtenu le pouvoir d'adoucir leur châtiment, mais j'accorderai la justice avec

1. (*Leur Juge naturel.*) Milton fait ici allusion à un ancien usage, qui est encore observé en Angleterre, *nul n'est jugé que par ses pairs.*

la miſericorde, enſorte qu'elles brilleront toutes deux avec éclat, & que vous ſerez parfaitement appaiſé. Je ne prendrai nulle eſcorte, nulle ſuite : perſonne ne ſera témoin de mes arrêts, hormis l'homme que je jugerai. Le Demon eſt déja condamné, il eſt convaincu par ſa fuite. Quant au ſerpent, il n'a pas beſoin de conviction.

A ces mots, il ſe leva de ſon ſiége rayonnant à côté de celui du Tout-puiſſant, dans un même degré de gloire. Les Trônes, les Vertus, les Principautés & les Dominations qui compoſent ſa Cour, l'accompagnerent aux portes du Ciel, d'où l'on découvroit diſtinctement Eden, & les Provinces voiſines : il deſcendit tout à coup en bas. La viteſſe des Dieux n'eſt point meſurée par le temps, quoique porté ſur les rapides aîles des heures.

Le Soleil incliné vers l'Occident, s'éloignoit du Midi, & (1.) les ze-

1. (*Et les Zephirs s'éveillant.*) Cornelius à Lapide interprete de la ſorte les paroles de la Vulgate : *Ad auram poſt meridiem puta inclinante die, quando aſpirare ſolent lenes Zephiri, & aura hominibus diurno æſtu fatigatis.*

phirs s'éveillant à l'heure ordinaire, envoyoient leurs douces haleines pour rafraichir la terre, & pour introduire la tranquille soirée, quand le Fils Juge & Intercesseur tout à la fois, vint prononcer à l'homme l'arrêt décisif de son sort. Ils se promenoient tous deux dans le Jardin : la voix de Dieu portée sur les aîles des vents, à l'heure que le jour commençoit à tomber, frappa leurs oreilles : ils l'entendirent ; & se cachant de sa présence, ils s'enfoncerent parmi les arbres les plus épais. Vains projets, inutile fuite ! Dieu s'approche, il les joint, & parle en ces mots :

Où es-tu, Adam ? à mon arrivée tu avois coutume d'accourir avec joye pour me recevoir. Je ne suis pas content de voir que tu manques ici. Autrefois ton devoir empressé t'amenoit sans te faire chercher ? peux-tu me méconnoître ? Ma gloire n'est-elle plus la même ? quel changement te fait absenter, ou quel malheur te retient ? Parois, je l'ordonne.

Il parut, & avec lui Eve plus timide, quoiqu'elle eût été la premiere à désobeir ; tous deux interdits & déconcertés. Leurs regards ne marquoient nul amour pour leur Créateur, nulle charité mutuelle : on n'y voyoit que le crime, la honte, le trouble, le desespoir, la colere, l'obstination, la haine, la tromperie. Adam, après avoir longtemps hesité, répondit en peu de mots.

J'ai entendu votre voix dans le jardin ; mais saisi de frayeur, parce que j'étois nud, je me suis caché.

Le Divin Juge repartit avec moderation : Tu as souvent entendu ma voix, & tu n'en étois point effrayé ; au contraire, elle t'inspiroit de la joie : comment est elle devenuë aujourd'hui si terrible pour toi ? qui t'a dit que tu étois nud ? as-tu mangé du fruit de l'arbre, où je t'avois défendu de toucher ?

Adam répondit avec peine : O ciel ! je suis aujourd'hui devant mon Juge dans la fâcheuse obligation de prendre sur moi tout le crime, ou d'accuser une autre moi-même, la moitié de ma vie ! Pendant qu'elle me reste fidelle, je devrois cacher sa faute, sans l'exposer au blâme par ma plainte ; mais l'étroite necessité me soumet : j'obéis à la dure contrainte, de peur que la faute & la punition ne tombent entierement sur ma tête incapable de la ſupporter ; & quand je m'obſtinerois à garder le ſilence , votre œil penetrant diſcerneroit bien tôt ce que je voudrois cacher. Cette femme que vous avez fait pour être mon aide , & que vous m'avez preſentée comme un don parfait , ſi bonne , ſi convenable , ſi aimable , ſi divine , que de ſa main je ne pouvois ſoupçonner aucun mal , & dont les graces ſembloient juſtifier toutes les actions , m'a donné du fruit de l'arbre , & j'ai mangé.

Etoit-elle ton Dieu , répondit l'Etre ſuprême , étoit-elle ton Dieu pour lui obéir préferablement à moi ? étoit-elle même ton égale pour lui ceder ainſi le rang où ton Créateur t'avoit élevé ? ne l'a-t-il pas tirée de ta ſubſtance , & formée pour ton ſervice , & n'étois-tu pas bien plus excellent qu'elle en toutes ſortes de perfections ? Elle fut ornée en effet , & avantagée de la beauté pour attirer ton amour , mais non pas pour te ſoumettre à ſes caprices. Tous ſes attributs portoient un caractére de ſubordination , & non d'autorité. C'étoit à toi de dominer ſi tu euſſes ſçû te connoître.

Il adreſſa enſuite à Eve ces paroles : Femme qu'as-tu fait ?

Eve accablée de tristesse & de honte, confessa bien tôt sa faute, mais avec la soumission & la retenuë convenables devant son Juge ; & elle répondit : Le serpent m'a trompée, & j'ai mangé.

Quand Dieu les eût entendus, il prononça l'arrêt contre le serpent accusé, quoique brute, & incapable de rejetter le crime sur celui qui l'avoit rendu l'instrument de sa mechanceté, & qui en avoit abusé pour une fin contraire à celle de sa création. S'il fut donc maudit, ce fut avec justice. Il n'importoit pas à l'homme d'en sçavoir davantage, puisque sa penetration ne s'étoit pas étenduë plus loin, & cela n'auroit pas changé la nature de son crime. Cependant Dieu en termes mysterieux, qu'il choisit à dessein, disposa son jugement de sorte (1.) qu'il comprit Satan l'auteur du péché, en faisant tomber sa malediction sur le serpent.

Parce que tu as servi de vase à l'iniquité, tu es maudit entre tous les ani-

1. (*Qu'il comprit Satan.*) S. Chrysostome & Theodoret prétendent que la malediction de Dieu, prononcée contre le serpent, concerne aussi le Démon.

maux & toutes les bêtes des champs : tu ramperas ſur le ventre, & tu mangeras la pouſſiere chaque jour de ta vie. Je mettrai une inimitié entre toi & la femme, entre ſa race & la tienne; elle te briſera la tête, (1.) & tu lui briſeras le talon.

L'Oracle ſe verifia, lorſque Jeſus, Fils de Marie, la ſeconde Eve, vit Satan Prince de l'air tomber du haut du Ciel (1.) comme un éclair. Le Divin Meſſie ſortant de ſon tombeau, dépouilla les Principautés & les Puiſſances : il en triompha publiquement, & dans une Aſcenſion brillante il mena la captivité captive à travers les airs. C'eſt là qu'au milieu de ſon propre empire, le Prince

---

1 (*Et tu lui briſeras le talon.*) L'Auteur de la Vulgate a rendu par *inſidiaberis*, le même mot qu'il a produit auparavant par *conteret*. La verſion Angloiſe ſe ſert du même terme pour les deux.

2. (*Comment un éclair.*) » Or les ſoixante- » douze Diſciples s'en revinrent avec joie, » lui diſant : Seigneur, les Démons mêmes » nous ſont aſſujetis par la vertu de votre » Nom. Il leur répondit : Je voyois Satan tom- » ber du Ciel comme un éclair. S. Luc, 10. 17. 18.

des ténébres se trouvera un jour (1.) foulé sous nos pieds, graces au Dieu de paix qui doit combattre pour nous : puis il tourna sa sentence sur la femme.

Je multiplierai considérablement tes peines dans tes grossesses ; tu enfanteras dans la douleur, & tu seras soumise à la volonté de ton mari ; il dominera sur toi. Il finit par ce jugement prononcé contre Adam.

Parce que tu as écouté la voix de ta femme, & que tu as mangé du fruit de l'arbre, où je t'avois défendu de toucher, la terre est maudite à cause de toi : tu en mangeras peniblement les fruits tous les jours de ta vie : elle te produira d'elle-même des épines & des chardons ; l'herbe des champs sera ta nourriture. Tu mangeras ton pain à la sueur de ton front, jusqu'à ce que tu rentres dans cette même terre dont tu as été tiré. Connois ta naissance : tu es poudre & tu retourneras en poudre.

Il fit ainsi l'office de Juge & de Sauveur : il condamna l'homme, & il recu-

1. (*Foulés sous nos pieds.*) » Que le Dieu de » paix brise bien-tôt Satan sous vos pieds. Ep. aux Romains.

la le coup de la mort qui devoit les frapper au jour de leur désobéissance : puis ayant pitié de l'état misérable où ils se trouvoient nuds, & exposés aux injures de l'air, dont la temperature alloit souffrir de grands changemens, il ne dédaigna pas de commencer dès lors à prendre (1.) la forme d'un serviteur. Plein de cette bonté qui lui fit laver dans la suite les (2.) pieds de ses Disciples, il (3.) les revêtit en ce jour, ainsi qu'un bon pere de famille, aux dépens des animaux qu'il égorgea pour en avoir la dépouille, ou qu'il dédommagea en leur donnant en échange une peau nouvelle, comme au serpent. Il ne garantit pas seu-

1. (*La forme d'un serviteur.*) » Jesus-Christ, » qui ayant la forme & la nature de Dieu, n'a » point crû que ce fut pour lui une usurpation » d'être égal à Dieu, mais il s'est anéanti » lui-même en prenant la forme & la nature de » serviteur. *Ep. aux Philippiens.*

2. (*Les pieds de ses Disciples.*) » Puis ayant » versé de l'eau dans un bassin, il commença à » laver les pieds de ses Disciples, & à les essuyer avec un linge qu'il avoit autour de lui. *S. Jean.* 13. 5.

3. (*Il les revêtit, &c.*) » Le Seigneur Dieu » fit aussi à Adam & à sa femme des habits de » peaux, dont il les revêtit. *Gen.* 3. 21.

lement la nudité exterieure de ses ennemis, (1.) mais il couvrit leur nudité interieure, qui est la plus ignominieuse à ses yeux. Il remonta au Ciel, & rentra dans le sein bienheureux de son Pere, au milieu de la gloire, où il reside éternellement. Après qu'il l'eût appaisé par une douce intercession, il lui raconta tout ce qui s'étoit passé entre lui & l'homme.

Cependant avant que le crime eût été commis, & jugé sur la terre, le Péché & la Mort se tenoient en présence l'un de l'autre, au-dedans des portes de l'Enfer, dont l'énorme ouverture vomissoit au loin dans le Chaos un torrent de flammes. Ils avoient toûjours gardé l'entrée depuis que le Prince des Démons étoit sorti par l'entremise du Péché, quand ce dernier s'adressa ainsi à la Mort:

O mon Fils, pourquoi nous tenons-nous ici nonchalamment assis? pourquoi perdons-nous le temps à nous regarder l'un l'autre, pendant que Satan notre

---

1. (*Il couvrit leur nudité.*) » J'ai étendu sur » vous mon vêtement, & j'ai couvert votre » ignominie, &c. *Ezechiel* 16. 8.

grand auteur prospere dans d'autres mondes, & qu'il nous prépare un plus heureux établissement ? Le succès sans doute l'accompagne ; autrement chassé avec furie par les Ministres des vengeances célestes, il seroit déja de retour en ces tristes regions. Il n'est point de lieu plus convenable pour son châtiment, ni plus au gré de leur fureur ; je m'imagine sentir en moi une nouvelle force ; il me semble qu'il me croît des ailes, & que j'entre en possession d'un vaste Empire, au-delà de cet abîme. Quelque chose m'attire, je ne sçai si c'est sympathie, ou un effet de la nature assez puissante, pour agir à la plus grande distance, & pour unir d'une amitié secrette, par un mouvement inexprimable, les choses qui ont du rapport ensemble. Il faut que tu te joignes à moi : rien ne doit diviser la Mort d'avec le Péché. La difficulté de repasser à travers ce gouffre impraticable pourroit arrêter notre grand Souverain. Entreprenons un ouvrage hardi, mais facile à notre puissance unie : essayons de faire un pont sur l'abîme, depuis l'Enfer jusqu'à ce nouveau monde, où Satan triomphe à cette heure Ce monument nous rendra recommandables à toute l'armée infernale ; il lui ſervira de paſſage pour aller & venir , ou pour ſe tranſporter ailleurs , ſi le Deſtin le permet. Je ne ſçaurois manquer le chemin : le nouvel inſtinct qui opere en moi , m'attire trop vivement.

Vas, repartit à l'inſtant le ſquelette hideux , vas où ton penchant & la gloire t'appellent : je ne reſterai point en arriere ; & je ne me perdrai point avec un tel guide. Le goût du carnage , la proye immenſe , & l'odeur de mort que répandent toutes les créatures qui vivent au monde , nous marquent notre route. Je ne me refuſe point à l'ouvrage que tu te propoſes ; j'en veux partager l'honneur avec toi.

En achevant ces mots , il reſpira avec delices l'odeur du fatal changement qui étoit arrivé ſur la terre ; ainſi les oiſeaux carnaciers , malgré l'éloignement , démêlent l'exhalaiſon des cadavres vivans qui ſont deſtinés à la mort pour la journée ſuivante , dans un ſanglant combat. Ils s'avancent en troupes , & ſe rendent vers le champ où les armées ſe trouvent campées à la veille d'une bataille. Tel éventant la proye d'une diſtance prodigieuſe , le ſpectre affreux renverſoit en haut ſes larges narines, & ſe complaiſoit à ſentir la corruption de l'air empeſté.

Soudain franchiſſant les portes de l'enfer, ils s'envolent dans la confuſe anarchie du Chaos vaſte, ſombre & fangeux, & planant au-deſſus des eaux avec une force ſurprenante, ils raſſemblent tout ce qu'ils peuvent trouver de ſolide ou de viſqueux, épars & diſperſé, ainſi que dans une mer orageuſe : ils en font comme un banc de ſable, puis ils le tirent chacun de leur côté vers la bouche de l'Enfer. Ainſi deux vents contraires ſoufflant ſur la mer (1.) Cronienne, dans la bande du Pole, raſſemblent des montagnes de glace, qui bouchent le paſſage imaginé de (2.) Petzora, vers l'Orient, aux côtes opulentes (3.) du Cathai. La mort

1. (*La mer Cronienne.*) » La mer Cronienne, » ou de la mer Glaciale. *Cronion pelagus à nonnullis appellatum fuit Mare Concretum.* Pline, l. 4. c. 16.

2. (*Petzora.*) » Riviere de Moſcovie : elle ſe » jette près de *Puſto Ozero*, dans la mer Gla» ciale.

3. (*Du Cathai.*) » Le Cathai ou la Tartarie, » c'eſt à peu près la Serique des Anciens : on » aſſure, dit Morery, qu'il eſt extrêmement » peuplé, & très-fertile en mines d'or, en

de ſa peſante maſſue battit ce terrein, & le rendit auſſi fixe que (1.) Delos autrefois flottante : ſes regards plus glaçans que ceux de la (2.) Gorgone, cimenterent le reſte avec un maſtic plus fort que le bitume Aſphaltite. Ils attacherent ſolidement aux fondations de l'Enfer la chauſſée dont la largeur répondoit à celle des portes, & ils conſtruiſirent en arcade ſur l'abîme écumant le mole immenſe ; énorme pont, qui s'étendoit juſqu'aux ſolides remparts de ce monde, maintenant demantelé, ouvert, dévoué à la mort, & joint à l'Enfer par une communication large & facile. Ainſi Xerxès, pour aſſervir la liberté de la Grece, ſi l'on peut comparer les grandes choſes aux petites, partit de Suſe, l'ancien Palais de Memnon, s'avança juſqu'à la mer, jetta un pont ſur le Boſphore, joignit l'Europe à l'Aſie, & ſoumit (3.)

» muſc, en rhubarbe, en fruits, & en tout ce qui » peut rendre un pays riche.

1. (*Delos.*) » Iſle de la mer Ægée ; les Poë» tes feignent qu'elle fut errante juſqu'à ce que » Latone y eût fait ſes couches.

2. (*La Gorgone.*) Meduſe qui petrifioit de ſes regards tous ceux qui la regardoient.

3. (*Soumit ſous ſes coups les vagues.*) Juve-

ſous ſes coups les vagues indignées.

Ils pouſſerent d'une façon merveilleuſe, en ſuivant la trace de Satan, une chaîne de rochers ſuſpendus en forme de voûte au-deſſus de l'abîme deſolé. L'arcade immenſe s'appuyoit d'un bout ſur les Enfers, & de l'autre ſur l'aride ſurfa-

---

nal, Satyre 10. ℣. 173. dit :

Creditur olim
Velificatus Athos, & quidquid Græcia mendax
Audet in hiſtoriâ, conſtratum claſſibus iiſdem,
Suppoſitumque rotis ſolidum mare. . . . .
Ille tamen qualis rediit Salamine relictâ,
In Corum, atque Eurum ſolitus ſævire flagellis
Barbarus, Æolio nunquam hoc in carcere paſſos,
Ipſum compedibus qui vinxerat Ennoſigæum.

Xerxès Roi des Perſes, voulant ſubjuguer la Grece, leva une Armée prodigieuſe, & couvrit l'Helleſpont de Vaiſſeaux, en forme de Pont. *Nam & Juſtinus ait, quadam maria pontibus ſternebat, l. 2. & Abidum cum Seſto conjunxit.*

ce de ce monde ſpherique, au même lieu où le Prince des Démons s'étoit impunément abbattu au ſortir du Chaos. Ils affermirent le tout avec des cloux & des chaînes de diamant: hélas! ils le firent trop ſolide & trop durable.

Arrivés ſur la Plage, qui fait la ſéparation du Monde Terreſtre & de l'Empirée, ils voyent d'un même point les régions du Ciel, de la Terre, des Enfers. Trois chemins conduiſoient à chacun de ces Empires. Les deux monſtres enviſageoient la demeure de nos premiers Peres: quand ils apperçurent Satan qui montoit au Zenit, entre le Centaure & le ſcorpion, pendant que le Soleil ſe levoit dans le Belier, il s'étoit traveſti ſous la figure d'un Ange de lumiere. La Mort & le Péché reconnurent bien-tôt leur Pere, quoiqu'il eût pris toutes les meſures poſſibles pour dérober ſa marche. Après avoir ſéduit la Mere du genre humain, il ſe gliſſa furtivement dans le bois prochain, & changeant de forme, ſans perdre de vuë les criminels, il vit Eve qui engageoit, mais ſans aucun mauvais deſſein, un époux trop complaiſant dans le piége, où elle s'étoit laiſſée ſurprendre: il remarqua leur honte &

leur confuſion ; mais quand il reconnut le Fils de Dieu qui deſcendoit pour les juger, il s'enfuit épouvanté. Ce n'eſt pas qu'il eſperât échapper au châtiment; il ne cherchoit qu'à retarder les coups dont la colere céleſte auroit pû foudroyer à l'heure même ſa tête coupable. Après le jugement, il revint de nuit, & il écouta les diſcours que nos premiers Peres tenoient entr'eux. Leurs plaintes lui apprirent ſa propre condamnation, mais il entendit qu'elle étoit ſurſiſe & reculée au temps à venir. Là deſſus portant avec lui la joie & la nouvelle du ſuccès, il part pour l'Enfer, & rencontre au bord du Chaos, près de ce pont merveilleux, ſes redoutables enfans, qui ſans être attendus venoient au-devant de lui. A cette rencontre la joie fut grande de part & d'autre, & la ſienne augmenta à la vuë de cet édifice ſurprenant : il fut longtemps en admiration, juſqu'à ce que l'ombre enchantereſſe du Péché, rompit le ſilence en ces mots :

O mon pere, ce ſont là tes ouvrages magnifiques? ne reconnois-tu pas tes propres trophées ? Sans toi cet arc de triomphe n'auroit point été conſtruit. Mon cœur qui ſe remuë toujours avec le tien par une ſecrette harmonie, a d'abord eu un preſſentiment de ta victoire. J'ai compris que tu avois proſperé ſur la terre : tes regards le témoignent clairement. Auſſi tôt, quoique ſéparée de toi par l'intervalle de pluſieurs mondes, j'ai ſenti que je devois marcher à ta ſuite avec ce fils qui s'offre à tes yeux. Tel eſt le fatal rapport qui nous unit. Les barrieres de l'Enfer n'ont point été capables de nous retenir, & les ténébres de l'abîme impraticable n'ont pû nous détourner de ſuivre tes illuſtres veſtiges. Tu nous as rendu notre liberté, auparavant reſſerrée dans une infâme priſon ; tu as étendu nos limites, & tu nous as mis en état de nous y maintenir, & de conſtruire au-deſſus du noir abîme, ce pont énorme. Tout ce monde eſt maintenant à toi. Ta valeur a gagné ce que tes mains n'ont point fait ; & ta ſageſſe recouvrant avec avantage ce que la guerre t'avoit enlevé, a pleinement vengé notre défaite dans le Ciel. Ici tu regneras en Monarque, là tu ne regnois point. Laiſſe dominer là haut le vainqueur, comme la bataille en a décidé ; auſſi-bien il te cede la ſouveraineté de ce nouveau monde. Il l'a aliené par les arrêts qu'il a fulminés lui même; & partageant avec toi la monarchie de toutes choses, il sépare par les bornes de l'Empirée (1.) ses regions superieures d'avec tes domaines inferieurs Laisse-le donc en paix, ou plûtôt éprouve contre son Trône ta puissance plus redoutable que jamais.

Mes enfans, répondit avec joie le Prince des ténébres, vous venez de montrer d'une maniere signalée que vous êtes la race de Satan : tel est mon nom; & je me glorifie d'être l'antagoniste du Tout-puissant. Que ne meriterez vous point de moi & de l'empire infernal? Cet ouvrage que vous avez poussé près des portes du Ciel, couronne mes exploits guerriers, & joint vos trophées aux miens. Par là vous avez fait de l'Enfer, & de ce monde, un même empire, un même Royaume soumis à nos loix, un continent d'une

1. (*Ses regions superieures.*) L'Anglois porte : Il separe sa quadrature de ton monde orbiculaire; il y a là-dedans beaucoup d'art, parce qu'il semble que toute la difference ne soit que dans la forme L'Apocalypse, c. 21. ℣ 16. dit, *Civitas Dei in quadro posita*, en parlant de la Celeste Jerusalem, parce que la figure cubique est le symbole de la stabilité.

communication aiſée. Allez donc jouir du fruit commun de nos travaux, tandis que traverſant les ténébres à la faveur de la nouvelle route que vous avez frayée, j'irai joindre mes guerriers pour les informer de nos ſuccès, & pour leur faire part de notre joie. Allez vers ces nouveaux mondes ; ils vous ſont dévolus. Etabliſſez vous, & regnez dans la beatitude. Exercez votre domination ſur le globe terreſtre, dans les airs, & principalement ſur l'homme, à qui l'Eternel avoit donné la Monarchie de la terre : aſſurez vous d'abord de lui comme de votre eſclave, juſqu'à ce que par un coup fatal vous tranchiez le fil de ſes jours. Je vous envoye en mon nom, & je vous donne un plein pouvoir : rien ne vous réſiſtera : vous êtes iſſus de moi. Ne diviſez point vos forces ; c'eſt ſur elles que je fonde la conſervation de ce nouvel empire, que le péché, graces à mes exploits, a livré à la mort. Si vous êtes victorieux, l'Enfer ne ſçauroit manquer de proſperer. Allez, & faites ſentir par tout votre puiſſance.

Les deux monſtres à l'inſtant courans à travers les conſtellations, répandirent leur poiſon. Les étoiles infectées pâlirent, & les planetes souffrirent de veritables éclipses.

Le Prince des Démons prit l'autre route, & descendit le long du nouvel ouvrage aux portes de l'Enfer. Des deux côtés le Chaos divisé gémissoit sous la structure, & de ses vagues bondissantes assailloit les solides arcboutans qui se moquoient de son indignation.

Satan arriva, il entra ; les portes étoient ouvertes & sans défense ; tout marquoit la désolation. Ceux qui devoient garder l'horrible entrée, abandonnant leur poste, avoient pris leur vol vers le monde superieur ; le reste s'étoit retiré dans le cœur du Pays, sous les murailles du Château de Pandœmonium, superbe demeure de Lucifer. Le Monarque orgüeilleux doit ce nom à l'Etoile brillante qui tombe à l'aspect du Soleil, & figure la chûte de Satan.

Là les Legions faisoient une garde vigilante. Cependant les Grands assemblés au Conseil, examinoient ce qui pouvoit arrêter si long-temps leur Empereur : il leur avoit donné cet ordre en partant, & ils l'observerent

C'est ainsi que les Tartares évitant

la rencontre (1.) des Russiens leurs ennemis, se retirent à la vûë (2.) d'Astracan, dans les plaines couvertes de neiges. Tel encore (3.) le Sophi Bactrien fuyant devant (4.) le Croissant de Bisance, ravage le Pays qu'il laisse derriere lui au-delà du Royaume (5.) d'Aladule, afin d'assurer sa retraite vers (6.) Tauris, (7.) ou Casbin.

Ainsi ces Legions nouvellement bannies des Cieux, déserterent les Provinces frontieres de l'Enfer, & se renfermerent dans leur Capitale, en attendant leur grand General, qui étoit allé en qualité de volontaire, pour découvrir d'autres mondes.

---

1. (*Des Russiens.*) La Russie ou la Moscovie, sont sous la domination du Czar.

2. (*Astracan.*) Ville & Royaume à l'embouchure du Volga, près de la mer Caspienne.

3. (*Le Sophi Bactrien.*) La Bactriane est une Province de la Perse.

4. (*Le Croissant de Bisance.*) Les Turcs portent pour Armes un Croissant.

5. (*Aladule.*) Royaume soûmis au Turc, vers la source de l'Euphrate.

6. (*Tauris.*) Dans la Province d'Aberbeitzan.

7. (*Casbin.*) Dans la Province d'Ayrach.

Il paſſa au milieu d'eux ſous la forme d'un Ange militant du plus bas ordre, & traverſant l'aſſemblée d'une maniere inviſible, il monta ſur ſon trône. Il les obſerva quelque temps ſans ſe découvrir. Enfin ſa taille auguſte ſe produiſit, & ſon front étincellant d'un reſte de gloire, ou plûtôt d'une fauſſe lueur qu'il avoit conſervée par la permiſſion divine, ſe montra comme une étoile qui ſort d'un nuage. A cet éclat ſubit la foule Stigienne reconnut ſon Prince. Les Anges ténébreux pouſſerent des cris de joye, quand ils virent leur puiſſant Chef, dont ils ſouhaitoient ardemment le retour.

Les Pairs infernaux qui tenoient le Conſeil, ſe leverent, coururent vers leur Souverain, & le feliciterent par des acclamations. Sa main leur impoſa ſilence, & ſa voix obtint leur attention.

Trônes, Dominations, Principautés, Vertus, Puiſſances; non-ſeulement ces titres éminens vous ſont legitimement acquis, mon expedition, dont le ſuccès a paſſé ma propre eſperance, doit encore vous faire joüir des droits qui y ſont attachés. Je reviens pour vous conduire triomphans hors de ce gouffre. Allez dominer comme Souverains dans un monde ſpacieux, & peu inferieur à notre Ciel natal. Je l'ai conquis en bravant le danger & la peine. Il ſeroit trop long de vous dire ce que j'ai fait, & ce que j'ai ſouffert ; avec quelle fatigue j'ai voyagé dans l'immenſe & vuide profondeur de l'horrible confuſion. Vous y trouverez maintenant une route que le peché & la mort ont preparée pour faciliter votre glorieuſe marche : mais quelles difficultés n'ai-je point rencontrées dans mon voyage ? J'ai été forcé de m'ouvrir un chemin au travers de l'Abîme intraitable : je me ſuis vû plongé dans le ſein de la nuit éternelle, & du Chaos barbare ; qui jaloux de leurs ſecrets, & fierement opposés ſur mon paſſage, portoient avec des clameurs tumultueuſes, au trône du Deſtin, leurs proteſtations contre mes entrepriſes. Je ne finirois point, ſi je voulois vous apprendre comment j'ai trouvé la nouvelle création, que la Renommée nous avoit autrefois annoncée dans le Ciel. Je ne vous en raconterai point les beautés, ni comment j'ai rencontré au milieu d'un Paradis, l'homme qui devoit ſon bonheur à votre éxil. La nature du crime eſt quelque choſe d'inconcevable : mais l'Eternel l'Eternel a livré en proye sa créature cherie, sa posterité, & tout ce monde au peché & à la mort : nous en sommes donc les maîtres, sans qu'il nous ait fallu essuyer aucun danger, aucune fatigue, aucunes allarmes. Il ne tient qu'à nous de nous y transporter, de nous y établir, & d'aller exercer sur l'homme, l'empire que le Ciel lui avoit deferé sur toutes les créatures. Il est vrai que ce Dieu, à qui j'ai enlevé ces nouveaux sujets, m'a aussi jugé, ou plûtôt ce n'est pas moi, mais le Serpent, dont j'ai emprunté les organes pour executer mes desseins. Ce qui me concerne, c'est l'inimitié qu'il veut mettre entre moi & l'homme. Je dois briser son talon ; mais sa race (le temps n'en est pas marqué) me brisera la tête. Qui ne voudroit pas acheter un monde au prix d'une blessure, ou d'une peine encore plus rude ? Voici le détail de mon expedition. Que vous reste-t-il à faire à présent, célestes Divinités ? Levez-vous, partez, jouissez de la béatitude que je vous ai préparée.

Il dit, & son orgueil suspendit son discours, pour goûter au milieu des acclamations les applaudissemens qu'il croyoit mériter, quand il entendit de tous côtés d'épouvantables sifflemens, signe du mépris général. Il s'étonna, mais son étonnement redoubla encore en se regardant. Il sentit son visage s'allonger & se diminuer ; ses bras se collerent à ses côtés, & les jambes s'entrelasserent l'une dans l'autre, jusqu'à ce que transformé en un Serpent monstrueux, il tomba étendu sur le ventre. Il fit tout son possible pour résister, mais en vain ; une plus grande puissance disposoit de lui Réduit par une juste condamnation à la figure dont il s'étoit servi pour séduire l'innocence, il voulut parler ; mais sa langue fourchuë ne produisit que des sifflemens comme les autres ; ils se trouverent tous pareillement transformés en Serpens.

On n'entendit plus que des voix aigues & perçantes : la salle étoit remplie de monstres pêle mêle confondus, Scorpions, Aspics, cruelles Amphisbenes, Cerastes cornus, Hydres, Ellopes, & Dipsades terribles ; jamais le terrein humecté du sang de la Gorgone, ni l'Isle 1.)

1. (*Ophiusa.*) Isle de la Mediterranée, près de l'Isle d'Ivica, vis-à-vis le Royaume de Valence : elle s'appelle aujourd'hui Formentera. Les Anciens la disoient inhabitable à cause de la quantité de serpens.

d'Ophiuſe ne fourmillerent de tant de reptiles.

Au milieu de tous, Satan ſe diſtinguoit par ſa grandeur. Dragon effroyable, & bien plus monſtrueux que l'énorme Pithon, celui que dans les champs Pythiens le Soleil engendra du limon de la terre, il ſembloit conſerver encore ſa ſuperiorité.

Ils le ſuivirent dans la Campagne; ceux qui étoient au-dehors en faction, ou en ordre de bataille, l'attendoient avec impatience, & ſe livroient au plaiſir de ſonger qu'ils alloient voir leur Chef dans toute ſa gloire, quand il ſortiroit pour la cérémonie du triomphe. Ils le virent : un ſpectacle bien different de ce qu'ils ſe promettoient, frappa leurs regards; ils ne trouverent qu'une troupe de Serpens affreux. L'horreur & la contagion les ſaiſit : ils ſentirent en eux un ſemblable changement : leurs armes, leurs lances & leurs boucliers tomberent par terre; ils tomberent eux mêmes. Le cruel ſifflement ſe renouvella; ils prirent tous par ſympathie cette forme hideuſe : ils avoient concouru dans le crime, ils en partagerent la peine. Ainſi l'applaudiſſement qu'ils ſe propoſoient, fut changé en un bruit de dérision, le triomphe en opprobre, & leurs propres bouches servirent à les couvrir eux-mêmes d'ignominie.

Au moment qu'ils furent transformés, on vit croître auprès d'eux un bois chargé de fruits semblables à ceux que portoit dans le Paradis, l'arbre dont le Tentateur s'étoit servi pour séduire Eve. Dieu l'avoit ainsi ordonné, pour aggraver leurs tourmens. Ils attacherent fixement leurs yeux sur cet objet imprevû; & au lieu d'un arbre défendu, ils s'imaginerent en voir lever une forêt, pour les accabler de honte & de douleur.

Tourmentés par une ardente soif, & par une faim cruelle que Dieu leur envoya pour les faire donner dans le piége, ils ne pûrent s'abstenir de ces fruits decevans; ils se roulerent en troupe, & s'entortillerent autour de l'arbre. Bientôt ses branches, pareilles aux tresses qui formoient la chevelure de Megere, furent couvertes de ces abominables reptiles; ils arracherent avidemment le fruit plus trompeur que cet autre, qui crut depuis près du Lac d'Asphalte, où Sodome fut embrasée. L'un n'abusoit que l'œil, l'autre abusoit encore le goût. Il croyoient ſoulager leur faim ; mais leur bouche empoiſonnée n'étoit remplie que de cendres, qu'ils étoient forcés de vomir avec des contorſions épouventables, L'homme ne tomba qu'une ſeule fois ; pour eux, ils retomboient à tous les momens dans la même illuſion, & leur faim n'étoit point raſſaſiée. Le ſifflement dura juſqu'au terme preſcrit par le Tout-puiſſant, pour les rendre à leur forme naturelle. (1.) Ils ſont obligés tous les ans, à ce que diſent quelques-uns, de ſubir la même peine pendant un certain nombre de jours, pour punir leur orgueil, & pour diminuer la joie qu'ils ont d'avoir ſéduit l'homme. Nonobſtant cette humiliation, ils ſe ſont vantés de leur conquête ; & pour en conſerver la mémoire, ils ont publié dans le monde Payen que le Serpent (2.) Ophion, avec

1. (*Tous les ans de ſubir la même peine.*) *Notat S. Auguſtinus*, lib. 11. de Gen. ad litt. 28. *Diabolum uti ſolere formâ ſerpentum ad decipiendos homines, permittente Deo, ad primi facti memoriam commendandam quod ſit ei quadam cum genere animantum familiaritas, quia ſcilicet in ſerpente decepit Adamum & Evam.*

2. (*Ophion.*) Fils de l'Ocean : il gouverna le

(1.) Eurinome, peut-être la même qu'Eve. qui fit tant de mal a l'Univers, gouverna d'abord le haut Olympe. d'où il fut chassé par le vieux époux de Rhea, avant que la Crete eût vû naître Jupiter.

Les deux Monstres arriverent dans le Paradis: hélas ils y arriverent pour notre malheur! Le Péché en prit possession, pour étendre de là son empire sur la terre. La Mort marchoit derriere lui pas à pas; elle n'étoit point encore montée (2.) sur son cheval pâle: le Péché lui dit en s'adressant à elle:

Second rejetton de Satan, puissante Mort, que penses tu de cet empire qui

---

Monde avec sa femme Eurinome, avant Saturne qui le détourna.

1. (*Eurinome.*) Fille du Ciel & de Vesta, sœur & femme de Saturne; c'est la même que Rhea & Cybelle.

2. (*Sur son cheval pâle.*) » En même-tems » je vis paroître un cheval pâle, & celui qui » étoit monté dessus s'appelloit la Mort, & » l'Enfer le suivoit, & le pouvoir lui fut don- » né sur la quatriéme partie de la terre, pour y » faire mourir les hommes par l'épée, par » famine, par mortalité, & par les bêtes sau- » vages. *Apocal.* 6. 8.

nous appartient maintenant ? Regretes-tu la fatigue du voyage ? Ne sommes-nous pas ici beaucoup mieux que si nous fussions restés aux sombres portes de l'Enfer, pour les garder d'une maniere servile, inconnus, méprisables, & toi-même mourant de faim ?

Le Monstre hideux lui répondit : Il m'importe peu du Ciel, du Paradis, ou de l'Enfer, pourvû que ma faim soit satisfaite, je serai le mieux où il y aura le plus a dévorer. L'abondance qui se trouve ici (1) ne suffira pas encore aux besoins de ce corps vaste & décharné.

Commence donc, dit le Péché, à te repaître de ces herbes, de ces fruits & de ces fleurs; prens ensuite pour ta nourriture les quadrupedes, les poissons & les oiseaux : ne fais aucun scrupule de dévorer tout ce que la faulx du temps peut moissonner, jusqu'à ce qu'établissant ma résidence dans la race de l'homme, j'infecte ses pensées, ses regards, ses paroles, & ses actions, pour en faire ta derniere & ta plus douce proye.

1. (*Ne suffira pas encore.*) » Il y a trois choses » insatiables, & une quatriéme qui ne dit jamais c'est assez, l'Enfer, &c. *Prov.* 30. 15.

A ces mots ils se séparerent, & prirent différentes routes ; mais dans le même dessein de ruiner tout, en répandant sur les diverses créatures de la terre les semences empoisonnées d'une destruction inévitable. Le Tout puissant les observant de son Thrône sublime au milieu de ses Saints, fit entendre sa voix à ses cohortes brillantes.

Voyez avec quelle ardeur s'avancent ces Monstres d'Enfer ; ils ne songent qu'à ravager & qu'à détruire ce monde parfait que j'ai créé, & que j'aurois conservé dans le même état, si la témerité de l'homme n'eût introduit ces furies dévorantes qui osent m'accuser de folie : elles ne sçauroient concevoir comment je leur ai permis de s'approcher, & de se saisir d'une demeure si céleste. Il leur semble que par une indigne connivence je me suis déterminé à entrer dans les vuës de mes fiers ennemis, & que dans un transport de colere j'ai indiscretement remis & abandonné tout à leur disposition. L'Enfer ne sçait pas que si je souffre ses Monstres dans ces lieux, ils y sont destinés à consumer les immondices que la désobéissance de l'homme a répanduës sur ce qui étoit pur dans son origine.

Après

Après qu'ils en auront tiré le venin, un jour viendra, mon fils, mon bien aimé, que le péché, la mort & le sépulchre insatiable renversés d'un seul coup de ton bras victorieux, seront précipités à travers le Chaos : ainsi tu fermeras la descente de l'Enfer, & l'ouverture de sa gueule ravissante se trouvera scellée pour jamais : alors la Terre & les Cieux renouvellés, brilleront d'une sainteté que rien ne pourra plus souiller ; mais il faut auparavant que la malediction prononcée ait son effet.

Il finit, & la céleste assemblée chanta des Cantiques (1.) plus élevés que le mugissement des mers : tous s'étoient réunis pour célébrer l'Eternel.

Tes voyes sont justes, & tes décrets sont remplis d'équité. Qui pourroit donner atteinte à ta gloire? Ton Trône inébranlable par lui-même, est encore soutenu par un fils qui sera le Redempteur

1. (*Plus élevés que le mugissement des mers.*) » J'entendis alors une voix qui venoit du Ciel, » semblable à un bruit de grandes eaux, & au » bruit d'un grand tonnerre, & cette voix que » j'ouis étoit comme le son de plusieurs joueurs » de harpe. *Apoc.* 14. 2. Ils chantoient, *&c.*

du genre humain, & qui dans les siécles futurs tirera de l'abîme, ou fera descendre de l'Empirée, un nouveau Ciel & une Terre nouvelle : tels étoient leurs chants.

Le Créateur appellant les premiers entre ses Anges, leur donna les ordres les plus convenables à l'état présent des choses. Ils enjoignirent d'abord au Soleil de changer son cours, & de luire de maniere qu'il pût affecter la Terre d'un froid & d'une chaleur à peine supportables, amenant du Nord l'hyver décrepit, & du Midi les rudes chaleurs du Solstice. Ils reglerent les fonctions de la Lune, & ils prescrivirent aux cinq autres planettes leurs bisarres mouvemens, & leurs nuisibles aspects, le sextil, le quadrat, le trine & l'opposé, en leur indiquant des temps pour s'unir dans une conjonction maligne. Les Etoiles fixes apprirent à verser leurs influences mal-faisantes; quelques-unes (1.) en se levant, d'autres en tombant avec le Soleil, furent pré-

1. (*En se levant, d'autres en tombant.*) En se levant comme Orion, & se couchant comme sont les Hyades.

posées pour exciter les tempêtes. Ils rangerent les vents dans leurs divers quartiers, les laissant maîtres de confondre à grand bruit la mer, l'air & la terre, & de rouler terriblement le tonnerre par les regions ténébreuses de l'air. On dit qu'il ordonna à ses Anges d'éloigner les poles de la terre (1.) deux fois dix dégrés & plus, de l'axe du Soleil; aussi-tôt avec un rude effort ils pousserent obliquement le globe central. D'autres prétendent que le Soleil eut ordre de détourner dans la même distance de la route équinoxiale les rênes de son char. Il passe donc par le Taureau pour visiter les sept sœurs Atlantiques, & les jumeaux de *Sparte*, en montant au tropique du Cancer, & descend par le Lion, la Vierge & la Balance jusqu'au Capricorne. Cette marche nouvelle causa un changement de saisons dans les divers climats; autrement la terre toujours ornée de fleurs naissantes,

1. (*Deux fois dix dégrés & plus.*) L'axe du Zodiaque, en traversant la terre, ne se termine pas aux poles du monde; les poles du Zodiaque sont éloignés des poles du Monde de vingt-deux dégrés & demi.

même après le péché, auroit joui d'un printemps éternel, & les jours se seroient trouvés égaux aux nuits, excepté pour les Pays situés au delà des cercles polaires. Pour eux le jour eût brillé sans nuit; & pour les dédommager de sa distance, le Soleil toujours présent à leurs yeux, & circulant dans leur même plan, auroit perpetuellement terminé leur horizon, sans qu'ils eussent pû distinguer ni Levant ni Couchant : ainsi son aspect constant auroit préservé de neiges le froid (1.) Estotiland, & les terres australes également éloignées au-dessous du détroit de (2.) Magellan.

A la vuë du crime de nos premiers Peres, le Soleil frappé d'horreur, se jetta hors de sa route, comme il fit depuis

1. (*Estotiland.*) Pays en la partie la plus septentrionale de l'Amerique. Antoine Zani, Venitien, le découvrit en 1390. les Anglois ont de ce côté la terre de Labrador.

2. (*De Magellan.*) Ferdinand Magellan, Portugais, vivoit au commencement du seiziéme siécle; il découvrit en 1519. le célébre détroit de Magellan : les terres inconnues, en tirant vers le pole, au-dessous du détroit de Magellan, sont nommées Magellaniques, à cause de lui.

au festin de Thyeste ; ou bien il faudroit croire que, même dans l'état d'innocence, le monde destiné à être rempli d'un bout à l'autre, se seroit trouvé sujet au rude froid de l'hyver, & aux chaleurs excessives de l'été.

Ces changemens qui arriverent dans les Cieux, produisirent avec le tems des mutations aussi considérables dans la mer & sur la terre. Les Astres répandirent ici bas la famine, les vapeurs, les brouillards, & les exhalaisons chaudes, corrompues & pestilentielles. Les vents creverent leur prison d'airain. Du côté du Nord de Norumbeca, & des rives (1.) Samoyedes, Borée, Cœcias, le bruyant Argeste, & Thracias armés de glace, de neige, de grêle, de pluye & de tempêtes, arrachent les bois, & soulevent les mers. Avec un souffle contraire, se mutinant du côté du Midi vers (2.) Serraliona, le Sud & l'Afer chasserent devant eux des nuages chargés de tonnerres, &

1. (*Samoyedes.*) Peuples en la Tartarie déserte, vers l'Ocean, & le fleuve Oby, qui se jette dans la mer glaciale.

2. (*Serraliona.*) Riviere & Montagne d'Afrique.

bouleverſerent les flots de l'Ocean. Non moins furieux les vents du Levant & du Couchant, Eurus & Zephirus, & leurs fougueux collateraux Sirocco & Libecchio, ſe jetterent à la traverſe : ainſi le déſordre commença par les choſes inanimées. La diſcorde, fille du péché, introduiſit une cruelle antipathie parmi les créatures brutes, & privées de raiſon. Les Animaux ſe déclarerent la guerre ; tous ceſſant de paître l'herbe, ſe dévorerent l'un l'autre. Ils n'eurent plus de déférence pour l'homme ; mais ils s'enfuirent de lui, ou avec une contenance affreuſe ils firent étinceller leurs yeux ſur ſon paſſage. Adam caché au milieu de l'ombrage le plus épais, où il s'abandonnoit au déſeſpoir, voyoit une partie de ces maux qui le menaçoient au dehors ; mais il en ſentoit interieurement de plus rudes ; & ſe laiſſant emporter par l'orage de ſes paſſions, il chercha dans ces triſtes plaintes un ſoulagement à ſon cœur affligé.

Malheureux que je ſuis, de quel degré & dans quel abîme me vois-je précipité ? Eſt-ce là la fin de ce monde glorieux, qui ne fait que de naître ? à peine créé je péris, & je vois ma félicité changée en malediction. Qui me cachera de la face de Dieu ? sa vûë faisoit autrefois mon bonheur le plus sensible. Je me consolerois encore si ma misere devoit se terminer dans moi. Je l'ai meritée, & je porterois la peine de ma faute; mais il n'en sera pas ainsi. Tout ce qui m'environnera & tout ce qui proviendra de moi, ne fera que perpetuer ma confusion. O paroles ci-devant entenduës avec joye, *Croissez & multipliez*, que vous me desesperez maintenant ! que puis-je faire croître ou multiplier, si ce n'est des maledictions sur ma tête? tous mes enfans souffriront de mon crime. Chacun d'eux s'écriera: Maudit soit l'auteur corrompu de notre impure naissance; il est la cause de nos malheurs. Ainsi outre ma propre malediction qui me restera toûjours attachée, toutes celles de mes descendans retourneront vers moi, comme à leur centre naturel, & m'accableront un jour. O joyes courtes du Paradis ! y a-t-il la moindre proportion entre votre plaisir passager, & des peines continuelles ? Te priai-je, mon Créateur, de me donner l'être, quand tu me formas du limon ? te sollicitai je de me tirer des tenebres, ou de me placer dans ce jardin délicieux? Comme ma volonté ne concourut point à mon existence, ta justice devroit se contenter de me réduire en poussiere. Incapable d'accomplir tes conditions trop dures, & de garder le bien que je ne cherchois pas, je t'offre de te rendre tout ce que j'ai reçû. La privation de ce bien n'est-elle pas une peine suffisante? Pourquoi me tourmentes-tu par une cruelle idée de malheurs sans fin? ta justice semble inexplicable. J'avouërai cependant que je me plains trop tard. J'ai sçû sous quelles conditions mon bonheur m'étoit accordé, il falloit alors les refuser; je les ai acceptées, j'ai dû les observer. Dieu m'a fait sans ma participation; mais quoi, si ton Fils se revoltoit contre toi, s'il osoit te dire: Pourquoi m'as-tu mis au monde, je ne t'ai point demandé la vie, admettrois-tu pour sa justification cette orgueilleuse excuse? Ce ne seroit pourtant point ton choix, mais la necessité naturelle qui l'auroit formé. Dieu t'a fait de son propre mouvement, & pour le servir à son gré. Tu tenois de sa grace tous les biens dont tu joüissois; il est donc le maître de te punir comme il lui plaît. Eh bien je me ſoumets à ſes jugemens ; ils ſont tous équitables : je ſuis poudre, & je retournerai en poudre. Quand arrivera cette heure deſirée ? pourquoi ſa main differe-t-elle d'executer ce que ſes decrets ont fixé en ce jour ; pourquoi ma vie eſt-elle prolongée ? pourquoi ſuis-je fruſtré de la mort, & réſervé par dériſion à des peines qui n'auront point de fin ? Avec quelle joye affronterois-je le trépas en ſubiſſant ma ſentence ? avec quel plaiſir me verrois-je réduire en une terre inſenſible, & me coucherois-je comme dans le giron de ma mere ? (1.) là je me repoſerois, & je dormirois en pleine ſûreté. La

1. (*Là je me repoſerois & je dormirois.*) *Ceci eſt imité de Job. c.* 3. » Pourquoi ne ſuis-je point » mort dans le ſein de ma mere ? Pourquoi n'ai-» je point ceſſé de vivre auſſi-tôt que j'en ſuis » ſorti ? je dormirois maintenant dans le ſilen-» ce, & je me repoſerois dans mon ſommeil. » Pourquoi la lumiere a-t-elle été donnée à un » miſérable, & la vie à ceux qui ſont dans l'a-» mertume du cœur, qui attendent la mort, » & la mort ne vient point, qui la cherchent, » comme s'ils creuſoient dans la terre pour » trouver un tréſor, & qui ſont ravis de joie » lorſqu'ils ont enfin trouvé le tombeau ? *Job. c.* 3.

voix terrible du Tout puissant (1.) ne tonneroit plus à mon oreille; nulle crainte de plus grands maux pour moi & pour ma posterité ne me tourmenteroit par une attente cruelle. Cependant un doute m'embarasse encore : je crains de ne pouvoir mourir tout entier : je crains que ce pur souffle de vie, & que cette portion de l'esprit que Dieu lui-même a inspiré à l'homme, ne survive à cette argille corporelle. Que sçai-je si dans le tombeau, ou dans quelque autre place effroyable, je ne mourrai point d'une mort vivante. O pensée terrible, si je dois me trouver dans cette triste situation! mais non, cette partie superieure de moi-même qui veut, qui pense, qui agit, est celle qui a péché : qu'est-ce qui doit mourir, sinon ce qui a vêcu & ce qui a péché? Le corps proprement n'a fait ni l'un ni l'autre, je mourrai

1. (*Ne tourneroit plus à mon oreille.*) *Ps.* 28. » La voix du Seigneur a retenti sur les eaux. Le » Dieu de majesté a tonné; le Seigneur s'est fait » entendre sur une grande abondance d'eaux; » la voix du Seigneur est accompagnée de for- » ce; la voix du Seigneur est pleine de magnifi- » cence & d'éclat; c'est la voix du Seigneur qui » brise les cedres, &c.

donc tout entier. Tenons-nous en là puiſque l'eſprit humain n'en ſçait pas davantage. Dieu eſt infini, mais s'enſuit-il que ſa colere le ſoit de même ? & quand cela ſeroit, l'homme eſt un être fini. Il eſt condamné à la mort ; comment donc l'Eternel peut-il exercer ſa colere ſans fin ſur l'homme que la mort doit finir ? peut il faire la mort immortelle ? cela ſe contredit, eſt impoſſible à Dieu, & marqueroit plus de foibleſſe que de puiſſance. Allongera-t-il, pour punir l'homme, le fini juſqu'à l'infini, afin de ſatisfaire ſa rigueur qui ne pourroit jamais être aſſouvie ? Ce ſeroit aller contre la loi de la nature, ſuivant laquelle tous les agens conſultent moins la portée de leur pouvoir, (1.) que du ſujet ſur lequel ils agiſſent. Que ſçai-je après tout ſi la mort eſt ce que j'imagine ici ? que ſçai je ſi c'eſt un coup ſubit qui me privera de tout ſentiment, ou ſi la mort n'eſt point cette chaîne de maux qui ſe déclarent en moi & hors de moi, pour durer peut-être toute l'é-

1 (*Que du ſujet ſur lequel ils agiſſent.*) C'eſt une maxime de Philoſophie : *Quidquid recipitur per modum recipientis, recipitur.*

ternité ? Malheureux, cette pensée revient sans cesse m'épouvanter : je ne puis la rejetter. Plus je raisonne, plus je me confirme dans l'opinion que la mort me tourmentera éternellement. Enfans infortunés d'un pere coupable, quel patrimoine vais-je vous laisser ? O si je pouvois seul consumer ce triste heritage, & ne vous point laisser une portion si funeste ! quelles obligations ne m'auriez-vous pas, de vous avoir épargné tant de malheurs ? Pourquoi la faute d'un seul entraîne-t-elle la ruine de tout le genre humain qui en est innocent ? Que dis-je, innocent ? peut-il sortir de moi autre chose que de la corruption, une ame & un cœur assez dépravés pour tomber, & pour se précipiter volontairement comme j'ai fait dans le mal ? Pourroient-ils donc être quittes aux yeux de Dieu ? je suis forcé de l'absoudre. Mes vains subterfuges, & mes détours embarassés, ainsi que des labyrintes, ne servent qu'à me confondre moi-même. De quelque côté que je me tourne, je me trouve l'origine de toute iniquité, & tout le blâme tombe sur moi. Plût à Dieu que toute la colere fondît aussi sur moi ! Témeraire souhait ; pourrois-tu ſupporter ce fardeau plus peſant que la terre & que tout l'univers, quand même tu en partagerois le poids avec la compagne de ta fortune ? Ainſi ce que tu déſires, & ce que tu crains, détruit également ton eſperance, & montre que tu es au comble du malheur, ſeul ſemblable à Satan en crime & en châtiment. O conſcience ! dans quel gouffre d'alarmes & d'horreurs m'as tu réduit ? je ne trouve aucune iſſuë pour en ſortir, & je tombe d'abîmes en abîmes.

Adam faiſoit entendre ces plaintes lamentables dans le ſilence de la nuit ; elle ne reſſembloit plus à ces nuits fraîches & temperées où la nature innocente ſembloit attentive à ménager à ſon Souverain toutes les douceurs du repos. Elle étoit embaraſſée d'une obſcurité lugubre, & l'effroi qu'elle répandoit contribuoit encore à lui faire mieux ſentir l'horreur de ſon crime. Il étoit accablé ſous le poids de ſa douleur ; & triſtement étendu ſur une terre humide, il maudiſſoit ſans ceſſe l'heure de ſa naiſſance. Il accuſoit à tout moment la lenteur de la mort ; la menace l'avoit jointe de plus près à l'offenſe. Pourquoi la mort, disoit-il, suspend-elle si long-temps un coup si désiré ? que ne vient-elle trancher mes tristes jours ? la verité peut-elle se démentir ? la justice éternelle ne se hâtera-t-elle pas de s'accomplir ? mais sourde à ma voix l'inexorable mort se refuse à mes desirs. Les cris, ni les prieres ne changent point l'ordre que la justice Divine s'est prescrit. O bois, fontaines, montagnes, vallées, je faisois nagueres retentir vos échos des sentimens de mes plaisirs & de ma reconnoissance ; je ne leur apprens plus qu'à gémir !

Eve, qui pleuroit assise à l'écart, vit son affliction : elle se leva, & s'approcha de lui, pour tâcher de calmer ses transports furieux ; mais il la repoussa d'un ton severe.

Retire-toi, dangereux serpent ; ce nom te convient après la ligue que tu as faite avec lui : tu n'es ni moins fausse, ni moins odieuse. Pourquoi ne lui ressembles-tu pas par l'exterieur & par la figure, afin qu'à l'avenir toutes les créatures averties de ta malice interieure, se reculent à ta vûe, & qu'elles ne se laissent point surprendre par tes charmes trompeurs qui couvrent une malignité infernale ? Je serois heureux si ton orgueil n'eût cherché dans des écarts imprudens à se satisfaire malgré mes salutaires avis. L'ambition de te faire voir au Démon même, dont tu prétendois triompher, t'a fait rejetter mon conseil; mais au premier abord le serpent t'a vaincuë : tu m'as ensuite séduit, & je me repens maintenant d'avoir compté sur ta vertu. Helas ! je ne concevois point que tu ne possedois que des perfections apparentes. Pourquoi le sage Créateur ayant peuplé le Ciel d'esprits mâles, a-t-il placé cette nouveauté sur la terre ; ce beau défaut de la nature ? Que n'a-t-il créé tout à la fois les hommes, comme il a fait les Anges, sans aucune difference de sexe ? ou pourquoi n'a-t-il pas trouvé quelque autre voye pour perpetuer le genre humain ? Le monde n'auroit point essuyé les maux où je suis plongé, ni les troubles innombrables qui arriveront dans la suite des temps par les artifices & par le commerce des femmes ; car tous ceux qui s'y attacheront, le feront par aveuglement, ou pour leur malheur ; & l'homme, par le caprice de ce sexe, rarement possedera celle qu'il souhaite roit, mais elle ſera gagnée par quelqu'un, qui vaudra moins que lui; ou ſi elle répond à ſon amour, ſes parens traverſeront ſon choix, & il la verra, mais trop tard, maîtreſſe de ſon ſort déja enchaîné, & lié par le mariage à une cruelle ennemie qui le comblera de honte, & qui méritera ſon averſion. Ainſi la vie humaine ſera expoſée à des calamités infinies, & il n'y aura point de paix domeſtique.

Il finit, & ſe détourna d'elle. Eve ne ſe rebuta point. Fondant en larmes, & les cheveux épars, elle ſe jetta humblement à ſes pieds qu'elle embraſſa; elle demanda grace, & elle excita ainſi ſa pitié.

Ne m'abandonne pas, Adam; le Ciel m'eſt témoin de l'amour ſincere, & du reſpect que je te porte en mon cœur. J'ai peché innocemment; j'ai été malheureuſement trompée: je te conjure, je te ſupplie, j'embraſſe tes genoux: dans cette extrêmité fâcheuſe, ne me prive point de ce qui me donne la vie; de tes regards conſolans, de ton aide, & de ton conſeil: c'eſt là ma ſeule force, & mon unique ſoutien. Si tu m'abandonnes, quel ſera mon recours? que vais-

vais-je devenir ? Nous n'avons peut-être plus que quelques momens à vivre ; passons-les en paix. L'outrage de notre cruel ennemi nous est commun. Joignons nous dans un même ressentiment : unissons-nous pour la ruine de ce cruel serpent, qu'un jugement solemnel (1) nous donne à combattre. N'exerce pas sur moi ta haine, à cause du malheur qui nous est arrivé. Je suis plus à plaindre, plus miserable que toi. Nous sommes tous deux coupables, mais tu as peché contre Dieu seul ; j'ai peché contre Dieu, & contre mon époux : je me rendrai au lieu du jugement ; là j'importunerai le Ciel par mes cris : je tâcherai d'éloigner de ta tête notre condamnation, & je demanderai qu'elle tombe sur moi, qui suis la seule cause de ton malheur, & qui merite par là d'être le seul objet de sa colere.

Elle finit en versant un torrent de larmes. Son humble posture & sa perseverance à demander grace d'une faute qu'elle reconnoissoit, & qu'elle déploroit, exciterent la pitié d'Adam : son

1. (*Nous donne à combattre.*) Inimicitias ponam inter te & mulierem. *Genese*, *c.* 3.

cœur s'attendrit en voyant une si belle créature qui nagueres étoit sa vie, & son unique plaisir, maintenant soumise à ses pieds, dans l'affliction, & cherchant l'amitié, le conseil & l'aide de celui à qui elle avoit pû déplaire : il sentit sa colere desarmée, & relevant sa compagne, il lui adressa ces douces paroles :

Imprudente, oses-tu encore desirer ce que tu ne connois point ? peux-tu souhaiter d'attirer sur toi toute la punition ? Contente-toi des maux qui te sont préparés. Tu ne sçaurois soutenir mon indignation ; comment soutiendrois-tu la colere de Dieu, dont tu ne sens encore que les premieres atteintes ? Si je croyois pouvoir changer les decrets d'en haut, je me hâterois de me rendre avant toi au lieu du jugement, & je tâcherois d'obtenir que toute la peine tombât sur ma tête. Je demanderois grace pour toi, en consideration de la foiblesse & de la fragilité de ton sexe qui m'avoit été confié, & que j'ai mal à propos exposé. Mais levons-nous, ne disputons plus, & ne nous blâmons plus l'un l'autre. Nous sommes déja trop confondus, sans que nous nous accusions encore. Songeons bien plûtôt par des ſervices mutuels à nous entr'aider dans les maux que nous devons ſupporter enſemble. Autant que je prévois, la mort ne nous frappera point ſi-tôt ; mais elle viendra pas à pas nous détruire lentement pour augmenter notre ſupplice, & elle s'étendra ſur nos Deſcendans. O poſterité infortunée !

Eve reprenant courage, lui répondit : Adam, je ſçai par une triſte experience combien mon conſeil doit avoir peu de poids auprès de toi ; tu ſens combien il eſt peu ſage, & combien il t'en coûte pour l'avoir ſuivi ; cependant puiſque malgré mon indignité tu as bien voulu me recevoir en grace, je dois ſonger à regagner ton amour, qui ſera le ſeul contentement de mon cœur à la vie & à la mort. Je ne te cacherai donc point les penſées qui ſe ſont preſentées à mon ame inquiete : elles ont pour objet l'adouciſſement, ou la fin de nos maux. Le parti eſt violent, mais il eſt ſupportable, & moins dur que la ſituation où nous ſommes Notre poſterité condamnée à des malheurs certains, &

qui doit être enfin dévorée par la mort, est ce qui nous touche le plus. Il seroit douloureux de causer la misere d'autrui; de nos propres enfans, & de mettre au monde une race malheureuse, qui après une vie infortunée, se trouveroit enfin la pâture d'un monstre si effroyable. Nous n'avons point encore de posterité; il est en ton pouvoir de prévenir le malheur de notre race encore à naître. Tu es sans enfans, reste sans enfans : ainsi l'avidité de la mort sera trompée, & sa bouche insatiable n'aura que nous à dévorer. Mais si tu crois que conversant ensemble, nous voyans, nous aimans l'un l'autre, il seroit difficile de nous abstenir du devoir conjugal, & des doux embrassemens que l'Hymen autorise; si tu regardes comme une peine insupportable de languir de desir, sans espoir, en présence de l'objet languissant d'un pareil désir; ce qui seroit en effet un tourment aussi rude qu'aucun de ceux que nous craignons: pour nous délivrer tout d'un coup, nous & notre posterité, abregeons nos frayeurs; cherchons la mort; ou ne la trouvant point, faisons avec nos propres mains son office sur nous mêmes. Pourquoi hésitons nous à prendre notre parti, puisque nous ne voyons à nos maux d'autre fin que la mort, & que choisissant le plus court de tous les chemins qui y menent, il est en notre pouvoir d'empêcher de plus grands maux.

Le désespoir lui coupa la parole : son esprit s'étoit si fort occupé des pensées de la mort, que l'on en voyoit la pâleur sur ses joues. Adam ne se laissa point aller à de semblables conseils : son ame plus élevée conçut de meilleures esperances, & il répondit :

Eve, ton mépris de la vie & du plaisir s'offre comme une grandeur d'ame, & n'est qu'un effet de la foiblesse. L'envie de se détruire soi même ne provient point d'une indifference pour les choses de ce monde ; elle marque le chagrin & le regret que tu as de te voir privée du plaisir pour lequel tu as trop d'attache. Si tu souhaites la mort comme la derniere fin de ta misere, & que tu croyes par-là éluder les jugemens d'en haut, ne doute point que Dieu n'ait trop sagement armé sa colere vengeresse, pour qu'aucune surprise puisse lui dérober sa victime. Je craindrois plûtôt, en abregeant nos jours, qu'un tel déſeſpoir, loin de nous délivrer de la peine où nous ſommes condamnés, ne provoquât le Très haut à éterniſer notre mort. Cherchons donc quelque conſolation plus raiſonnable : j'en trouve une, ce me ſemble, dans la derniere partie de notre Jugement, qu'heureuſement je me rappelle. Ta race écraſera la tête du Serpent : Foible ſatisfaction ! à moins que nous n'entendions notre grand ennemi, Satan qui ſous la figure du Serpent, nous a tendu le piége fatal. Ce ſeroit une vraye vengeance que d'écraſer ſa tête orgueilleuſe. En précipitant notre mort, ou en nous ſéparant comme tu le propoſes. nous perdrions cette ſatisfaction. Notre ennemi échapperoit au châtiment qui lui eſt préparé, & nous augmenterions nos peines au lieu de les éviter. Ne ſongeons donc plus à exercer aucune violence ſur nous-mêmes, & ne nous condamnons point à une ſtérilité volontaire. De telles réſolutions nous ôtent tout eſpoir, & ſentent ſeulement l'obſtination, l'orgueil, le dépit & la révolte contre Dieu, & contre le juſte joug qu'il nous a impoſé. Souviens toi de la moderation & de la bonté avec laquelle il nous a entendus & jugez, sans nous marquer ni colere ni emportement. Nous nous attendions à être plongés dans le néant de la mort, quand il s'est réduit (songes-y-bien) à t'annoncer seulement les peines de l'enfantement, qui seront bien-tôt adoucies par la joie de voir le fruit de tes entrailles. La malediction prononcée contre moi, est tombée indirectement sur la terre : je dois gagner mon pain à la sueur de mon front : l'oisiveté eût été plus fâcheuse ; mon travail me fera subsister. Sa bonté ineffable a prévenu nos prieres; il a daigné prêter ses mains pour nous garantir de l'incommodité du froid & du chaud : c'est lui-même qui nous a revêtus, malgré les sujets de colere que nous lui avions donnés : il a eu pitié de nous, même en nous jugeant. Combien plus, quand nous le prierons, son oreille s'ouvrira-t-elle, & son cœur sera-t il sensible ? Il nous enseignera encore des moyens pour éviter l'inclémence des saisons, les pluyes, les frimats, les grêles & les neiges que le Ciel changé de face, commence à nous montrer sur cette montagne, tandis que les vents nous soufflent le froid & l'humide, & brisent les branches des arbres. Ces tristes révolutions de l'air nous engagent à chercher quelque meilleur abri, quelque chaleur étrangere, pour réjouir nos membres engourdis, avant que le Soleil se couchant introduise la froide nuit. Nous en viendrons peut-être à bout, en rassemblant ses rayons réfléchis que nous entretiendrons avec des matieres combustibles, ou par la collision de deux corps, nous pourrons enflammer l'air comme les nuages poussés violemment, par les vents impétueux, ont fait tout à l'heure en se choquant l'un l'autre. Les flammes qui en sont descendues obliquement, ont embrasé à nos yeux l'écorce résineuse du pin & du sapin, & nous ont fait sentir une chaleur agréable qui pourroit suppléer au défaut du Soleil. Quand nous prierons le Seigneur, & que nous implorerons sa misericorde, il nous apprendra les moyens de faire un feu semblable, & de soulager ou de guerir les maux que nos propres fautes nous ont attirés. Ainsi nous n'avons point à apprehender de ne point passer commodément cette vie ; il nous

soutiendra

ſoutiendra par pluſieurs conſolations, juſqu'à ce que nous rentrions dans la pouſſiere, où eſt notre dernier repos, & notre maiſon natale. Que pouvons-nous faire de mieux, que de nous tranſporter au lieu où il nous a jugés, de nous y proſterner avec ſoumiſſion devant lui, d'y confeſſer humblement nos fautes, & d'en demander le pardon en arroſant la terre de nos larmes, & en pouſſant avec un cœur contrit nos ſoupirs vers le Ciel, en ſigne d'un regret ſincere, & d'une parfaite humiliation; ſans doute qu'il s'attendrira ſur nous, & que ſa colere ſe calmera : car dans ſon regard ſerein, même quand il ſembloit le plus ſévére & le plus courroucé, la faveur la grace & la miſéricorde brilloient ſouverainement.

Notre premier Pere, animé d'un eſprit de pénitence, parla de la ſorte. Eve ne ſe ſentit pas un moindre remors. Auſſitôt ſe tranſportant au lieu où ils avoient été jugés, ils ſe proſternerent avec ſoumiſſion devant leur Créateur; tous deux ils confeſſerent humblement leur faute & en demanderent le pardon, en arroſant la terre de larmes, & en pouſſant avec un cœur contrit leurs soupirs vers le Ciel, en signe d'un regret sincere, & d'une parfaite humiliation.

Fin du dixiéme Livre.

LIVRE ONZIE'ME.

ARGUMENT.

LE Fils de Dieu intercede pour nos premiers Peres, qui confessent leur faute ; il présente leurs prieres à son Pere. Le Seigneur les exauce, mais il déclare qu'il ne sçauroient rester plus long-temps dans le Paradis. Il envoye Michel avec une légion de Cherubins, pour les chasser du Jardin de Délices : il lui ordonne cependant de reveler auparavant à Adam ce qui arrivera dans la suite des temps. Descente de Michel. Adam fait observer à Eve quelques signes funestes. Il discerne l'arrivée de Michel, & s'avance au-devant de lui. L'Ange lui annonce l'arrêt de son exil. Lamentation d'Eve. Adam tâche d'obtenir grace ; enfin il se soumet. L'An-

ge le conduit sur une hauteur du Paradis, & lui découvre dans une vision ce qui doit arriver jusqu'au Déluge.

LE PARADIS PERDU.

LIVRE ONZIE'ME.

TOUCHE'S d'un repentir sincere, ils prioient dans la plus humble posture. La grace prévenante, qui étoit descenduë sur eux du Trône de la miséricorde, (1.) avoit fondu la pier-

1. (*Fondu la pierre de leur cœur.*) » Et je » leur donnerai à tous un même cœur, & je » repandrai dans leurs entrailles un esprit nou- » veau; j'ôterai de leur chair le cœur de pier-

re de leur cœur, & elle y avoit fait naître une chair nouvelle. Leurs soûpirs animés par l'esprit de la priere, s'élevoient avec un progrès plus rapide que celui de l'éloquence la plus impetueuse; cependant ils conservoient encore dans leurs soûmissions un air de dignité. Tels, si l'on en croit la fable; Deucalion & la chaste Pirrha, ces deux époux vénérables par leur ancienneté, quoique modernes, en comparaison de ceux dont nous parlons, se prosternerent dévotement dans le Temple de Themis, pour reparer la race du genre humain submergé. Les prieres de nos premiers Peres volerent au Ciel, & elles ne furent point détournées en chemin, ni dispersées par les vents envieux: elles percerent les portes célestes; puis (1.) parfumées par le di-

» re, & je leur donnerai un cœur de chair. *Ezech. c. 11. v. 19.*

1. (*Parfumées par le divin Pontife.*) Le Pere Bourdalouë sur la priere dit. » Car comme remarque Tertullien, c'est lui-même, qui reglant la priere, & l'animant de son esprit, lui » a communiqué le pouvoir special, & le privilege qu'elle a de monter au plus haut des » Cieux, & de toucher le cœur de Dieu, en » lui exposant les miseres des hommes. *Ab ipso*

vin Pontife (1.) de l'encens qui fumoit sur l'Autel d'Or, elles parurent devant le Trône du Pere; (2.) & le Fils les présentant avec joie, commença ainsi son intercession:

Mon Pere, voyez les effets que votre grace a produits sur la terre. En vertu du Sacerdoce dont vous m'avez revêtu, je vous offre dans l'encensoir d'or les

---

enim ordinata, & de ipsius spiritu animata, jam tunc oratio suo quasi privilegio ascendit in cœlum, commendans patri quæ filius docuit.

1. (*De l'encens qui fumoit sur l'Autel d'Or.*) » Alors il vint un autre Ange qui se tint de- » vant l'Autel, ayant un encensoir d'or, & on » lui donna une grande quantité de parfums, » afin qu'il offrit les prieres de tous les Saints » sur l'Autel d'Or, qui est devant le Trône de » Dieu, & la fumée des parfums composée des » prieres des Saints, s'élevant de la main de » l'Ange, monta devant Dieu. *Apocalipse*, 8. 3. 4.

2. (*Et le Fils les présentant.*) » Et ceci pa- » roît encore plus clairement, en ce qu'il s'é- » leve un autre Prêtre, selon l'ordre de Mel- » chisedech, qui n'est point établi par la loi d'u- » ne succession charnelle, mais par la puissan- » ce de sa vie immortelle, ainsi que l'Écriture » le déclare par ces mots: *Vous êtes le Prêtre éternel, selon l'ordre de Melchisedech.* Ep. de S. Paul aux Hébreux, 7. 15.

ſoupirs de l'homme, & ſes prieres mêlées d'encens : ces fruits provenans de la ſémence que vous avez jettée dans ſon cœur, ſont pour vous plus précieux que tous les parfums des arbres qu'il cultivoit dans le Paradis, & qu'il auroit pû vous offrir au temps de ſon innocence. Ouvrez votre oreille à ſes cris ; (1.) il ne ſçait point encore comment il doit vous invoquer : entendez ſes ſoupirs muets ; ſouffrez que je les interprete pour lui ; je ſuis & ſon Juge (2.) & ſon défenſeur, & une victime de propitiation pour ſes péchés. Transportez ſur moi toutes ſes œuvres, bonnes & mauvaiſes : (3.) mes merites donneront aux premie-

1. (*Il ne ſçait point comment il doit vous invoquer.*) Dieu nous exauce (dit le P. Bourdalouë, ſur la priere) » en vue de ſon Fils, & parce que » ſon Fils a prié pour nous avant que nous fuſ» ſions en état de prier pour nous-mêmes.

2. (*Et ſon défenſeur & une victime.*) » Que » ſi néanmoins quelqu'un péche, nous avons » pour avocat envers le Pere, Jeſus-Chriſt, qui » eſt juſte ; car c'eſt lui qui eſt la victime de » propitiation pour nos péchés, *S. Jean*, *Ep.* 1. *c.* 2. *v.* 1. 2.

3. (*Mes merites donneront*, &c.) » D'où

res une heureuſe perfection ; & ma mort expiera les autres. Acceptez-moi, & recevez l'odeur agréable de la paix, dont je demande à être le médiateur entre vous & les hommes : tournez la vuë ſur eux ; leurs jours ſeront aſſez triſtes, ſans que votre colere les accable : qu'ils vivent juſqu'à ce que la mort, conformément à vos loix, que je ne dois point abroger, mais adoucir, les conduiſe à une meilleure vie, où tous mes élus demeureront dans la joie & dans la beatitude,

» penſez-vous que procede le merite de nos » bonnes œuvres ? Je dis, ce merite ſurnaturel » qui les rend dignes de la gloire & de l'heri- » tage céleſte Eſt ce de la ſubſtance même de » nos œuvres ? Ce ſeroit une erreur inſuppor- » table de le préſumer. Non, mes freres, dit » S. Paul, ce n'eſt point ſur ce fondement que » nous devons établir notre eſperance : quelque » ſainteté qu'il y ait dans nos actions, nos actions » priſes en elles-mêmes n'ont rien qui les éleve » à ce degré d'excellence. Si elles meritent le » Royaume de Dieu, c'eſt parce qu'elles ſont » conſacrées, & comme diviniſées par Jeſus- » Chriſt, qui en eſt auſſi bien que nous le prin- » cipe, & qui par l'étroite liaiſon qu'il y a entre » lui & nous, ſe les rend propres, & leur donne » une heureuſe fécondité. *Voyez le P. Bourda-* » *louë, ſur l'état du péché & l'état de la grace*, T. 3.

unis avec moi, comme je (1.) suis uni avec toi.

Mon Fils, reprit le Pere, avec une serenité qui répandit la joie dans le Ciel, je t'accorde ce que tu demandes; tes désirs sont mes décrets; mais la loi que j'ai imposée à la nature, ne permet pas à l'homme de demeurer plus long-temps dans les Jardins du Paradis. Ces lieux sacrés qui ne souffrent point de mêlange impur, le rejettent à présent qu'il a perdu son innocence; ils n'ont plus de rapport avec lui; je l'envoyerai donc respirer un air immonde: son crime a infecté l'Univers, & depravé ce qui étoit parfait dans son origine; son crime l'assujettit à souffrir la dissolution de sa substance; il faut l'y disposer par une nourriture corrompuë. Je lui avois fait au moment de sa création deux dons excellens, la beatitude & l'immortalité. Après avoir perdu la premiere par sa faute, l'autre n'auroit servi qu'à éterniser son malheur: ma bonté y a pourvû; je lui ai préparé la mort, comme la fin de ses maux. C'est

1. (*Comme je suis uni avec toi.*) Ego & *Pater unum sumus*. Saint Jean, c. 10. *Tres unum sunt*, *v*. 7. *c*. 5. Premiere Ep. de saint Jean.

elle qui après une vie éprouvée dans de dures tribulations, & purifiée par la foi & par les bonnes œuvres, lui ouvrira l'entrée à une ſeconde vie, lorſqu'à la fin des temps les juſtes s'éveilleront pour partager ma gloire. Mais raſſemblons les citoyens céleſtes : ils ont vû comment j'ai traité les Anges rebelles, je veux aujourd'hui leur montrer de quelle maniere j'exerce mes jugemens ſur le genre humain, afin de les confirmer encore mieux dans leur état, quelque affermi qu'il ſoit.

Il dit, & le Fils donna le ſignal au Miniſtre brillant qui veilloit auprès du Trône : auſſi-tôt l'Ange emboucha la trompette qui ſonna (1.) quand Dieu deſcendit ſur le Mont Horeb, & qui doit au grand jour (2.) appeller les morts de leur tombeau :

---

1. (*Quand Dieu deſcendit ſur le Mont.*) » Or » tout le peuple entendoit les tonnerres & le » ſon de la trompette. *Exode.* 20. 18.

2. (*Appeller les morts de leur tombeau.*) » Et » il envoyera ſes Anges qui feront entendre la » voix éclatante de leurs trompettes, & qui » raſſembleront ſes élûs des quatre coins du » monde, depuis une extrêmité du Ciel juſ» qu'à l'autre. *S. Matthieu*, *c.* 24. *v.* 31. En un » moment, en un clin d'œil, au ſon de la der» niere trompette ; car la trompette ſonnera,

elle fut entenduë jusqu'aux extrêmités du Ciel.

Les enfans de lumiere accoururent de leurs retraites délicieuses ombragées d'amarante ; & quittant les torrens de joie qu'ils goûtoient à longs traits au bord des fontaines & des sources de vie, ils se présenterent devant l'Eternel, & ils se placerent suivant leurs rangs. Du haut de son Trône suprême, le Tout-puissant énonça sa volonté souveraine.

Voilà l'homme devenu (1.) comme l'un de nous : il sçait, mes enfans, le bien & le mal depuis qu'il a goûté de ce fruit défendu ; mais qu'il se vante de la connoissance du bien qu'il a perdu, & du mal qu'il a attiré sur sa tête : l'ignorance lui étoit plus avantageuse. Maintenant

---

» & les morts ressusciteront. *Premiere Ep. aux* » *Corinth. c. 15. v. 52.*

» Alors les sept Anges qui avoient les sept » trompettes se préparent pour en sonner : le » premier Ange sonna de la trompette, &c. *Apoc. 8. v. 5. 7. &c.*

1. (*Comme l'un de nous.*) » Voilà Adam de- » venu comme l'un de nous, sçachant le bien & » le mal ; empêchons donc maintenant qu'il ne » porte sa main à l'arbre de vie, qu'il ne pren- » ne aussi de son fruit, & qu'en mangeant il » ne vive éternellement. *Genese, c. 3. v. 22.*

il s'afflige, il m'adresse ses prieres dans la contrition de son cœur; c'est ma grace qui produit en lui ces mouvemens. Si elle cessoit d'agir, & qu'il fut livré à lui-même, vous verriez combien il est vain & changeant. Empêchons donc qu'il ne porte encore une main audacieuse à l'arbre de vie, qu'il n'en mange, & qu'il ne vive, ou ne vienne à se figurer qu'il doit vivre éternellement. Je veux l'envoyer hors du jardin (1.) pour labourer la terre, d'où il a été tiré, & qui est un séjour plus convenable pour lui. Michel, execute mes ordres; prens avec toi d'entre les Chérubins une troupe choisie de guerriers flamboyans, de peur que le Prince des ténébres n'excite quelques nouveaux troubles à l'occasion de l'homme, ou qu'il ne songe à envahir sa demeure déserte. Hate-toi, & sans te lais-

1. (*Pour labourer la terre.*) » Le Seigneur » Dieu le fit sortir ensuite du Jardin délicieux » pour travailler à la culture de la terre, dont » il l'avoit tiré, & l'en ayant chassé, il mit des » Cherubins devant le Jardin de délices, qui » faisoient étinceller une épée de feu pour gar» der le chemin qui conduisoit à l'arbre de vie. *Gen.* 3. 23. 24.

ſer attendrir, conduis hors du Paradis le couple pécheur ; éloigne les profanes d'une région ſacrée ; prononce-leur l'arrêt d'un banniſſement perpetuel pour eux, & pour leur poſterité : mais comme ils pourroient ſuccomber au déſeſpoir, traite-les avec douceur ; car je vois qu'ils ſont touchés, & qu'ils pleurent leur faute. Revele à Adam ce qui arrivera dans la ſuite des temps, ſelon que je t'inſpirerai ; préſente-lui pour conſolation mon alliance renouvellée dans la race de la femme : tempere ainſi leurs regrets ſur la perte de l'heureux ſéjour dont tu les feras ſortir : tu poſteras un corps de Chérubins à l'Orient du jardin, du côté que ſe trouve le degré ; tu y placeras l'épée étincelante pour effrayer tout audacieux, qui voudroit entrer dans ce lieu de volupté, & s'approcher de l'arbre de vie ; autrement le Paradis deviendroit le repaire des eſprits impurs, & ils ne manqueroient pas d'en dépouiller encore les fruits pour ſéduire l'homme credule & fragile.

Il ceſſa ; l'Archange ſe prépara pour une prompte deſcente ; une cohorte redoutable de Chérubins actifs le ſuivit : chacun avoit quatre faces ainſi qu'un double Janus. Leurs corps étoient parsemés d'yeux plus nombreux que ceux (1.) d'Argus ; la flûte de Mercure, ou le charme de sa baguette endormit ce Berger ; la vigilance des autres étoit assurée contre toute surprise.

Cependant (2) Leucothée s'éveillant pour répandre la lumiere agréable à toute la nature, embaumoit la terre de fraîches rosées. Après que nos premiers Peres eurent imploré la miséricorde de l'Eternel, ils sentirent en eux une force qui leur étoit venue d'en haut ; un nouveau rayon d'esperance, & des mouvemens de joie, mais d'une joie encore mêlée de crainte. Adam s'adressant à sa compagne, lui dit :

---

1. (*Argus.*) Argus fils d'Aristor, Berger aux cent yeux, fut employé par Junon pour garder Iô fille d'Inachus, que Jupiter amoureux avoit changée en vache. Mercure l'endormit, & le tua par ordre de Jupiter. Junon le metamorphosa en paon.

2. (*Leucothée.*) Leucothée est la même que l'Aurore. Ciceron dit 1. Tusculan. *Quid Ino Cadmi filia ? Nonne Leucothea nominata à Græcis, Matuta à nostris* ? Les Grecs l'appelloient de ce nom qui signifie *Alba Dea*, nous l'appellons aussi l'Aube.

Eve, nous pouvons aisément concevoir que tout le bien dont nous jouissons descend du Ciel ; mais que nos paroles montent là-haut, & soient capables d'occuper l'esprit de Dieu souverainement heureux, ou de toucher sa volonté, cela semble difficile à croire, il faut cependant que la priere, ou les foibles soupirs que poussent les humains, parviennent jusqu'au Trône de l'Eternel. Depuis que j'ai cherché à calmer sa colere, depuis que je me suis prosterné, & que mon cœur s'est humilié devant le Seigneur, il me semble que je le vois appaisé, attendri, prêt à m'exaucer. Je me persuade même qu'il m'a écouté favorablement : la paix est rentrée dans mon ame, & sa promesse me revient en mémoire ; ta race écrasera notre ennemi. Cette promesse que nous avions perduë de vuë, en nous livrant au desespoir, m'assure que l'amertume de la mort est passée, & que nous vivrons. Ainsi je te saluë, Eve, appellée à juste titre Mere du genre humain, (1.) Mere de tous les

1. (*Mere de tous les vivans.*) » Adam donna » à sa femme le nom d'Eve, parce qu'elle étoit » la mere de tous les vivans. *Genese* 3. 20.

vivans,

vivans, puiſque l'homme pour qui vivent toutes les créatures, ſortira de ton ſein. Ce titre, lui répondit Eve d'un ton plein de douceur & de triſteſſe, ce titre me convient mal après mon crime. J'étois faite pour être ton aide, je t'ai entraîné dans le précipice : le reproche, la méfiance & le blâme devroient être mon unique partage; mais mon Juge eſt infini en miſéricorde. Après que j'ai introduit la mort ici bas, il me laiſſe la conſolation de devenir la ſource de la vie. Avec quel bonté ne me traites-tu point auſſi? Comment peux tu te réſoudre à me donner ce titre honorable, malgré les noms odieux que je merite? Cependant la campagne nous appelle rigoureuſement au travail, quoique la nuit ne nous ait point donné le repos ordinaire. L'aurore peu touchée de notre inſomnie, entre en ſoûriant dans ſa carriere, ſemée de roſes : marchons; je ne m'écarterai plus déſormais de ton côté, en quelque endroit que l'ouvrage nous conduiſe dans le courant de la journée. Je ſçai qu'àpréſent nos occupations doivent être accompagnées de peine; mais tant que nous demeurerons ici, que peut-il y avoir de pénible dans ces agréables promenades ? Le changement de notre état n'empêche point que nous ne puissions vivre contens.

Eve remplie de sentimens d'humilité, forma ces souhaits ; mais le destin n'y souscrivit pas. Il parut des signes dans toute la nature, les oiseaux & les animaux ; l'air même annonça un changement fatal. Le Ciel s'obscurcit tout d'un coup après la courte rougeur du matin : elle apperçut en même temps (1.) l'oiseau de Jupiter : il fondoit du haut des airs, & poursuivoit deux oiseaux du plus riche plumage ; & du haut de la montagne le Lion, monarque des bois entreprit le plus noble couple de toute la forêt, le Cerf & la Biche ; ils prirent la fuite droit à l'Orient vers la porte du jardin. Adam observa le chemin qu'ils tenoient ; il en tira un triste présage.

Chere épouse, lui dit il, nous sommes menacés de quelque grand évenement. Le Ciel nous marque par ces signes muets, avant-coureurs de ses decrets, que

---

1. (*L'Oiseau de Jupiter.*) L'Aigle consacré Jupiter.

notre fortune eſt ſur le point d'être renverſée. Peut être veut-il nous avertir que nous nous abuſons, ſi nous contons ſur l'impunité de notre crime, parce que notre mort a été ſuſpendue, & que nous avons un délai pour quelques jours. Qui ſçait combien il durera, & quelle ſera cependant notre vie ? Ou que ſçavons-nous de plus, ſinon que nous ſommes poudre, que nous retournerons en poudre, & que nous ne ſerons plus ? Autrement pourquoi d'un même côté, à la même heure nos yeux auroient-ils été frappés de cette double fuite dans l'air & ſur la terre ? Pourquoi la nuit vient elle de l'Orient, avant que le jour ſoit à la moitié de ſa courſe ? Et pourquoi l'aurore ſe leve-t-elle pour la ſeconde fois dans cette nuë à l'Occident? Vois comme ce nuage efface l'azur du Firmament par ſa blancheur éblouiſſante, & comme il deſcend avec une lenteur majeſtueuſe; ſans doute il contient quelque choſe de divin.

Il ne ſe trompoit pas : les céleſtes Légions ſortirent de cette nuée, ainſi que d'un Firmament de jaſpe; elles deſcendirent dans le Paradis, & firent halte ſur le ſommet de la montagne.

Avec quel plaiſir Adam n'auroit-il point obſervé cette glorieuſe apparition, ſi la méfiance & la crainte charnelle n'euſſent en ce jour obſcurci ſes yeux ?

La viſion de Jacob n'eut rien de plus auguſte, quand les Anges vinrent à ſa rencontre (1.) en Manahim, où la campagne couverte de pavillons & d'éclatantes cohortes s'offrir à ſes regards : elle ne cedoit point non plus à celle qui parut ſur le mont flamboyant (2.) de

1. (*En Manahim.*) » Jacob continuant ſon » chemin rencontra des Anges de Dieu, & les » ayant vûs, il dit : Voici le camp de Dieu, & » il appella ce lieu Mahanaïm ; c'eſt à-dire, le » Camp. *Gen.* 32. 1. 2.

2. (*Flamboyant de Dothan.*) » Le Roi de » Syrie combattoit un jour contre Iſraël, & » tenant conſeil avec ſes Officiers, il leur dit : » Il faut que nous dreſſions une embuſcade en » tel & tel endroit, *v.*8. & ils lui dirent: Eliſée » eſt à Dothan. Le Roi de Syrie y envoya auſſitôt de la Cavalerie, des chariots, & ſes meilleures Troupes, & étant arrivés la nuit, ils » inveſtirent la Ville. Le ſerviteur de l'homme » de Dieu ſe levant au point du jour, ſortit dehors, & ayant vû l'armée autour de la Ville, » la Cavalerie & les chariots, il en vint aver-

Dothan, lorſque le ſerviteur d'Eliſée vit un camp de feu prêt à dévorer (1.) le Roi Syrien, qui pour ſurprendre un ſeul homme avoit mis une armée en campagne, & commencé comme un brigand la guerre ſans la dénoncer.

Le Prince des Hierarchies lumineuſes poſta ſes Puiſſances, & les avertit d'être prêtes à ſe mettre en poſſeſſion du jardin. Pour lui, il marcha tout ſeul vers l'ombrage où notre premier Pere s'étoit retiré. Adam le vit venir, & il tint à Eve ce diſcours : pendant que le divin Meſſager s'approchoit :

Eve, prépare-toi à de grandes nouvelles ; peut-être vont elles décider de notre ſort, ou nous impoſer de nouvelles

» tir ſon Maître, & lui dit : Monſeigneur, hé-
» las ! que ferons-nous ? Eliſée lui répondit :
» Ne craignez point, car il y a plus de monde
» avec nous qu'il n'y en a avec eux. En même
» temps Eliſée faiſant ſa priere, dit à Dieu :
» Seigneur, ouvrez-lui les yeux, afin qu'il voye.
» Le Seigneur ouvrit les yeux de ce ſerviteur,
» & il vit auſſi-tôt une montagne pleine de che-
» vaux & de chariots de feu, qui étoient au tour
» d'Eliſée. *V.* 13. 14. 15. 16. 17.

1. (*Le Roi Syrien.*) Benadad, l. 4. des Rois, c. 6. v. 24.

loix. De ce nuage suspendu au-dessus de la montagne, je vois arriver quelqu'un de l'armée céleste. A juger de lui par son port, & par la noblesse de sa démarche, ce ne peut être un des esprits inferieurs, c'est quelque grand Potentat, l'un des Trônes du Ciel : son apparence majestueuse & sublime n'est point si terrible, qu'il me faille trembler ; mais il n'a point non plus cet air doux & sociable de Raphaël : je ne dois point avoir une entiere assurance ; prenons garde de l'offenser. J'irai respectueusement à sa rencontre ; ton devoir est de te retirer.

Il finit : (1.) l'Archange arriva, non dans sa taille céleste, mais sous la figure de l'homme. Sur ses armes luisantes flottoit un habillement militaire de pour-

1. (*L'Archange arriva.*) Milton a nommé quatre Anges, dont il est fait mention dans une ancienne Oraison d'une Liturgie Æthiopienne. *Custodi, Domine, populum tuum per preces majorum Angelorum splendentium, Michaëlis, & Gabriëlis, ac Raphaëlis & Urielis. Michaël*, ajoûte Cornelius à Lapide, *repræsentat Christi justitiam & sanctitatem, Gabriël fortitudinem, Raphaël mansuetudinem, Uriel veritatem & doctrinam.*

pre, plus vive que celle de (1.) Melibée, ou que la teinture de (2.) Sarra portée par les Rois, & par les Héros anciens dans les jours de réjouissance. (3.) Iris en avoit teint la trame. A travers l'ouverture de son casque étincelant, on entre-

1. (*Melibée.*) Ville de Magnesie, Province voisine de la Thessalie, célébre par la teinture de la pourpre. Virgile dit :

Victori chlamidem auratam quam plurima circum
Purpura Mæandro duplici Melibea cucurrit. Æn. l. 5.

2. (*Sarra.*) Est l'ancien nom de Tyr, Ville renommée pour sa belle pourpre. *Sarrano dormiat ostro ;* & Juvenal :

Aut picta Sarranna ferentem
Ex humeris aulæa togæ, &c.

3. (*Iris.*) Iris étoit la messagere de Junon, parce qu'elle annonce la pluye. L'Arc-en-Ciel s'appelle Iris.

Irim de cœlo misit Saturnia Juno.
Iliacam ad classem, ventosque aspirat eunti.
Illa viam celerans per mille coloribus arcum
Nulli visa cito decurrit tramite virgo. Æn. 5.

voyoit son visage glorieux dans la fleur de la virilité, à l'age que finit la jeunesse. Son épée, terreur de Satan, pendoit à son côté comme dans un Zodiaque brillant, & il tenoit une lance à la main. Adam se prosterna : l'Ange soutint la dignité de son caractere ; & sans s'incliner, il déclara ainsi le sujet de son arrivée.

Adam, les hauts messages du Ciel n'ont pas besoin de détours ; qu'il te suffise que tes prieres ont été écoutées. La mort que, suivant la menace, tu devois subir au moment de ta désobéissance, a été reculée pour un nombre de jours ; ils t'ont été donnés de grace, afin que tu ayes le temps de te repentir, & d'expier ton crime par un nombre de bonnes œuvres : alors le Seigneur appaisé pourroit bien t'affranchir entierement des droits que la mort a sur toi ; mais il ne te permet pas de demeurer dans ce Paradis : je viens pour t'en éloigner, & pour te conduire hors du jardin, afin que tu laboures la terre d'où tu as été tiré : (1.) cet autre sé-

1. (*Cette autre séjour est.*) Milton imite à jour

jour est plus convenable pour toi.

Il s'arrêta, Adam frappé de ces paroles, comme d'un coup de tonnerre, tomboit en défaillance, & la douleur suspendoit l'usage de tous ses sens. Eve, qui avoit tout entendu sans se faire voir, découvrit bien-tôt par ses lamentations le lieu où elle s'étoit cachée.

O coup imprevû, plus rude que la mort! faut-il donc te quittter, Paradis charmant, lieu divin, où nous avons reçu le jour? Heureuses promenades, agréables ombrages, habitation propre pour des Dieux, faut il se séparer de vous? J'esperois passer ici tranquillement, quoique dans la tristesse, le délai qui nous a été accordé jusqu'au jour de notre mort. Vous ne croîtrez jamais en d'autres climats, belles fleurs, que je visitois le matin, que je retournois voir le soir, que j'appuyois soigneusement de ma main dès que vous commenciez à vous épanoüir, & que j'avois pris tant de plaisir à caracteriser par des noms convenables. Qui vous

cet endroit Homere, qui fait toujours rendre les ordres de la maniere qu'ils ont été délivrés.

présentera maintenant au Soleil ? qui rangera vos diverses tribus ? qui vous arrosera de la fontaine d'Ambroisie ? Toi enfin, berceau nuptial, que j'avois orné de tout ce qui pouvoit réjoüir la vûë ou l'odorat, comment m'éloignerai-je de toi ? où porterai-je mes pas, dans un monde enterré, obscur & sauvage, au prix de celui-ci ? Comment pourrons-nous respirer dans un air moins pur ? comment nous réduire à des alimens grossiers, nous qui sommes accoûtumés à des fruits immortels ?

L'Ange lui repliqua : Eve, ne te desespere point, mais renonce patiemment à ce que tu as justement perdu ; il ne faut pas avoir tant d'attache pour ce qui ne t'appartient point en propre : tu ne vas point seule, ton mari part aussi-bien que toi : tu ne sçaurois te dispenser de le suivre ; songe qu'en quelque endroit qu'il demeure, là est ton pays natal.

Adam revenu de son saisissement, adressa au grand Archange ce discours plein de soûmission :

Habitant du Ciel, comment te dois-je nommer ? tu es un des Trônes, ou le premier d'entr'eux ; l'éclat qui t'accompagne annonce un Prince élevé au-dessus des Princes. Si nous vivons encore, nous en devons rendre graces à la douceur avec laquelle tu nous as annoncé ton message: sa rigueur suffisoit pour nous donner la mort. Il nous livre en proye au chagrin, à la tristesse, au desespoir: nous allons être exclus de cette heureuse demeure, notre douce retraite, & la seule consolation qui pût nous rester; toutes autres places nous paroîtront inhabitables & desolées, nous ne les connoissons point, & elles refuseront de nous connoître. Si par une priere continuë je pouvois esperer de changer la volonté divine de celui qui peut tout, je ne cesserois point de le fatiguer par mes cris redoublés; mais contre son decret absolu les soûpirs, les plaintes, les larmes, ne sont qu'un souffle leger, dont le vent se jouë; ainsi je me soûmets à son ordre irrevocable. Ce qui m'afflige le plus, c'est que partant d'ici, je (1.) serai loin de Dieu, & privé de sa vûë bienheureuse: ici j'au-

1. (*Je serai loin de Dieu.*) Caïn dit à Dieu, après son jugement: *Ecce ejicis me à facie terræ, & à facie tua abscondar.*

rois pû lui rendre mes adorations dans chaque endroit où il daigna m'accorder sa présence divine : j'aurois dit à mes enfans : Sur ce mont il m'apparut, sous cet arbre il se rendit visible, parmi ces pins j'entendis sa voix : je conversois avec lui au bord de cette fontaine. J'aurois dressé en reconnoissance plusieurs Autels de gazon, & j'aurois amassé (1.) les pierres naturelles des ruisseaux (2.)

---

1. (*Les pierres naturelles.*) » Vous me dresserez un Autel de terre, & vous m'offrirez dessus vos holocaustes, vos hosties pacifiques, » vos brebis & vos bœufs, en tous les lieux où » la mémoire de mon nom sera établie ; je viendrai à vous & je vous bénirai : que si vous me » faites un Autel de pierre, vous ne le bâtirez » point de pierres taillées ; car il sera souillé si » vous y employez le ciseau. *Exode c. 20. v.* 24. 25. Pour marquer qu'il ne doit y avoir rien d'humain dans la Religion. Les Payens faisoient aussi des Autels de gazon ; & le mot de *Cespes*, parmi les Latins, est souvent employé pour *Ara*.

2. (*Pour servir de monument.*) » Et il leur » dit : (Josué) Allez devant l'Arche du Seigneur votre Dieu au milieu du Jourdain, & » que chacun de vous emporte de là une pierre » sur ses épaules, selon le nombre des enfans » d'Israël, afin qu'elle serve de signe & de monument parmi vous.

pour ſervir de monument aux ſiécles futurs : j'y aurois offert des parfums d'encens odoriferant, des fruits & des fleurs; mais dans cet autre bas monde, où chercherai-je ſes apparitions brillantes ? où trouverai-je la trace de ſes pas ? car quoique je fuye ſa colere, maintenant qu'il me rappelle à la vie, qu'il prolonge mes jours, & qu'il me conſole par l'eſpoir d'une poſterité glorieuſe, je me fais un plaiſir d'enviſager l'extrémité de ſa gloire immenſe, & j'adore de loin ſes moindres veſtiges.

Michel lui répondit avec un regard favorable : Ne ſçais tu pas, Adam, que la terre eſt à lui auſſi-bien que le Ciel ? ce mont n'eſt pas le ſeul endroit honoré de ſa preſence. (1.) Son immenſité remplit la terre, la mer & l'air. Toutes les créatures vivantes ſont pleines de ſa puiſſante vertu, qui les fomente & les conſerve. Il a remis en tes mains l'empire du globe terreſtre : tu dois en être content Ne crois donc pas ſa Divinité reſſerrée dans ces bornes étroites

1. (*Son immenſité remplit la terre.*) Numquid non cœlum & terram ego implebo ? *Jerem. c.* 33.

du Paradis ou d'Eden. Si tu avois conſervé ton innocence, cette montagne auroit peut-être été la capitale de ton empire ; de là toutes les generations ſe ſeroient répanduës ſur la terre ; & peut-être tes arrieres-petits-fils y ſeroient venus des quatres coins du monde pour te reverer comme leur grand auteur ; mais tu as perdu cette prééminence : tu es maintenant réduit à demeurer dans le même terrein que tes fils. Cependant ne doute point que Dieu ne ſoit également dans les plaines & dans les vallées ; pluſieurs ſignes de ſa preſence t'y ſuivront ; tu y ſeras toûjours environné de ſa bonté & de ſon amour paternel ; tu y verras ſa face empreinte, & la trace divine de ſes pas : & afin que tu puiſſes croire, & que tu ſois conſolé avant ton départ, ſçache que je ſuis envoyé pour te montrer ce qui arrivera dans les jours à venir. Prépare-toi à voir le bien & le mal, & la grace ſurnaturelle combattant avec la corruption de l'homme ; par là tu pourras apprendre à conſerver la veritable patience, à temperer la joye par la crainte & par une pieuſe componction, & tu verras qu'il faut t'accoutumer également à supporter avec moderation l'état de la prosperité comme celui de l'adversité. Ainsi tu adouciras tes malheurs, & tu seras préparé à soutenir ton passage mortel quand le terme sera venu. Monte sur cette éminence : qu'Eve (car j'ai appesanti ses yeux) dorme ici bas pendant que tu veilles pour la vision ; tu dormis autrefois pendant qu'elle fut formée à la vie.

Adam pénetré de reconnoissance, lui répliqua : Monte, je te suivrai, divin Guide, par tout où tu me conduiras. Je me soumets au bras de Dieu, quelque pesant qu'il soit. Je m'armerai de patience pour surmonter le mal ; & par une entiere résignation je tâcherai de moissonner le repos dans le travail.

Ainsi tous deux (1.) ils monterent dans les visions de Dieu : c'étoit la plus haute montagne du Paradis : de son sommet on découvroit distinctement un he-

1. (*Ils monterent dans les visions.*) „ Prenez „ Isaac votre fils unique, qui vous est si cher, „ & allez en la terre de Vision, & là vous me „ l'offrirez en holocauste sur une des monta- „ gnes que je vous montrerai. *Gen.* 22. 2.

misphere entier qui presentoit une magnifique perspective.

Cet autre Mont sur lequel par un motif bien different le Tentateur (1.) transporta dans le désert notre second Adam, pour lui montrer les Royaumes de la terre, & leur gloire, n'étoit ni plus haut, ni d'un aspect plus étendu.

De-là les yeux d'Adam commandoient sur tous les pays, occupés depuis par des Villes renommées. Il vit les Provinces des plus puissans Empires depuis les murs de Combalu, Siege du Can de Cathay, & depuis Samarcande, où fut le Trône de Themir, près du fleuve Oxus, jusqu'à Pequin, Capitale des Rois Chinois, & de là à Agra & Lahor du Grand Mogol, en descendant vers la Chersonese dorée.

---

1. (*Transporta dans le désert.*) » Le Diable le » transporta sur une haute montagne, d'où lui » ayant fait voir en un moment tous les Royau- » mes du monde, il dit : Je vous donnerai tou- » te cette puissance, & la gloire de ces Royau- » mes ; car elle m'a été donnée, & je la donne » à qui il me plaît : si donc vous voulez m'ado- » rer, toutes ces choses seront à vous. *S. Luc*, 4. 5. 6. 7.

Il reconnut la résidence du Persan jadis Ecbatane, maintenant Ispahan; Moscou soumis au Czar de Russie, & Bizance où regne le Grand Seigneur issu du Turquestan.

Son œil put encore discerner l'Empire du Negus, & son port le plus éloigné, Erocco, aussi-bien que les autres petits Etats maritimes depuis Monbaza, Quiloa, Melinde, & Sofala que l'on croit être Ophir, jusqu'au Royaume d'Angola vers le midi.

Ensuite se portant du fleuve Niger au mont Atlas, il observa les Royaumes d'Almanzor, Fez, Sus, Maroc, Alger & Tremizen. De là sa vûë se tourna sur l'Europe, & sur les pays du monde où Rome devoit dominer. Il vit peut-être aussi (1.) en esprit le riche Mexique Siege de Montezuma, & Cusco dans le Perou, connu par les fecondes mines que possedoit le Grand Atabalippa, & la Guyanne encore entiere, dont (2.) les enfans de Gerion appel-

1. (*En esprit le riche Mexique.*) Le Mexique est dans l'autre hemisphere; Adam ne pouvoit le voir qu'en idée.

2. (*Les enfans de Gerion.*) Les Espagnols.

lent la grande Cité Eldorado.

Mais pour lui faciliter de plus nobles visions, Michel ôta des yeux d'Adam, la taye dont le fruit séducteur avoit offusqué sa vûë malgré les flatteuses promesses du serpent. Ensuite il lui purgea le nerf optique avec l'eufrasie & la rue, car il avoit beaucoup de choses à voir, & il lui versa dans les yeux trois goutes d'eau puisées dans les sources de vie.

La vertu de ce collyre perça jusqu'au siege le plus interne de la vûë mentale: Adam forcé de fermer les yeux tomba, (1.) & ses esprits devinrent comme engourdis; mais l'Ange le ranima en

---

ainsi nommés de Gerion, Roi des Isles Baleares, autrement Maïorque, Minorque & Iviça: on lui donnoit à cause de cela trois têtes: Hercules le vainquit.

1. (*Et ses esprits devinrent comme engourdis.*) » J'étois couché sur le visage dans une extrême » frayeur, & mon visage étoit collé à terre: » alors une main me toucha & me fit lever. *Daniel*, *c.* 10. *v.* 9. & 10. & il ajoûte, *v.* 17. & 18. „ Je suis demeuré sans aucune force, & je » perdis même la respiration. Celui que je voyois » sous la figure d'un homme me toucha encore » & me fortifia.

le touchant, & il rappella ainſi ſon attention :

Adam, regarde les effets que ton crime a produits ſur tes deſcendans. Quoiqu'ils n'ayent jamais touché à l'arbre défendu, quoiqu'ils n'ayent point conſpiré avec le ſerpent, ni commis ton peché, ce même peché a répandu ſur eux tous la corruption qui doit avoir des ſuites plus violentes.

Il ouvrit les yeux, & vit un champ dont une partie étoit labourée, & couverte de javelles nouvellement coupées; l'autre partie étoit en pâturages, & paroiſſoit remplie de moutons & de porcs. Un Autel ruſtique de gazon s'élevoit au milieu comme une borne. Sur cet Autel un moiſſonneur échauffé du travail, apportoit les premices de ſon labourage, les épics nouveaux, & la javelle dorée telle que le hazard l'avoit fait trouver ſous ſa main.

Un berger d'un exterieur plus doux, vint enſuite pour offrir en ſacrifice au Seigneur les premiers nés, & l'élite de ſes troupeaux. Il étendit ſur du bois qu'il avoit coupé les entrailles & la graiſſe, & il mit par deſſus un lit d'encens, puis il fit toutes les ceremonies requiſes. Bien-tôt le feu propice du Ciel deſcendit avec rapidité ſur ſon offrande, & la conſuma entierement : elle rendit une odeur agréable. Le preſent de l'autre ne fut point regardé ; il n'étoit pas ſincere. Cette diſtinction excita ſa rage, & ſuivant les mouvemens de ſa colere, il lui porta contre la poitrine (1.) un coup de pierre qui rompit le fil de ſes jours. Il tomba, & frappé d'une pâleur mortelle, il jetta par la bouche des ruiſſeaux de ſang, & rendit l'ame en ſoupirant. A cette vûë Adam fut ſaiſi d'une extrême frayeur, il pouſſa un grand cri, & dit à l'Ange :

Divin Interprete, ſans doute quelque grand malheur eſt arrivé à cet homme pacifique qui avoit offert un ſi digne ſacrifice ; eſt-ce ainſi que la pieté & la dévotion ſont recompenſées ?

---

1. *(Un coup de pierre.)* » On demande de quel » inſtrument Caïn ſe ſervit pour tuer Abel. Les » Peintres le dépeignent ordinairement armé » d'une machoire ; mais les Poëtes ont la poſ- » ſeſſion de feindre. Le Targum de Jonathan dit » qu'il le frappa d'un coup de pierre ſur le front. *V. P. Calmet.*

Michel pareillement touché lui répondit : Adam, ceux-ci ſont deux freres qui doivent ſortir de tes reins : l'injuſte a trempé ſes barbares mains dans le ſang du juſte. L'envie lui a fait ſentir que le Ciel avoit agréé l'offrande de ſon frere ; mais le coup ſanguinaire ſera vengé, & la foi de l'autre approuvée ne perdra point ſa récompenſe, quoique tu les voyes ici mourir étendu ſur la pouſſiere, & baigné dans ſon ſang.

Helas ! dit notre premier Pere, quelle action, & quel en eſt le motif ? je connois donc la mort. Eſt-ce en cette maniere que je dois retourner à la poudre natale ? O vûë terrible ! Si la mort eſt un objet qu'on ne peut enviſager ſans horreur, ſi l'idée ſeule en fait fremir, quelle ſera la rigueur de ſes coups ?

Tu viens de voir, repliqua Michel, comment la mort fera ſa premiere apparition à l'homme ; mais la mort a pluſieurs faces, & pluſieurs routes conduiſent à ſa triſte caverne. Elles paroiſſent toutes effroyables ; cependant l'entrée eſt ce qu'il y a de plus terrible pour les ſens. Quelques-uns mourront d'un coup violent par le feu, l'eau, la faim ; il en mourra encore davantage par les excès de la bouche, qui ameneront sur la terre de cruelles maladies. Leur troupe monstrueuse va passer en revûë devant toi, afin que tu puisses connoître combien l'intemperance d'Eve va répandre de maux sur les hommes.

A l'instant un lieu triste, infect & sombre, ainsi qu'une infirmerie, parut devant ses yeux : il y vit un nombre infini de mourans ; toutes sortes de maladies, syncopes affreuses, douleurs aiguës, défaillances, fiévres de toutes especes, convulsions, épilepsies, caterres, pierre intestine & ulceres ; les tranchées de la colique, la phrenesie démoniaque, la noire mélancolie, & la folie lunatique ; la phtisie languissante, la consomption & la peste qui fait tant de ravages ; hydropisies, asthmes, & rhumes insupportables : l'agitation étoit cruelle, les soupirs lamentables. Le desespoir alloit de lit en lit visitant les malades, & sur eux la mort triomphante secouoit son dard ; mais elle differoit de frapper, quoiqu'ils l'invocassent souvent comme leur plus grand bien, & leur derniere esperance.

Quel cœur de rocher auroit pû longtems ſoutenir d'un œil ſec une vûë ſi hideuſe? Adam n'y put reſiſter davantage : il pleura, quoi qu'il n'eût pas été conçû dans le ſein d'une femme. La pitié l'attendrit, & fit couler de ſes yeux une ſource de larmes, juſqu'à ce que des penſées plus fermes en moderant le cours, il recouvra enfin la parole.

Miſerable genre humain, à quel point te trouves-tu dégradé? à quels maux es-tu deſtiné? ce ſeroit un bien pour toi de ne point voir le jour. Pourquoi la vie nous eſt-elle donnée pour nous être ainſi arrachée, ou plûtôt pourquoi nous eſt-elle impoſée? Si nous en ſçavions le poids, nous refuſerions de l'accepter, ou nous ne demanderions qu'à nous en délivrer au plûtôt, heureux de nous voir renvoyés en paix. L'image de Dieu qui ſe trouve en nous, cette image autrefois ſi belle & ſi relevée, doit-elle-être abaiſſée par des tortures inhumaines à des ſouffrances dont la ſeule vûë fait horreur? Pourquoi l'homme conſervant toûjours en partie la reſſemblance divine, n'eſt-il pas affranchi de telles difformités? Pourquoi n'en eſt-il pas exempté en conſideration de l'image de ſon Créateur ?

L'image du Créateur, répondit Michel, les abandonne quand ils ſe rendent eſclaves de leurs appetits déreglés, & qu'ils ſe livrent au Démon de la gourmandiſe, qui a été la principale cauſe du peché d'Eve. Les peines qu'ils ſouffrent défigurent donc leurs traits, & non pas ceux de la Divinité ; ou ſi les traits de Dieu ſont alterés en eux lorſqu'ils excedent les regles de la nature, ils ont ce qu'ils méritent, puiſqu'ils n'ont pas réveré l'image de Dieu qui les animoit.

Je me ſoumets, reprit Adam, & je ſens qu'ils ſont punis avec juſtice ; mais outre ces paſſages penibles, n'y a-t-il point d'autre porte pour arriver à la mort, & pour nous rejoindre à la poudre d'où nous tirons notre origine ?

Il en eſt une plus douce, dit Michel, ſi tu obſerves cette régle, rien de trop, & que tu conſerves la temperance dans le boire & dans le manger, cherchant ſeulement à ſatisfaire le beſoin de la nature, & non les fantaiſies dereglées de la gourmandiſe. Si tu te conduis de la ſorte, après pluſieurs

années

années révoluës ſur ta tête, tu viendras comme un fruit mûr à tomber de toi-même dans le ſein de ta mere, & tu ſeras cueilli ſans aucune violence. Ce chemin qui te diſpoſera inſenſiblement à la mort, s'appelle la Vieilleſſe, mais alors tu dois ſurvivre à ta vigueur, à ta beauté. Tu changeras entierement; ton viſage ſe décharnera. La foibleſſe s'emparera de tes membres: tes cheveux deviendront gris, & tes ſens émouſſés; tout ſentiment de plaiſir t'abandonnera: au lieu de cet air de fraîcheur, d'embonpoint & de gayeté, une mélancolie languiſſante de froid & de ſechereſſe regnera dans ton ſang, appeſantira tes eſprits, & conſumera enfin le baume de ta vie.

Deſormais, repartit notre premier Pere, je ne fuis point la mort, & je ne me ſoucie plus de prolonger mes jours: je ne ſonge qu'au moyen le plus doux & le plus facile de me délivrer de ces entraves corporelles qu'il me faut porter patiemment, juſqu'à ce qu'il plaiſe à la Providence de m'en affranchir.

N'aime point la vie, ne la hai point auſſi, reprit Michel, ſonge ſeulement à bien vivre ; le Ciel décidera du tems que tu resteras sur la terre : mais prépare-toi pour une autre vision.

Il regarda, & vit une plaine remplie de tentes de diverses couleurs. Près de quelques-unes des troupeaux paissoient. L'on entendoit à côté des autres le son mélodieux des instrumens de (1.) la harpe & de l'orgue, & l'on voyoit celui qui faisoit mouvoir leurs cordes ou leurs touches. Ses doigts legers versés dans toutes les proportions voloient

---

1. (*La Harpe & l'Orgue.*) » Cain ayant connu sa femme, elle conçut, & enfanta Henoch : » il bâtit ensuite une Ville, qu'il appella Henoch, du nom de son fils. Henoch engendra » Irad, Irad engendra Maviael, Maviael engendra Mathusael, & Mathusael engendra » Lamech, qui eut deux femmes, dont l'une » s'appelloit Ada, & l'autre Sella. Ada enfanta Jabel, qui fut pere de ceux qui demeurent dans des tentes & des Pasteurs. Son frere s'appella Jubal, & il fut pere de ceux qui » jouent de la Harpe & de l'Orgue. Sella enfanta aussi Tubalcain, qui eut l'art de travailler avec le marteau, & qui fut habile en » toutes sortes d'ouvrages d'airain & de fer. *Genese chap.* 4. Probablement Apollon & Vulcain ont tiré leurs noms de Jubal & de Tubalcain.

haut & bas, & pourſuivoient en courant d'un côté à l'autre une fugue ſonore.

Dans un autre endroit paroiſſoit un laborieux Forgeron : il travailloit deux barres maſſives de fer & d'airain. Soit qu'un incendie fortuit, après avoir embraſé les bois d'une montagne, ou d'une vallée, juſques dans le cœur de la terre, lui eût livré par l'ouverture de quelque cavité ces lingots tout fondus ; ſoit qu'un torrent déchauſſant la terre qui les couvroit, eût produit au jour leur métal ; il coula dans des moules préparés la matiere liquide : il en forma ſes outils, & du reſte il fit divers ouvrages qu'il façonna par le moyen du feu ou du ciſeau.

Immediatement après Adam apperçut d'autres hommes, qui du haut des montagnes voiſines où ils étoient établis, deſcendoient dans la plaine : à l'exterieur ils paroiſſoient juſtes, & entierement appliqués à ſervir Dieu, à l'adorer, & à étudier ſes ouvrages qu'il a abandonnés à nos ſpeculations : ils recherchoient auſſi les moyens de maintenir la paix & la liberté.

Ils ſe promenerent quelque temps

dans la plaine, & bientôt une troupe de belles femmes en habits riches & galans sortit des tentes. Elles chantoient au son des harpes, & des chansons tendres & amoureuses, elles s'approchoient en dansant. Les hommes, quelque graves qu'ils fussent, les contemplerent; & se laissant emporter sans aucun frein à la concupiscence de leurs yeux, ils s'engagerent bien-tôt dans les filets de l'amour, & conçûrent de folles passions. Chacun prit celle qui l'avoit charmé: les voilà qui s'enyvrent de désirs sensuels, jusqu'à ce que l'étoile du soir, favorable aux amans, parut sur l'hemisphere. Alors pleins d'ardeur, ils allumerent la torche nuptiale, & ils invoquerent l'Hymen, appellé pour la premiere fois en ce jour aux ceremonies du mariage. Les tentes retentirent du bruit de leurs fêtes & de leur musique.

Une si agréable entrevûë, & une union si heureusement concluë entre l'amour & la jeunesse, les chansons, les guirlandes, les fleurs, & les charmantes symphonies, engagerent Adam à se livrer au plaisir, où le cœur de l'homme se porte facilement, & il découvrit ainsi ses sentimens interieurs :

O toi qui as veritablement ouvert mes yeux, Prince des Anges, cette vision me semble plus favorable que les deux précedentes : elle promet des jours plus paisibles. Celles-là ne m'ont presenté que la haine, la mort, ou des peines encore plus fâcheuses : ici la nature paroît accomplie dans toutes ses fins.

Ne juge pas des choses, reprit Michel, par le plaisir : quoiqu'il paroisse fait pour la nature, tu es venu au monde pour une plus noble fin : tu as été créé saint & pur à l'image divine. Ces tentes si charmantes que tu as vûës, sont les tentes de la méchanceté : les enfans du meurtrier de son frere y demeureront. Occupés à perfectionner les arts qui polissent la vie, (1.) ils font admirer leur invention, mais ils oublient leur Créateur ; & quoique son esprit leur ait donné toutes leurs con-

1. (*Ils font admirer leur invention.*) Joseph en ses Antiquités, rapporte que les Geants éleverent deux Colomnes d'une grandeur prodigieuse, sur lesquelles ils donnerent des principes des Arts qu'ils avoient inventés.

noissances, ils ne veulent point lui en rapporter la gloire. Ceux-ci mettront au monde une posterité veritablement ornée de beauté; mais ces femmes que tu viens de voir, semblables à des divinités, si douces, si gayes, si agréables, ont renoncé à la vertu & à la modestie qui fait le plus grand merite du sexe : elles se trouvent seulement formées & accomplies pour la débauche. Elles ont appris uniquement à chanter, à danser, à se parer, & à tendre des filets dans l'arrangement de leurs paroles & de leurs regards. Pour elles ces hommes sobres, qui par une vie religieuse avoient mérité le nom de Fils de Dieu, prostitueront ignominieusement leur vertu & leur renommée aux artifices de ces belles impies. Ils nagent dans la joye, ils vont être plongés dans la tristesse : & bien-tôt des torrens de larmes expieront leurs transports insensés.

Adam privé de sa courte joye, lui répondit : Se peut-il que ceux qui étoient si bien entrés dans la carriere, se détournent pour marcher dans des voyes indirectes, ou succombent en chemin, mais je vois l'enchaînement de notre malheur; il vient toujours de la même ſource, & toujours il commence (1.) par les femmes.

Il commence, repliqua l'Ange, par la moleſſe de l'homme effeminé, qui devroit mieux garder le rang où l'élevent la ſageſſe & les dons ſuperieurs qu'il a reçus du Ciel; mais diſpoſe-toi pour une autre ſcene.

Il regarda, & vit devant ſes yeux une vaſte campagne, des Villes, & des ouvrages de terre au-devant, des cités peuplées avec des tours, & des portes ſuperbes; un concours d'hommes en armes, des viſages furieux qui annonçoient la guerre, (2.) des Geans puiſſans & hardis pour l'execution. Quelques-uns éloignés hors des files, ou rangés en ordre de bataille, tant à pied qu'à cheval, font

1. (*Il commence toujours par les femmes.*) Ulyſſe dit à Agamemnon, *L. 11. Odyſſée*, Jupiter „ à donc bien haï la race d'Atrée, puiſqu'il lui „ a fait tant de maux; & toujours par des fem- „ mes.

2. (*Des Geans puiſſans.*) „ Or il y avoit des „ Geans ſur la terre en ce temps-là; car depuis „ que les enfans de Dieu eurent épouſé les filles „ des hommes, il en ſortit des enfans qui furent „ des hommes puiſſans & fameux dans le ſiécle. *Gen. c. 6. v. 4.*

briller leurs armes ; d'autres retiennent leurs coursiers écumans, & moderent pour un temps son ardeur. D'un côté un détachement choisi retournant du fourage, ramene des vaches, des bœufs & des genisses que les cavaliers ont surpris dans les grasses prairies : d'autres enlevent dans la plaine saccagée un troupeau riche de sa toison, des brebis, & leurs agneaux bélans. A peine les Bergers peuvent-ils se sauver par la fuite. Les cris dont ils remplissent les airs, font prendre les armes aux habitans d'alentour ; on en vient aux mains. Les escadrons se chargent avec fureur. Les champs où les bestiaux n'agueres paissoient tranquillement, se trouvent maintenant ensanglantés, déserts, & jonchés d'armes & de cadavres. Là une armée investit une Ville forte, & l'attaque par batteries, par mines & par escalades. Les assiegés se défendent en jettant du haut de la muraille des dards, des javelots, des pierres & des torrens enflammés de souffre & de bitume. Des deux côtes le carnage, & des faits gigantesques.

D'une autre part les herauts le sceptre en main convoquent un conseil aux

portes

portes de la Ville. Des vieillards graves & blanchis par les années se mêlent avec les guerriers : les harangues sont entendues, mais bien-tôt la faction met tout en désordre.

Un homme de moyen âge, remarquable par son air sage, se leva : (1.) il parla beaucoup de l'injustice, de la force, de la violence, de l'équité, de la religion, de la vérité, de la paix, & des jugemens d'en haut. Les jeunes & les vieux ne respecterent point ses sages discours ; & ils auroient porté sur lui leurs mains forcenées, si un nuage descen-

1. (*Il parla beaucoup de l'injustice, &c.*) » C'est d'eux qu'Enoch, qui a été le septiéme » depuis Adam, a prophetisé en ces termes : » Voilà le Seigneur qui va venir avec une multitude innombrable de ses Saints, pour exer- » cer son jugement sur tous les hommes, & » pour convaincre tous les impies de toutes » les actions d'impieté qu'ils ont commises, & » de toutes les paroles injurieuses que ces pé- » cheurs impies ont proferées contre lui. *S. Jude v.* 14. 15. Enoch fut enlevé au Ciel à l'âge de trois cens soixante-cinq ans ; ce qui étoit un moyen âge dans ce temps, où les hommes vivoient huit à neuf cens ans. „ Il marcha avec „ Dieu, & il ne parut plus, parce que Dieu „ l'enleva. *Gen. c.* 5, *v.* 24.

dant pour le rendre invisible, ne l'eût dérobé à leur fureur. Ainsi la violence, la force & l'oppression regnerent par toute la plaine, & il n'y avoit point de refuge.

Adam fondit en larmes, & penetré de tristesse, il se tourna vers son guide : O qui sont ces barbares qui s'égorgent si cruellement l'un l'autre ? Ce sont des ministres de la mort, non des hommes. Ils multiplient dix mille fois le péché de celui qui tua son frere. De qui font-ils un tel massacre, si ce n'est de leurs freres ? mais quel est ce juste que sa vertu auroit fait périr, si le Ciel ne l'eût délivré.

Ceux-ci, lui répondit Michel, sont les fruits de ces mariages mal assortis que tu as vûs ; de ces mariages où le bien & le mal, qui d'eux-mêmes ont horreur de se joindre, furent imprudemment unis. Leur mélange a formé ces productions monstrueuses de corps & d'esprit. C'est de là que sont venus ces Geans renommés ; car dans ces jours la force seule admirée, passera pour une vertu héroïque ; on fera consister la gloire à gagner des batailles, à subjuguer les nations, & à ériger des trophées de leurs dépouilles ſanglantes. Ceux qui ſe ſignaleront de la ſorte, ſeront appellés par honneur grands Conquerans, Protecteurs des Empires, Dieux, & fils des Dieux, tandis qu'il faudroit les nommer deſtructeurs, & fleaux des humains. Voilà par quelle route on ſe fera de grands & de ſuperbes noms ſur la terre, & la renommée publiera ce qui mériteroit d'être étouffé dans un ſilence éternel. Mais Dieu n'abandonne point ceux qui eſperent en lui. Il a protegé viſiblement le ſeptiéme d'après toi, qui dans un monde pervers étoit le ſeul juſte, & qui ſe trouvoit preſque accablé ſous les coups de ſes ennemis, parce qu'il oſoit annoncer à ſes impies la vérité dure & odieuſe à leurs oreilles, que Dieu viendroit pour les juger avec ſes Saints : des courſiers aîlés l'ont enlevé dans un nuage éclatant de lumiere. Il ne payera point le tribut à la mort. Le Très-Haut l'en affranchit, & l'appelle pour cheminer glorieuſement avec lui dans le ſalut & dans les climats de la beatitude. Tu as vû quelle récompenſe attendent les bons, vois quelle punition eſt reſervée aux méchans.

Auſſi-tôt il vit changer la face des cho

ſes. La guerre avec ſa gorge d'airain avoit ceſſé de rugir : tout avoit été converti en plaiſirs, en jeux, en excès, en feſtins & en danſes par le mariage, la débauche, le rapt, ou l'adultere, ſelon que de belles proſtituées les attiroient ; mais bien-tôt la diſſention ſe mêla dans leurs réjouiſſances.

Enfin (1.) un vénérable vieillard vint

---

1. (*Un vénérable vieillard.*) „ Noé fut un „ homme juſte & parfait au milieu des hommes „ de ſon temps ; il marcha avec Dieu. Il en- „ gendra trois fils, Sem, Cham, & Japhet „ Or la terre étoit corrompuë devant Dieu, & „ remplie d'iniquité. Dieu voyant donc cette „ corruption de la terre; car la vie que tous les „ hommes y menoient étoit corrompuë ; il dit „ à Noé : Faites-vous une Arche de piéces de „ bois applanies ; vous y ferez de petites cham- „ bres, & vous l'enduirez de bitume dedans & „ dehors. Voici la forme que vous lui donne- „ rez ; ſa longueur ſera de trois cens coudées, „ ſa largeur de cinquante, & ſa hauteur de tren- „ te. Vous ferez à l'Arche une fenêtre : le com- „ ble qui la couvrira ſera haut d'une coudée, „ & vous mettrez la porte de l'Arche au côté : „ vous ferez un étage tout en bas, un au mi- „ lieu, & un au troiſiéme : vous prendrez auſſi „ avec vous de tout ce qui peut ſe manger, & „ vous le porterez dans l'Arche, pour ſervir à „ votre nourriture, & à celle de tous les ani- „ maux. *Gen. c. 6.*

parmi eux: il montra une grande averſion pour leur conduite, & rendit hautement témoignagne contre leurs débordemens. Il fréquenta leurs aſſemblées, où il ne trouva que triomphes & que fêtes. Il leur prêcha la converſion & la pénitence : il leur fit entendre que Dieu alloit exercer contr'eux ſes jugemens ; mais ſes remontrances furent vaines.

Quand il eut reconnu que ſes diſcours ne trouvoient aucune entrée dans leurs cœurs, il prit le parti du ſilence, & pleura en ſecret leurs égaremens. Il éloigna ſes tentes ; puis ſur la montagne coupant de groſſes poûtres, il ſe mit à conſtruire un vaiſſeau prodigieux, dont toutes les dimentions, la longueur, la largeur & la hauteur contenoient un nombre de coudées. Il l'enduiſit de bitume, & il pratiqua une porte dans un des côtés ; enſuite il y fit un amas conſidérable de proviſions.

Tout à coup un ſpectacle étonnant ſe préſenta ; des animaux de chaque eſpéce, des oiſeaux, & juſqu'aux moindres inſectes vinrent ſept à ſept & en paires. Ils s'y placerent conduits par un inſtinct ur naturel. (1.) Le vieillard y entra le

1. (*Le vieillard y entra.*) „ Noé entra dans „ l'Arche, & avec lui ſes fils, ſa femme, & les

dernier, avec ses trois fils & leurs quatre

» femmes de ses fils, pour se sauver des eaux du » Déluge. Les animaux purs & impurs, & les oiseaux, avec tout ce qui se meut sur la terre, » entrerent aussi dans l'Arche avec Noé, deux » à deux, mâle & femelle, selon que le Seigneur » l'avoit commandé à Noé. Les sources du » grand abîme des eaux furent rompues, & » les cataractes du ciel furent ouvertes, & la » pluye tomba sur la terre pendant quarante » jours & quarante nuits. Aussi-tôt que ce jour » parut, Noé entra dans l'Arche avec ses fils, » Sem, Cham, & Japhet, sa femme, & les trois » femmes de ses fils. Tous ces animaux entrerent avec Noé dans l'Arche, deux à deux, » mâle & femelle, de toute chair vivante & » animée. Ceux qui y entrerent étoient donc » mâles & femelles, & de toute espéce, selon » que Dieu l'avoit commandé à Noé, & le Seigneur l'y enferma par dehors. Le Déluge se » répandit sur la terre pendant quarante jours, » & les eaux s'étant accruës, éleverent l'Arche en haut au-dessus de la terre. Elles inonderent tout, & couvrirent toute la surface de » la terre, mais l'Arche étoit portée sur les » eaux. Les eaux crûrent & grossirent prodigieusement au-dessus de la terre, & toutes » les plus hautes montagnes qui sont sous le » Ciel furent couvertes. L'eau ayant gagné le » sommet des montagnes, s'éleva encore de » quinze coudées plus haut. Toute chair qui se » meut sur la terre en fut consumée, tous les » oiseaux, & tous les animaux, &c. Il ne demeura que Noé seul, & ceux qui étoient avec » lui dans l'Arche. *Gen. c. 7.*

femmes : Dieu ſcella lui-même l'entrée du vaiſſeau.

Cependant le vent du midi s'éleva, & déployant ſes aîles noires, raſſembla les nuages. A leur renfort les montagnes envoyerent en haut un amas d'épaiſſes vapeurs & d'exhalaiſons humides. Les Cieux parurent une voûte obſcure & noire ; la pluye impétueuſe fondit, & continua juſqu'à ce que la terre devînt inviſible. Bien-tôt l'édifice flottant roula ſur les eaux, & de ſa prouë avancée en pointe lutta contre les ondes. Les autres habitations furent entierement ſubmergées par le déluge : leur pompe ſe trouva entraînée ſous les flots. La mer couvrit la mer, ſes côtes diſparurent ; & dans les palais, où le luxe regnoit peu auparavant, les monſtres marins établirent leur demeure.

Les débris du genre humain, nagueres ſi nombreux, voguoient embarqués dans un frêle bâtiment. Quel fut alors ton chagrin, Adam, quand tu vis la terre dépeuplée, & ta poſtérité finir d'une maniere ſi triſte ? Un autre déluge, un déluge de larmes & de triſteſſe penſa te ſubmerger comme tes enfans : l'Ange te ſecourut, il te toucha ; tu revins à la vie, quoique privé de tout eſpoir, comme un pere qui pleure ſes enfans qu'une mort violente a détruits tout à coup à ſes yeux ; & tu pus à peine proférer cette plainte :

O viſions malheureuſes il auroit mieux valu pour moi vivre dans l'ignorance de l'avenir ; je n'aurois eſſuyé les maux que ſucceſſivement ; chaque jour en auroit fourni ſa meſure. C'en étoit aſſez pour moi ; mais par ma connoiſſance anticipée, tous les malheurs réſervés aux ſiécles futurs fondent ſur moi, & ma prévilion leur donne une naiſſance prématurée pour me tourmenter, même avant qu'ils exiſtent. Que perſonne déſormais ne cherche à percer dans l'avenir ; il n'y verra que des ſujets d'affliction dont il ne pourra ſe parer, & le mal ne ſera pas moins ſenſible pour lui dans l'apprehenſion, que dans la réalité. Paſſons à d'autres objets, je vois bien que les avertiſſemens ne nous ſauvent point. Ce petit nombre d'hommes échappés au déluge, & errans ſur ces plaines liquides, ſeront bien-tôt conſumés par la faim & par la triſteſſe. J'eſperois que tout proſpéreroit quand j'ai vû le doux regne des plaiſirs ſucceder aux fureurs de la guerre, & je croyois que la paix produiroit une longue ſuite de jours heureux. Quelle étoit mon erreur? La paix introduit la corruption, comme la guerre cauſe la déſolation. Céleſte Guide, éclaircis-moi ce myſtére, dis-moi ſi ce déluge eſt le dernier tombeau des hommes?

Michel lui répondit: Ces ſuperbes que tu as vûs ſe ſignaler, dans les combats, & triompher dans l'opulence, rempliſſoient la terre de leur renommée, mais leur cœur étoit vuide de toute vertu. Après s'être abreuvés de ſang, après avoir ravagé le monde, & ſubjugué les Nations, après avoir acquis un nom, de hauts titres, & des tréſors immenſes, ils s'abandonneront aux plaiſirs, à la joie, à la moleſſe, aux excès & à la débauche, juſqu'à ce que l'incontinence & l'orgueil les diviſent entr'eux, & leur faſſent prendre les armes. Les vaincus en perdant leur liberté, perdront auſſi la crainte de Dieu, qui rejettant leur fauſſe pieté, les a livrés en proye à leurs ennemis. Leur zéle ſe refroidira; ils déviendront mondains & diſſolus, & ils ne ſongeront plus qu'à vivre tranquillement des biens dont leurs vainqueurs les laiſſeront jouir ; car la terre prodiguera ſes biens, afin que la temperance ſoit éprouvée : ainſi tous dégénéreront, tous ſe dépraveront. La juſtice, la modération, la vérité & la foi ſeront abandonnées, excepté d'un ſeul homme, unique enfant de lumiere dans un ſiécle de ténébres ; l'exemple & les inſultes d'un monde ennemi déclaré de la vertu, ne pourront rien ſur lui ; ſans crainte du reproche, du mépris, ou de la violence, il les reprendra de leurs méchantes voyes, & il leur expoſera combien les ſentiers de la juſtice ſont plus ſûrs & plus doux. Enfin leur dénonçant la colere prête à fondre ſur leur impénitence, il ſe retirera blâmé des hommes, mais conſideré de Dieu, comme le ſeul juſte vivant. Par ſon ordre, il conſtruira, comme tu viens de voir, une Arche merveilleuſe pour ſe ſauver avec ſa famille du milieu du monde dévoué à une deſtruction univerſelle. Dès qu'il ſe ſera placé dans l'Arche, & mis à couvert avec ce peu d'hommes, & d'animaux choiſis pour la vie, les cataractes du Ciel s'ouvrant ſur la terre, verſeront la pluye jour & nuit. Les réſervoirs de l'abîme ſe creveront, & l'Ocean ſurmontera ſes bornes, juſqu'à ce que l'inondation s'éleve au-dessus des plus hautes montagnes. Alors le mont sacré du Paradis cedant à la (1.) violence des eaux, sera renversée ; sa verdure disparoîtra : les arbres entraînés par le courant des ondes seront engloutis, & ce jardin voluptueux formera dans le fond des eaux une isle salée & aride qu'habiteront (2.) les Orques & les Baleines ; par-là tu connoîtras que Dieu n'attribuë point de sainteté à aucun lieu, si elle

1. (*Cedant à la violence des eaux.*) Milton place le Paradis sur une montagne, qu'il suppose avoir été emportée par le Déluge, & c'est le sentiment de plusieurs Peres. Cornelius à Lapide dit : *Ablatus est & cessavit hic gladius, quando Paradisus desiit, puta in diluvio.*

2. (*Les baleines & les orques.*) Cette grande „ Babylone, cette Reine entre les Royaumes „ du monde, qui avoit porté dans un si grand „ éclat l'orgueil des Caldéens, sera détruite, „ comme le Seigneur renversa Sodome & Go- „ morre ; elle ne sera plus jamais habitée, & „ elle ne se rebâtira point ; mais les bêtes sauva- „ ges s'y retireront. Ses maisons seront remplies „ de Dragons, les Autruches y viendront ha- „ biter, & les Satyres y feront leurs danses ; les „ Hiboux hurleront à l'envi l'un de l'autre dans „ ses maisons superbes, & les cruelles Sirenes „ habiteront dans ses palais de délices. *Isaïe. c.* 13.

n'y est portée par les hommes: mais maintenant regarde ce qui doit ensuite arriver.

Il tourna les yeux, & vit l'Arche élevée sur les eaux qui commencerent à s'abaisser: les nuages se dissiperent; (1.)

1. (*L'Aquilon leur fit prendre la fuite*) » Dieu s'étant souvenu de Noé, fit souffler un » vent sur la terre, & les eaux commencerent » à diminuer. Les sources de l'abîme furent » fermées, aussi-bien que les cataractes du Ciel, » & les pluyes qui tomberent du Ciel furent » arrêtées: les eaux étant agitées de côté & » d'autre, se retirerent, & commencerent à » diminuer après cent-cinquante jours, & le » vingt-septiéme jour du septiéme mois l'Ar» che se reposa sur les montagnes d'Armenie. » Cependant les eaux alloient toujours en di» minuant jusqu'au dixiéme mois, au premier » jour duquel le sommet des montagnes com» mença à paroître. Quarante jours s'étant en» core passés, Noé ouvrit la fenêtre qu'il avoit » faite dans l'Arche, & laissa aller un Cor» beau, qui étant sorti ne revint plus. Il en» voya aussi une Colombe après le Corbeau, » pour voir si les eaux avoient cessé de couvrir » la terre; mais la Colombe n'ayant pû trouver » où mettre le pied, parce que la terre étoit » toute couverte d'eau, elle révint à lui, & » Noé étendant la main, la prit, & la remit » dans l'Arche. Il attendit encore sept autres » jours, & il envoya de nouveau la Colombe

l'Aquilon leur fit prendre la fuite, & la secheresse de son souffle resserra peu à peu la face du déluge. Aussi-tôt le Soleil dévoilé jetta un œil ardent sur la vaste étendue de son miroir aquatique, & but amplement des vagues humides : ainsi les eaux marchant avec un mouvement reglé comme celui du reflux, se déroberent doucement, & descendirent de plus en plus vers l'abîme, après que ses écluses & les cataractes du Ciel eurent été refermées. Enfin l'Arche cessant de flotter, sembla fixe sur le sommet d'une montagne, & les pointes des monts parurent ainsi que des rochers, d'où les ondes furieuses avec de rapides courans, se retirerent à grand bruit vers la mer.

A l'instant il vit voler hors de l'Arche

» hors de l'Arche : elle revint à lui sur le soir, » portant dans son bec un rameau d'Olivier, » dont les feuilles étoient toutes vertes. Et Noé » ouvrant le toit de l'Arche, & regardant de » là, il vit que la surface de la terre s'étoit se- » chée. Noé sortit donc de l'Arche avec ses » fils, sa femme, & les femmes de ses fils. Tou- » tes les bêtes sauvages en sortirent ; aussi les » animaux domestiques, & tout ce qui rampe » sur la terre, chacun selon son espéce. *Gen. c.* 8.

un Corbeau, & après lui un Messager plus sûr, une Colombe qui avoit déja été envoyée pour reconnoître si les arbres paroissoient, & si l'on trouveroit où mettre le pied sur la terre. Elle revint pour la seconde fois, portant dans son bec un rameau d'Olivier, signe pacifique; alors la terre séche parut.

Le vénérable vieillard sortit de l'Arche avec toute sa suite; (1.) puis levant dévotement en action de graces les mains & les yeux vers le Ciel, il vit sur sa tête un nuage humide, & dans le nuage un (2.) Arc remarquable, orné d'une écharpe de trois vives couleurs, pour mar-

1. (*Puis levant dévotement les mains.*) „ Or » Noé dressa un Autel au Seigneur, & prenant » de tous les animaux, & de tous les oiseaux » purs, il les lui offrit en holocauste sur cet Au- » tel. *Gen.* 8. 20.

2. (*Un Arc remarquable.*) » Voici le signe: » Je mettrai mon Arc dans les nuées, afin qu'il » soit le signe de l'alliance que j'ai faite avec la » terre, & lorsque j'aurai couvert le Ciel de » nuage, mon Arc paroîtra dans les nuées, & » je me souviendrai de l'alliance que j'ai faite » avec vous & avec toute ame qui vit & anime » la chair, & il n'y aura plus à l'a venir de Dé- » luge qui fasse perir dans les eaux toute chair » qui a vie. *Gen. c.* 9.

quer la paix deDieu & la nouvelle alliance. Adam fut consolé par cette vision, & sa joie éclata en ces termes :

Céleste Interprête, qui peux représenter les choses futures comme présentes, cette derniere vision me ranime ; elle m'assure que l'homme vivra aussi-bien que toutes les créatures, & que le Seigneur conservera leur race. Je suis moins affligé d'avoir vû détruire un monde entier d'enfans criminels, que je ne me réjouis de trouver un homme si parfait & si juste, que Dieu daigne en sa faveur faire un autre monde, & qu'il oublie sa colere. Mais dis-moi, que signifient ces bandes colorées dans le Ciel ? Nous representent-elles par leur extension les sourcils de Dieu appaisé, ou sont-elles destinées comme une bordure fleurie à lier les extrêmités fluides de ce nuage, de peur qu'il ne se fonde encore une fois en pluye, & qu'il n'inonde la terre ?

Tu as fort bien conjecturé, reprit l'Archange; le Très-Haut désarme sa colere, quoiqu'il se fût repenti d'avoir fait l'homme, & (1.) qu'il fût fâché dans le fond

1. (*Et qu'il fut fâché dans le fond du cœur.*)

du cœur, quand jettant les yeux en bas, il vit la terre remplie de violence, & que toute chair avoit corrompu sa voye. Tu viens de voir exterminer les méchans. Un homme juste est si agréable aux yeux de l'Eternel, qu'il s'engage à ne plus répandre sa malediction sur le genre humain. (1.) Il fait serment de ne plus détruire la terre par le déluge, & de ne point laisser la mer franchir ses bornes, ni la pluye submerger le monde, les hommes ou les animaux; mais quand il amenera les nuages sur la terre, il y placera son Arc de trois couleurs pour servir de témoignage, & pour rappeller

» Dieu voyant que la malice des hommes qui » vivoient sur la terre étoit extrême, & que » toutes les pensées de leur cœur étoient en » tout temps appliquées au mal, il se repentit » d'avoir fait l'homme sur la terre; & étant tou- » ché de douleur jusqu'au fond du cœur, il dit, » J'exterminerai de dessus la terre l'homme que » j'ai créé, &c. *Gen. c. 6. v. 5. 6. 7.*

1. (*Il fait serment de ne plus détruire.*) » Je » ne frapperai donc plus de mort comme j'ai » fait, tout ce qui est vivant & animé, tant » que la terre durera; la sémence & la mois- » son, le froid & le chaud, l'été & l'hyver, la » nuit & le jour, ne cesseront point de s'en- » tresuivre. *Gen.* 8. 21. 22.

le ſouvenir de ſon alliance. Le jour & la nuit, le temps de la ſemence & de la moiſſon, le froid & le chaud garderont entr'eux un ordre conſtant, juſqu'à ce que dans le renouvellement de toutes choſes, le feu purifie le Ciel & la Terre où les Juſtes habiteront.

Fin du onzième Livre.

LIVRE DOUZIE'ME.

ARGUMENT.

Michel expose dans une narration ; ce qui suit le Déluge. Abraham lui donne occasion d'expliquer quelle sera la race de la femme, suivant la promesse qui leur avoit été faite dans le jugement prononcé par le Fils de Dieu, son Incarnation, sa Mort, sa Resurrection, son Ascension, l'état de l'Eglise jusqu'à son second avenement. Adam consolé remercie l'Archange ; descend de la Montagne avec Michel. Il éveille Eve, qui avoit dormi pendant tout ce temps, mais dont l'esprit avoit été calmé par des songes favorables. Michel les prend tous deux par la main, & les conduit hors du Paradis. On voit l'épée de feu flamboyante derriere eux, & les Cherubins placés dans le Jardin, pour en garder les avenues.

LE PARADIS PERDU.

LIVRE DOUZIE'ME.

SEMBLABLE à un Voyageur que les besoins de la nature obligent de se reposer sur le milieu du jour, quoiqu'il soit pressé par le temps, l'Archange s'arrêta entre le monde détruit & le monde reparé. Il voulut donner à Adam le temps de se reconnoître; ensuite il prit la parole, & dit :

Tu as vû jusqu'ici un monde commencer, finir & renaître : je pourrois encore faire passer devant toi une foule d'évenemens ; mais j'apperçois que ta vûë mortelle commence à se lasser : les sens ne sont point capables de soutenir long temps les objets que le Ciel leur presente : ainsi je te raconterai ce qui arrivera dans la suite des temps : écoute-moi.

Tant que cette nouvelle souche aura peu de rejettons, & que la terreur des jugemens de Dieu ne sera point dissipée, les mortels s'humilieront devant le Seigneur, & se gouverneront suivant les loix de la justice & de l'équité. Leur nombre se multipliera de jour en joür ; ils cultiveront la terre, & ils feront des recoltes abondantes (1.) de blé, de vin & d'huile. Souvent du milieu de leurs troupeaux on les verra tirer des genisses grasses, des agneaux, & de tendres chevreaux pour les offrir en sacrifice. (2.) Les effusions de vin ne seront

1. (*De bled, de vin & d'huile.*) „ Ils se sont » accrus & enrichis par l'abondance de leurs » fruits, de leur froment, de leur vin, & de leur » huile. *Pseaume* 4. *v.* 8.

2. (*Les effusions du vin.*) » Vous offrirez,

point épargnées aux ſaintes fêtes qu'ils celebreront; leurs jours s'écouleront dans une innocente joye; la paix regnera parmi eux. Ils demeureront long-temps diviſés par familles & par tribus ſous le gouvernement paternel, juſqu'à ce qu'il s'éleve un homme ambitieux & ſuperbe, qui renverſant l'aimable égalité de l'état fraternel, s'arrogera une injuſte domination ſur ſes freres. Il bannira la concorde & la tranquillité de la terre; il étouffera la voix de la nature; & renonçant à la chaſſe des animaux pour perſecuter les hommes, il employera la force & la ſurpriſe contre ceux qui refuſeront de ſe ſoumettre à ſon empire tyrannique. (1.) Le titre de puiſſant Chaſ-

„ avec le premier agneau, la dixiéme partie de „ la plus pure farine de froment, mêlée avec de „ l'huile d'olives pilées, plein le quart de la „ meſure appellée Hin, & autant de vin, pour „ l'Offrande de liqueur. *Exode* 29. 40.

1. (*Le titre de puiſſant Chaſſeur.*) „ Or Chus „ engendra Nemrod, qui commença à être „ puiſſant ſur la terre; il fut un violent Chaſ- „ ſeur devant le Seigneur. *Gen.* 10. 8. Nemrod „ ſignifie rebelle, Apoſtat. Le Syriaque porte, „ dit le Pere Calmet, un Geant guerrier devant „ le Seigneur. Quelques-uns croyent qu'il étoit

seur qu'il obtient devant le Seigneur, déclare que son autorité vient du Ciel, ou qu'il l'usurpe contre la volonté du Très-haut. Il traite les autres de rebelles; mais il sera lui-même caractérisé par un nom dérivé de la rebellion. Cet impie avec une troupe que rassemble l'ambition de regner avec lui, ou sous lui, marchant (1.) de l'Orient à l'Occident

» un Chasseur d'hommes, *V. Thren. v.* 13. & *Eccl.* 31 7. *Job* 19. 16. *Prov.* 21. 26. *Jerem.* 20. 16. On croit que Nemrod fut un usurpateur violent, qui changea l'ordre du gouvernement, qui opprima les Peuples, qui établit de nouveaux cultes. Quelques Rabbins suivis par Grotius, expliquent le *Coram Domino* du merite de Nemrod & de sa Religion, qui lui faisoit offrir à Dieu des sacrifices & des offrandes de ce qu'il prenoit à la chasse.

1. (*De l'Orient à l'Occident.*) „ Et comme » ces Peuples étoient partis de l'Orient, ayant » trouvé une campagne dans le pays de Sennaar, ils y habiterent, & ils se dirent l'un à » l'autre: Allons, faisons des briques, & cuisons-les au feu: ils se servirent donc de bri- » ques, comme de pierres, & de bitume, com- » me de ciment. Ils s'entredirent encore: Ve- » nez, faisons une Ville & une tour qui soit » élevée jusqu'au Ciel, & rendons notre nom » célebre, avant que nous nous dispersions en » toute la terre. Or le Seigneur descendit pour

trouve une plaine où l'Enfer vomit à gros boüillons un noir bitume ſur la terre. Ce bitume leur ſert de ciment ; ils y joignent des briques pour conſtruire une Ville, & une tour, dont la hauteur s'élevant juſqu'au Ciel, puiſſe tranſmettre leur nom à la poſterité. Ils veulent s'immortaliſer avant que de ſe diſperſer dans des terres étrangeres, ſans conſiderer que la memoire des pervers ou meurt avec eux, ou ne laiſſe que des idées d'horreur. Mais Dieu, qui, tout inviſible qu'il eſt, viſite ſouvent les hommes, (1.) & ſe promene à travers leurs habitations pour obſerver leurs

„ voir la Ville & la Tour que bâtiſſoient les „ enfans d'Adam.... Deſcendons en ce lieu, „ & confondons-y tellement leur langage, qu'ils „ ne s'entendent plus les uns les autres : c'eſt „ en cette maniere que le Seigneur les diſperſa „ de ce lieu dans tous les pays du monde, & „ qu'ils ceſſerent de bâtir cette Ville; c'eſt auſſi „ pour cette raiſon que cette Ville fut nom„ mée Babel, parce que c'eſt là que fut con„ fondu le langage de toute la terre. *Gen.* 11. 12. *&c.*

1. (*Se promene.*) „ Vous êtes le Temple du „ Dieu vivant, comme Dieu dit lui-même : „ J'habiterai en eux, & je m'y promenerai. *S. Paul aux Cor.* 6. 16.

œuvres, les apperçoit. Il descend pour voir leur Ville, avant que leur tour offusque les vûës celestes; & par dérision il envoye parmi eux un esprit de discorde, qui confondant leur langage naturel, lui substituë un mélange bisarre de mots inconnus: aussi-tôt la dissension bruyante se mêle parmi les Entrepreneurs, ils s'adressent la parole, & ne s'entendent point; ils commencent par des cris, ils finissent par des coups. Les Immortels regarderent en pitié le tumulte & l'agitation de ces orgüeilleux; ils se rirent de leurs vains projets; la mésintelligence les fit échouer; l'édifice fut abandonné; & l'ouvrage imparfait, monument éternel de la folie, prit le nom de confusion.

Les entrailles de Pere s'émûrent dans Adam; & transporté d'une juste colere, il s'écria: Fils execrable, peux-tu donc sans remors écraser tes freres, & t'attribuer sur eux une autorité que tu n'as point reçûë de l'Eternel? Il nous a donné l'empire absolu sur les animaux; mais il abhorre l'injuste oppresseur. Malgré cela, cet ambitieux est le fleau des humains; sa tour même outrage le Tout-puissant, & lui déclare la guerre. Chetif

tif mortel ! quelle nourriture portera-t-il au-dessus des nuës, pour subsister avec son armée temeraire ? L'air trop subtil déchirera ses poumons grossiers, & il perira faute de respiration, quand même il ne manqueroit pas d'alimens.

Tu as justement en horreur, reprit Michel, ce fils qui trouble le repos de la terre, en s'efforçant d'asservir la liberté naturelle : cependant sçache que depuis la chûte originelle, ta liberté n'est plus la même, & que ta raison est sensiblement affoiblie. Sitôt que les hommes étouffent ou rejettent cette lumiere interieure, les desirs désordonnés & les passions s'élevant en tumulte, prennent l'ascendant sur la raison, & la réduisent en servitude ; alors le Très-haut par un juste jugement, soumet encore leurs membres corporels à des maîtres violens, qui les resserrent dans un dur esclavage. Dieu haït la tyrannie, (1.) mais elle est necessaire. Les Peuples se plongent quelquefois dans un débordement si affreux, qu'une fatale & juste

1. (*Mais elle est necessaire.*) *Oportet hæreses esse*, dit S. Paul aux Corinthiens, c. 11.

malediction les dégrade de leur liberté exterieure, après qu'ils ont renoncé à leur liberté interieure : témoin le fils insolent de celui qui construisit l'Arche : l'affront que cet indigne fils fait à celui qu'il devoit le plus respecter, condamne par la bouche paternelle sa posterité vicieuse à être l'esclave même des esclaves.

Ce dernier monde, ainsi que le premier, dégenere de jour en jour. Enfin Dieu fatigué de l'iniquité des hommes, les abandonne, & détournant ses yeux saints, forme la résolution de les livrer à la dépravation de leurs cœurs. Il choisit entre tous pour y placer son culte, un Peuple particulier, un Peuple descendu d'un (1.) homme fidéle né dans

1. (*Un homme fidéle.*) Abraham. „ Le Seigneur dit ensuite à Abraham : Sortez de votre pays, de votre parenté, & de la maison de votre pere, & venez en la terre que je vous montrerai : Je ferai sortir de vous un grand Peuple, je vous benirai, je rendrai votre nom célebre, & vous serez béni. Je benirai ceux qui vous beniront, & je maudirai ceux qui vous maudiront, & tous les Peuples de la terre seront bénis en vous. Abraham sortit donc comme le Seigneur le lui avoit com-

le milieu de l'idolatrie (1.) sur les bords de l'Euphrate. Croirois-tu que les mortels pendant la vie du Patriarche sauvé du déluge, fussent devenus assez stupides pour abandonner le Dieu vivant, & pour adorer comme des vrayes Divinités leurs propres ouvrages, le bois & la pierre ?

Le Très-haut parle dans une vision à ce Juste, dont il adopte les enfans : il lui ordonne de renoncer à la maison de son pere, à sa famille, à ses faux Dieux, pour aller dans une terre qu'il doit lui montrer : il suscitera de lui une Nation puissante, & il répandra par lui ses benedictions sur tous les Peuples du monde. A la voix de Dieu il obéït sans

---

» mandé : il avoit soixante-quinze ans lorsqu'il » sortit d'Haran ; il prit avec lui Sara sa femme, » & Lot fils de son frere ; tout le bien qu'ils » possedoient, avec toutes les personnes dont ils » avoient augmenté leur famille à Haran, & » ils sortirent pour aller dans le pays de Chanaan. *Gen. c, 2.*

1. (*Sur les bords de l'Euphrate.*) » Vos peres, » (Tharé pere d'Abraham & de Nachor) dès » le commencement ont habité au-delà du fleu» ve d'Euphrate, & ils ont servi des Dieux é» trangers. *Josué, c. 24. v. 2.*

hesiter ; & quoiqu'il ne sçache point quelle est cette terre, (1.) il croit fermement. Je vois, mais tu ne le sçaurois voir, avec quelle foi il quitte ses Dieux, ses Amis, & son Pays natal, Ur de Chaldée. Il passe maintenant le gué à Haran, (2.) suivi d'une multitude de troupeaux, de bestiaux, & d'esclaves nombreux. Ce n'est pas le besoin qui lui fait entreprendre ce voyage : il remet ses biens entre les mains de la Providence, qui l'a appellé dans une terre inconnuë. Le voilà qui entre en Chanaan. Je vois ses tentes plantées aux environs de Sichem, (3.) dans la

1. (*Il croit fermement.*) » Abraham crut à » Dieu, & sa foi lui fut imputée à justice. Dieu » lui dit encore : Je suis le Seigneur qui vous » ai tiré d'Ur en Chaldée. *Gen.* 15. 6. 7.

2. (*Suivi d'une multitude de troupeaux.*) » Il étoit très-riche, & il avoit beaucoup d'or » & d'argent. 13. 2.

3. (*Dans la plaine voisine de Moreh.*) » Abraham passa au travers du pays jusqu'au lieu appellé Sichem, & jusqu'à la Vallée illustre. » Les Chananéens occupoient alors ce pays-là. » Or le Seigneur apparut à Abraham, & lui dit: » Je donnerai ce pays à votre postérité. *Genese* 12. 6. 7. La Paraphrase Chaldaïque, la Version Angloise, Hollandoise, Allemande, &

plaine voisine de Moreh : il y découvre dans une vision l'Ange du Tout-puissant qui (1.) promet à sa posterité toute cette terre, depuis (2.) Hamath au Nord, jusqu'au (3.) Desert vers le Midi ; (j'appelle les choses par le nom qu'elles auront un jour,) & depuis (4.) Hermon au Levant, jusqu'à (5.) la grande

---

plusieurs autres, au lieu de la Vallée illustre, disent la Plaine de Moreh, &c.

1. (*Qui promet à sa postérité.*) » Or les pro- » messes de Dieu ont été faites à Abraham & » à sa race. L'Ecriture ne dit pas à ceux de sa » race, comme s'il en eut voulu marquer plu- » sieurs ; mais à sa race, c'est-à-dire, à l'un » de sa race, qui est Jesus-Christ. *S. Paul aux Gal.* 3. 16.

2. (*Emath.*) (Dit Bochard) *Regio quæ terminus erat septentrionalis terræ promissionis, unde sæpius in scripturis ab introitu Emath usque ad torrentem Ægypti.* Nomb. 34. 8.

3. (*Desert.*) Etoit du côté de l'Egypte & de la mer Rouge. *Gen.* 16. 7.

4. (*Hermon.*) » Car les enfans d'Israël, qui » étoient sortis de l'Egypte, possederent ses » terres, & les terres d'Og, Roi de Basan, qui » étoient les deux Rois des Amorréens, qui re- » gnoient au-deça du Jourdain, vers le Levant, » jusqu'au Mont Sion, qui s'appelle aussi Her- » mon. *Deuter. c.* 4.

5. (*La grande Mer.*) » Le côté de l'Occident

mer de l'Occident. Regarde bien, voilà le Mont Hermon : voici la mer ; sur la côte est le (1.) Mont Carmel : ici le fleuve du Jourdain, qui tire ses eaux d'une double fontaine, & dont le cours servira de (2.) limites vers l'Orient. Ses enfans s'étendront jusques (3.) en Senir, c'est cette longue chaîne de montagnes. Pese-bien ceci ; les Nations de la terre seront bén es en sa race. Cette race signifie ton grand Liberateur, dont tu auras bien-tôt une revelation plus claire, celui qui écrasera la tête du Serpent. Ce bienheureux Patriarche, qui dans la suite du temps sera nommé le

» commencera à la grande Mer. *Nomb.* 34. 6. *Voyez Ezechiel*, *c.* 48. *v.* 15. *& suivans.* Or voici quelles sont les bornes de cette terre, du côté du Septentrion à Emath, &c.

1. (*Carmel.*) Montagne proche de la Mer, où Elie habita.

2. (*Limites vers l'Orient.*) » Et Hazael les » tailla en piéces dans toutes leurs frontieres, » depuis le Jourdain vers l'Orient, &c. *L.* 4. *Rois*, 10. 32. 33. » Le Jourdain la bornera » (cette terre) en tirant vers la mer Orienta- » le, dit Ezechiel, 48. 18.

3. (*Senir.*) Etoit une chaîne de Montagnes habitées par les *Horréens* ou *Chorréens*, entre l'Idumée & la terre promise.

fidéle Abraham, laiſſe (1.) un fils, & de ſon fils (2.) un petit-fils, tous deux heritiers de ſa foi, de ſa ſageſſe & de ſa renommée. Le petit fils avec (3.) douze enfans, (4) part de Chanaan pour une terre qui prendra le nom d'Egypte, & qui ſera diviſée par le fleuve du Nil. Vois de quel côté il coule, ſe dégorgeant par ſept bouches dans la mer. En un temps de famine il vient pour ſéjourner dans cette terre, où il eſt invité par un de ſes plus jeunes enfans, un fils que ſes dignes actions ont élevé dans cet Empire (5.) au degré le plus haut,

---

1. (*Un fils.*) Iſaac.

2. (*Un petit-fils.*) Jacob.

3. (*Douze enfans.*) Ruben, Simeon, Levi, Juda, Iſſachar, Zabulon, Gad, Aſer, Joſeph, Benjamin, Dan, Nepthali.

4. (*Part de Chanaan.*) » Iſraël partit donc, » & il arriva en Egypte avec toute ſa race, & » ils répondirent au Roi : Nous ſommes venus » paſſer quelque temps dans vos terres, parce » que la famine eſt ſi grande dans le pays de » Chanaan, qu'il n'y a plus d'herbe pour les » troupeaux de vos ſerviteurs. *Gen.* 47. 4.

5. (*Au degré le plus haut.*) » Ce ſera donc » vous (dit Pharaon à Joſeph) qui aurez l'au- » torité ſur ma maiſon : quand vous ouvrirez la » bouche pour commander, tout le Peuple

où puisse aspirer un heureux sujet. C'est là que meurt le saint Vieillard. Sa famille devient un Peuple, & cause de l'ombrage (1.) à un nouveau Roi. Ce Monarque les considere comme des hôtes dangereux par leur nombre, & suivant les conseils d'une cruelle politique, il se propose d'arrêter leur multiplication : il leur impose un dur joug, & prononce un arrêt de mort contre tous leurs enfans mâles. Enfin sous la conduite de deux freres, que l'Eternel envoye pour retirer son Peuple de l'esclavage, (ces deux freres s'appellent Moïse & Aaron,) ils retournent couverts de gloire & chargés de dépoüilles, à la terre qui leur avoit été promise; mais auparavant, il

» vous obéira, & je n'aurai au-dessus de vous » que le Trône & la qualité de Roi. *Genese* 41. 40.

1. (*A un nouveau Roi.*) » Cependant il s'é» leva dans l'Egypte un nouveau Roi, & il dit » à son Peuple : Vous voyez que le Peuple des » enfans d'Israël est devenu très-nombreux, & » qu'il est plus fort que nous; opprimez-les donc » avec sagesse, de peur qu'ils ne se multiplient » encore davantage Au moment que l'enfant sortira, si c'est un enfant mâle, tuez-le; si c'est une fille, laissez-la vivre. *Ex. c.* 1.

faudra que le parjure tyran, (1.) qui prétend ne point connoître leur Dieu, & qui ne veut point avoir d'égard à son message, soit forcé par des signes & par des jugemens terribles ; il faudra que les rivieres soient (2.) changées en sang, qui n'aura point été répandu ; il faudra que (3.) les grenoüilles, (4.) la vermine & les mouches inondent ses Royaumes & son Palais, & que (5.) la mor-

1. (*Qui prétend ne point connoître leur Dieu.*) » Qui est ce Seigneur, pour que je sois obligé » d'écouter sa voix, & de laisser sortir Israël ? » Je ne connois point ce Seigneur, & je ne » laisserai point sortir Israël. *Ex.* 5. 2.

2. (*Changées en sang.*) » Aaron élevant sa » verge frappa l'eau du fleuve, & elle fut chan» gée en sang. *Exod. c.* 7.

3. (*Les grenouilles.*) » Aaron étendit sa main » sur les eaux d'Egypte, & les grenouilles en » sortirent, & couvrirent l'Egypte de toutes » parts. *Exod.* 8. 6.

4. (*La vermine & les mouches.*) » Et les hom» mes & les bêtes furent tous couverts de mou» cherons. Une multitude de mouches très» dangereuses vint dans les maisons de Pharaon, » de ses Serviteurs, & par toute l'Egypte. *Exod.* 8. 17.

5. (*La mortalité.*) » Toutes les bêtes des » Egyptiens moururent. *Exod.* 9. 6.

talité frappe ses bestiaux. Des pustules & des (1.) ulceres sillonneront toute la chair de son corps, & celle de son peuple. (2.) Le tonnerre joint à la grêle, & la grêle mêlée de feu, désoleront le Ciel de l'Egypte, & ravageront la terre. (3.) Un nuage épais de sauterelles descendra en essains nombreux; elles dévoreront tout ce qui se trouvera sur leur passage; & rongeant les herbes, les fruits & les blez échappés à la grêle, elles ne laisseront aucune verdure. (4.) Des ténébres palpables par

1. (*Des ulceres.*) » Il se forma des ulceres & » des tumeurs dans les hommes & dans les ani- » maux par toute l'Egypte. *Ex.* 9. 10.

2. (*Le tonnerre joint à la grêle.*) » Moyse » ayant levé sa verge vers le Ciel, le Seigneur » fit fondre la grêle sur la terre, au milieu des » tonnerres & des feux qui brilloient de toutes » parts. La grêle & le feu mêlés l'un avec l'au- » tre, tomboient ensemble. *Ex.* 9. 23.

3. (*Un nuage de sauterelles.*) » Les saute- » relles couvrirent toute la surface de la terre, » & gâterent tout; elles mangerent tout l'her- » be, & tout ce qui se trouva de fruit sur les ar- » bres, qui étoit échapé à la grêle, & il ne resta » absolument rien de verd ni sur les arbres ni » sur les herbes de la terre dans toute l'Egyp- te. *Ex.* 10. 15.

4. (*Des ténébres palpables.*) » Le Seigneur

leur épaiſſeur, couvriront ſes états d'un bout à l'autre, & éteindront la lumiere pendant trois jours : enſuite (1.) les premiers nés d'Egypte ſeront égorgés d'un même coup vers la moitié de la nuit. Frappé de dix playes, le Dragon des fleuves ſe ſoumet : il conſent à laiſſer partir ſes hôtes ; mais ſon cœur (2.) ſe rendurcit auſſi-tôt, ainſi que la glace après un faux dégel. Il retracte ſa parole, & pourſuit ceux dont il venoit de jurer la liberté. Il s'avance pour perir dans les flots, tandis que le Peuple cheri (3.) paſſe à pied ſec entre l'onde qui

---

» dit donc à Moyſe: Etendez votre main vers le » Ciel, & qu'il ſe forme ſur la terre de l'Egypte » des ténébres ſi épaiſſes, qu'elles ſoient pal- » pables. Et des ténébres horribles couvrirent » toute la terre de l'Egypte pendant trois » jours. *Ex.* 10. 21.

1. (*Les premiers nés.*) » Sur le milieu de la » nuit, le Seigneur frappa tous les premiers nés » de l'Egypte. *Ex.* 12. 29.

2. (*Se rendurcit.*) » Le Seigneur endurcit le » cœur de Pharaon, Roi d'Egypte, & il ſe mit » à pourſuivre les enfans d'Iſraël ; mais ils » étoient ſortis ſous la conduite d'une main » puiſſante. *Ex.* 14. 8.

3. (*Paſſe à pied ſec.*) » Les enfans d'Iſraël » marcherent à ſec au milieu de la mer, ayant

ſe retire des deux parts, & forme comme un mur de criſtal. Docile à la verge de Moiſe, elle reſte diviſée, juſqu'à ce que ceux qu'il délivre ayent gagné le rivage. Tel eſt le pouvoir merveilleux que l'Eternel remet à ſon Prophéte. Mais Dieu ne ſe repoſe point ſur l'homme du ſalut de ſon Peuple ; il eſt lui même le conducteur de ſes enfans, & toûjours preſent (1.) dans la perſonne de ſon Ange, (2.) il marche devant eux de jour dans un nuage, & de nuit dans une

» l'eau à droite & à gauche qui leur ſervoit » comme d'un mur. *Ex.* 14. 22.

1. (*Dans la perſonne de ſon Ange.*) » L'Ange de Dieu qui marchoit devant le Camp des » Iſraëlites, alla derriere eux, & en même» temps la colomne de nuée quittant la tête du » Peuple ſe mit auſſi derriere, entre le Camp » des Egyptiens & le Camp des Iſraëlites ; & la » nuée étoit ténébreuſe d'une part, & de l'autre » éclairoit la nuit ; enſorte que les deux Ar» mées ne purent s'approcher dans tout le tems » de la nuit. *Ex.* 14. 19. 20.

2. (*Il marche devant eux.*) » Et le Seigneur » marchoit devant eux pour leur montrer le » chemin, paroiſſant durant le jour en une co» lomne de nuée, & pendant la nuit en une co» lomne de feu, pour leur ſervir de guide le jour » & la nuit. *Ex.* 13. 21.

colomne de feu : il leur trace le chemin & il ſert de barriere entr'eux & leurs ennemis , pendant qu'un Roi endurci marche ſur leurs pas. Le Prince furieux les pourſuit toute la nuit ; mais les ténébres venant à la traverſe , l'empêchent de s'approcher. Il attend que l'aurore paroiſſe. Le jour vient : le Tout-puiſſant ſe produit à travers le nuage , & la colomne de feu : (1.) il regarde l'armée impie , la mer en déſordre , & briſe les rouës de ſes chariots. Par ſon ordre , Moïſe étend encore ſa puiſſante verge ; la mer obéit ; les vagues retournent ſur les bataillons de l'Egypte , & ſubmergent leurs troupes guerrieres. Cependant l'Iſraëlite ſauvé des mains de ſes ennemis , s'avance du rivage vers Chanaan , (2.) par le deſert aride. Il n'a

1. (*Regarde l'Armée.*) » Lorſque la veille du » matin fut venue, le Seigneur ayant regardé le » Camp des Egyptiens au travers de la colom- » ne de feu & de la nuée , fit perir toute leur » Armée ; il renverſa les rouës des chariots , » & ils furent entraînés au fond de la mer. *Ex. c.* 14.

2. (*Par le déſert aride.*) » Or Pharaon ayant » fait ſortir de ſes terres le Peuple d'Iſraël , le

point pris le plus court chemin, de peur que la guerre ne l'épouvantât, s'il fût entré sans experience sur les terres du Chananéen alarmé, & que la crainte le ramenant en Egypte, ne lui fît préferer aux fatigues de la guerre une vie ignominieuse dans la servitude; car la vie plaît aux braves & aux lâches, avant que par une cruelle habitude ils ayent pris du goût pour les armes. Leur long séjour dans le vaste désert, leur produit encore un bien: ils y fondent le plan de leur Gouvernement, & ils y choisissent parmi les douze Tribus leur grand Sénat, pour gouverner, suivant les regles que Dieu leur prescrit lui-même (1)

» Seigneur ne les conduisit point par le pays » des Philistins, qui est voisin, de peur qu'ils » ne vinssent à se repentir d'être ainsi sortis, » s'ils voyoient s'élever des guerres contr'eux, » & qu'ils ne retournassent en Egypte; mais il » leur fit faire un long circuit par le chemin » du désert, qui est près de la mer Rouge. *Ex.* 13. 17.

1. (*Sur le mont de Sina.*) » Le troisiéme » jour étant arrivé sur le matin, comme le jour » étoit déja grand, on commença à entendre » des tonnerres, & à voir briller des éclairs; » une nuée très-épaisse couvrit la montagne,

ſur le Mont de Sina. Le ſommet nébuleux de cette montagne s'ébranle au moment que l'Eternel deſcend dans le tonnerre à la lueur des éclairs, & au ſon éclatant des trompettes (1.) pour leur donner des Loix. Les unes reglent la juſtice civile, les autres établiſſent (2.) la forme des ſacrifices. Il les diſpoſe par des figures & par des types, à la connoiſſance de celui qui doit écraſer le Serpent, & conſommer la délivrance du genre humain. Mais la voix du Seigneur eſt terrible aux oreilles des mortels : ils le prient de permettre que Moiſe leur rapporte ſa volonté, & de (3.) faire

» la trompette ſonna avec grand bruit. Tout le » Mont de Sinaï étoit couvert de fumée, parce que le Seigneur y étoit deſcendu au milieu » des feux. La fumée s'en élevoit en haut comme d'une fournaiſe, & toute la montagne » cauſoit de la terreur. *Ex.* 19. 16.

1. (*Pour leur donner des Loix.*) » Voici les » Ordonnances de juſtice que vous propoſerez » au Peuple. *Ex. c.* 21. *& ſuivans.*

2. (*La forme des Sacrifices.*) » Vous célebrerez des Fêtes, &c. *c.* 23. *&c.*

3. (*Faire ceſſer la terreur.*) » Tout le Peuple » entendoit les tonnerres & le ſon de la trompette, & voyoit les lampes ardentes, & la

cesser la terreur. Le Très-haut leur accorde ce qu'ils demandent; il leur apprend par-là que l'on ne peut avoir d'accès auprès de lui, sans un Médiateur; Moïse en represente le caractere; mais il doit en introduire un plus grand: il prédira sa venuë, & tous les Prophetes chanteront en leur temps le jour du Messie. La bonté de Dieu ne se borne pas à établir leurs loix & leurs céremonies: il se plaît tellement parmi les hommes qui obéissent à sa volonté, qu'il daigne placer entr'eux son Tabernacle, & le très Saint veut bien demeurer avec les mortels. Suivant ce qu'il ordonne, ils fabriquent (1.) un sanctuaire de Cedre revêtu d'or, pour y mettre (2.) une

» montagne toute couverte de fumée; & dans » la crainte & l'effroi dont ils étoient saisis, ils » se tinrent éloignés, & ils dirent à Moyse: Parlez-nous vous même, & nous vous écouterons; mais que le Seigneur ne nous parle » point, de peur que nous ne mourions. *Ex.* 20. 18. 19.

1. (*Un Sanctuaire de Cedre.*) » Ils me dresseront un Sanctuaire, afin que j'habite au » milieu d'eux *Ex.* 25. 8.

2. (*Une Arche.*) » Vous ferez une Arche de » bois de setim, &c. *Ex.* 25. 10.

Arche; & dans l'Arche ils déposent le témoignage (1.) & les titres de son Alliance. Par-dessus tout ils élevent en or (2.) un Trône de misericorde entre les ailes de (3.) deux Cherubins. (4.) Sept lampes en forme de Zodiaque, representant les feux celestes, brillent devant ce Trône. Un nuage pendant le jour, & un sillon de feu pendant la nuit, demeurent sur la tente, excepté lorsqu'ils sont en marche. Enfin conduits par son Ange, ils arrivent à la terre promise à Abraham & à sa posterité. Je ne finirois point, si je voulois te raconter toutes les batailles livrées, les noms des Rois détruits, & des Royaumes conquis, ou comment le Soleil au milieu des Cieux s'arrêtera un jour entier, & reculera l'arrivée de la nuit à cet or-

1. (*Les titres de son Alliance.*) » Vous mettrez dans l'Arche les Tables de la Loi. *Ex.* 25. 16.

2. (*Un Trône de misericorde.*) » Vous ferez » aussi le propitiatoire d'un or très-pur. *Exod.* 25. 17.

3. (*Deux Cherubins.*) » Vous mettrez aux » deux extrêmités de l'Oracle deux Cherubins » d'or battu. *Ex.* 25. 18.

4. (*Sept Lampes.*) » Vous ferez aussi sept

dre émané de la bouche d'un homme. (1.) Soleil, arrête-toi en Gabaon, & toi, Lune, dans la Vallée d'Ajalon, jusqu'à ce qu'Israël remporte une entiere victoire. Le fils d'Isaac, enfant d'Abraham, (2.) s'appellera de la sorte, & son nom passera à sa posterité, qui s'établira en Chanaan

Adam prit ici la parole : Divin Envoyé, qui viens dissiper mes ténébres, combien m'as-tu revelé de choses agréables, & sur tout celles qui concernent le juste Abraham, & sa posterité ? Mes yeux commencent à s'ouvrir. Mon cœur, auparavant inquiet de mon sort, & de celui du genre humain, se sent infiniment soulagé. Je vois maintenant le jour

---

» Lampes, que vous mettrez au-dessus du » Chandelier. *Ex.* 25. 37.

1. (*Soleil, arrête-toi.*) » Josué parla au Sei» gneur en ce jour auquel il avoit livré les A» morrhéens entre les mains des enfans d'Israël, » & il dit en leur présence : Soleil, arrête-toi » sur Gabaon : Lune n'avance point sur la val» lée d'Ajalon ; & le Soleil & la Lune s'arrê» terent jusqu'à ce que le Peuple se fût vengé » de ses ennemis. *Josué*, 10. 12. 13.

2. (*S'appellera.*) On ne vous nommera plus à l'avenir Jacob, mais Israël, &c. *Gen.* 32. 28.

de celui en qui toutes les Nations seront benies, tout indigne que je suis de cette faveur, après avoir cherché par des voyes défenduës une connoissance qui m'étoit interdite. Cependant je ne conçois point encore pourquoi l'on donne tant de loix differentes à ceux parmi lesquels Dieu daignera demeurer sur la terre : ce grand nombre de loix prouve une furieuse inclination pour le mal. Comment le Seigneur pourra-t-il leur accorder sa presence ?

Ne doute pas, reprit Michel, que le peché ne regne parmi eux ; ils sont tes descendans. La loi ne leur a été donnée que pour leur faire (1.) sentir leur perversité naturelle, qui excitera sans cesse le péché à combattre contre la Loi.

1. (*Pour leur faire sentir leur perversité, &c.*) » Nul homme ne sera justifié par les œuvres de » la Loi, car la Loi ne nous a donné que la » connoissance du péché. *Saint Paul aux Ro-* » *mains*, 3. 20. Pourquoi donc la Loi a-t-el- » le été établie ? Ç'a été pour faire reconnoî- » tre les crimes que l'on commettoit en la vio- » lant, jusqu'à l'entremise de ce Fils, que la » promesse regardoit. *Saint Paul aux Galates.* 3. 9.

Ainsi voyant que la Loi peut bien donner la connoissance du peché, mais qu'elle ne sçauroit lui opposer que des expiations (1.) foibles & figuratives, le sang des Taureaux & des Boucs, ils concluëront (2.) d'eux-mêmes qu'un

1. (*Des expiations foibles & figuratives, &c.*) » La Loi n'ayant que l'ombre des biens à venir, » & non la solidité même des choses, ne peut » jamais par l'oblation des mêmes hosties qui » s'offrent toujours chaque année, rendre jus- » tes & parfaits ceux qui s'approchent de l'Au- » tel. *Saint Paul aux Hebreux*, 10. 1.

2. (*Ils concluëront d'eux-mêmes. &c.*) » Le » Saint Esprit nous montrant par là que la voie » du vrai Sanctuaire n'étoit point encore dé- » couverte, pendant que le premier Tabernacle » subsistoit, & cela même étoit l'image de ce » qui se passoit en ce temps-là, pendant lequel » on offroit des dons & des victimes qui ne pou- » voient purifier la conscience de ceux qui ren- » doient à Dieu ce culte, puisqu'ils ne con- » sistoient qu'en des viandes, & en des breuva- » ges, en diverses oblations, & en des céré- » monies charnelles, & qu'elles n'avoient été » imposées que jusqu'au temps que cette Loi se- » roit corrigée. Mais Jesus-Christ, le Pontife » des biens futurs, étant venu dans le monde, » est entré une fois dans le Sanctuaire par un » Tabernacle plus grand & plus excellent. *Saint Paul aux Hebreux*, c. 9. v. 10. &c.

ſang plus précieux doit ſatisfaire pour l'homme, le juſte pour l'injuſte. Ce ſera par le moyen de cette juſtice étrangere qui leur ſera renduë propre par une foi vive accompagnée d'œuvres ſaintes, qu'ils trouveront leur juſtification devant Dieu, & la paix interieure de la conſcience, que toutes les céremonies de la Loi ne ſçauroient appaiſer : l'homme auſſi ne pourroit pas de lui-même en accomplir les maximes ; & ne les accompliſſant pas, il ne ſçauroit avoir de part à la vie. L'inſuffiſance (1.) de la Loi eſt donc ſenſible : ſon objet unique eſt de (2.) préparer les Nations à entrer un jour dans une plus glorieuſe alliance, à

1. (*L'inſuffiſance de la Loi.*) » La premiere » Loi eſt abolie, comme impuiſſante & inuti» le, parce de la Loi ne conduit perſonne à » une plus parfaite juſtice. *Saint Paul aux Hébreux*, 7. 18.

2. (*Son objet unique eſt de préparer, &c.*) » Avant que la Loi fût venue, nous étions ſous » la garde que la Loi qui nous tenoit renfermés » pour nous diſpoſer à cette Foi qui devoit être » revelée un jour. Ainſi la Loi nous a ſervi de » conducteur pour nous mener, comme des » enfans, à Jeſus-Chriſt. *S. Paul aux Galates*, 3. 23. 24.

passer des types figuratifs à la verité, de la chair à l'esprit, de l'imposition des Loix étroites à une libre acceptation de graces abondantes, de la crainte servile à la filiale, des œuvres de la Loi aux œuvres de la Foi. Moise est particulierement cheri de Dieu; mais il n'est que le Ministre de la Loi. Il ne conduira point son Peuple en Chanaan, ce sera Josué que les Gentils appellent Jesus. Cet homme portant le nom, & remplissant l'office de celui qui doit écraser le Serpent, & ramener en triomphe au séjour éternel du repos, l'homme long-temps égaré dans le desert du monde, les introduira dans la terrestre Chanaan, où ils demeureront long-temps en paix: ils y vivront heureusement, jusqu'à ce que les péchés de la Nation, interrompant le cours de leurs prosperités, provoquent Dieu à leur susciter des ennemis. Cependant toutes les fois qu'ils se repentiront, il les sauvera de leurs mains, d'abord par des Juges, ensuite sous des Monarques. Le second de ces Rois, renommé tant par sa pieté que par ses hauts faits, recevra une promesse irrévocable, que son Trône durera pour jamais. Toutes les Propheties chanteront pareillement que de la souche Royale de David, (tel est le nom de ce Roi,) il sortira un fils : ce fils est ce rejetton qui t'a été prédit, qu'Abraham a entrevû ; ce Sauveur, l'espoir des Nations, annoncé aux Rois, & le dernier des Rois ; car son regne n'aura point de fin ; mais auparavant il y aura une longue suite de Souverains. Le fils (1.) qui succede à ce Roi si pieux, sera celebre dans tout le monde par son opulence & par sa sagesse : il placera dans un Temple superbe l'Arche nébuleuse de Dieu, retirée jusques-là sous un Tabernacle errant. Ceux qui le suivent, seront representés dans les Chroniques, les uns bons, les autres méchans. La plus longue liste est des méchans. Leurs infâmes idolâtries, & leurs prévarications accumulées sur celles du peuple, enflamment la colere du Tout-puissant. Il s'éloigne d'eux ; il abandonne leur terre & leur Ville, son Temple, sa sainte Arche, avec tous ses vases sacrés, comme des objets de mépris ; & il les livre en proye à cette Ville superbe, dont

1. (*Le Fils qui succede.*) Salomon.

les hautes murailles ſont reſtées dans la confuſion, & qui de-là a pris le nom de Babylone. Il les y laiſſe dans la (1.)

1. (*Dans la captivité.*) » Mais eux ſe mo- » quoient des perſonnes que Dieu leur en- » voyoit; ils mépriſoient ſes paroles, & trai- » toient très-indignement ſes Prophêtes, juſ- » qu'à ce que la fureur du Seigneur s'élevât » contre ſon Peuple, & que le mal fût ſans re- » mede. Car il fit venir contr'eux le Roi des » Chaldéens, qui égorgea leurs enfans dans la » maiſon de ſon Sanctuaire, ſans avoir pitié ni » des jeunes gens, ni des jeunes filles, ni des » perſonnes âgées, ni même de ceux qui étoient » dans la derniere vieilleſſe. Dieu les livra tous » entre ſes mains; comme auſſi tous les vaiſſeaux » du Temple, tant grands que petits, tous les » tréſors de la maiſon de Dieu, & de celle du » Roi & des Princes, qu'il fit emporter à Baby- » lone. Les ennemis enſuite brûlerent la maiſon » du Seigneur, & ruinerent les murs de Jeru- » ſalem. Ils mirent le feu à toutes les tours, & » détruiſirent tout ce qu'il y avoit de précieux. » Si quelqu'un avoit échappé la mort, il étoit » emmené à Babylone, pour être eſclave du » Roi & de ſes enfans, juſqu'à ce que Dieu mît » le Roi de Perſe ſur le Trône, & que la pa- » role du Seigneur s'accomplît, qui avoit été » prononcée par la bouche de Jeremie, & que » la terre célébrât ſes jours de Sabbat; car » elle fut dans un Sabbat continuel durant » tout le temps de ſa déſolation, juſqu'à ce » que les ſoixante-dix ans fuſſent accomplis. *Paralip. l. 2. c. 36. 16. &c.*

captivité

captivité l'espace de soixante-dix ans ; puis se ressouvenant de sa misericorde, & de l'alliance qu'il a jurée à David, & qui est stable comme les jours du Ciel, il les ramene dans la Cité sainte. A leur retour de Babylone, sous le plaisir des Rois leurs Maîtres, que Dieu (1.) dispose en leur faveur, ils relevent la Maison (2.) du Seigneur. La moderation met pendant quelque temps un frein à leurs desirs ; mais leur multitude & leurs richesses venant à s'augmenter, forment entr'eux diverses factions. C'est dans le Temple qu'on voit d'abord naître la dissention au milieu des Prêtres & des Ministres de l'Autel, dont la Paix devoit être le précieux ouvrage. Leurs divisions introduisent (3.) l'abomination

1. (*Que Dieu dispose en leur faveur.*) » La » premiere année de Cyrus, Roi de Perse, le » Seigneur, pour accomplir la parole qu'il avoit » prononcée par la bouche de Jeremie, toucha » le cœur de Cyrus. *Esdras, l.* 1. 21.

2. (*Ils relevent la maison du Seigneur.*) Voyez Esdras, l. 1. c. 5.

3. (*L'abomination jusques dans le lieu saint.*) C'est ce qui arriva au temps d'Antiochus, suivant la prédiction de Daniel. 11. 31. » Des » hommes puissans soûtiendront son parti,

jusques dans le lieu Saint. Enfin, sans avoir d'égard pour le fils de David, ils se saisissent de la Couronne : le sceptre sort (1.) de leurs mains, & passe dans celles d'un (2.) étranger, afin que le véritable Oint de Dieu, le Messie, naisse dans l'abjection. A son avenement, une (3) Etoile que l'on n'avoit jamais vûë dans le Ciel, annonce sa venuë, & guide les Sages d'Orient. Ils s'informent de l'endroit où il devoit naître, & viennent lui offrir l'or, la myrrhe & l'encens. Un Ange publie solemnellement le lieu de sa naissance à de simples (4.)

» & ils violeront le Sanctuaire du Dieu fort : » ils feront cesser le Sacrifice perpetuel, & ils » mettront dans le Temple l'abomination de la » désolation.

1. (*Le Sceptre sort de leurs mains.*) Antigonus fut le dernier Roi des Juifs de la race des Assamonéens.

2. (*D'un Etranger.*) Herode Iduméen.

3. (*A son avénement une Etoile.*) Voyez S. Matthieu, c. 2.

4. (*A de simples Bergers.*) » Or il y avoit aux » environs des Bergers qui passoient la nuit » dans les champs, veillant tour à tour à la » garde de leur troupeau, & tout d'un coup un » Ange du Seigneur se présenta à eux, & une » lumiere divine les environna, &c. *Saint Luc*, c. 2.

Bergers qui veilloient pendant la nuit. Ils y courent avec joye, & ils entendent ses loüanges chantées par les celestes Chœurs. Une Vierge est sa Mere; mais son Pere (1.) est la vertu du Très-haut. Il montera sur le Trône hereditaire; son Empire s'étendra jusqu'aux extrémités de la terre, & les bornes de sa gloire seront celles des Cieux.

A ce recit, Adam fut saisi d'un saint transport. L'excès de sa joye faisoit couler de ses yeux des larmes de tendresse: il en suspendit le cours, pour faire éclater en ces termes sa reconnoissance:

Agréable Prophéte; tu mets le comble à mon esperance: tu me dévoiles clairement le grand ouvrage de ma redemption. Je te saluë, Vierge Mere, la bien-aimée du Tout puissant. Tu viendras de mes reins, & le Fils du Très-haut sortira de tes entrailles. Ainsi Dieu s'unissant avec l'homme, le serpent ne sçauroit éviter d'avoir la tête brisée d'un

1. (*La vertu du Très-Haut.*) » Il sera grand » & sera appellé le Fils du Très-Haut: Le Sei- » gneur Dieu lui donnera le Trône de David » son pere; il regnera éternellement sur la mai- » son de Jacob. *S. Luc.* 1. 32.

coup mortel. Dans quel lieu, en quel temps sera leur combat ? quelle plaie meurtrira le talon du vainqueur ?

Ne te represente point, lui répliqua Michel, leur combat comme un duel. La tête & le talon ne sont que des figures. Ce n'est point pour combattre son ennemi avec plus d'avantage que le Fils joint l'humanité à la Divinité. Satan n'est pas ainsi surmonté. La blessure qu'il s'est faite en tombant du Ciel, ne l'a point mis hors d'état de te donner le coup de la mort. C'est ce coup que ton Sauveur doit guerir, non en détruisant (1.) son ouvrage. Cette œuvre ne sera consommée que par une entiere soumission à la volonté de Dieu, que tu n'as point respectée. Il faut que ton Liberateur se mette en ta place, qu'il s'immole pour ton crime, & pour ceux que tes descendans commettront à ton exemple : ainsi la justice Divine sera satisfaite. Il accomplira exactement la loi de Dieu par l'obéissance autant que par l'amour

1. (*En détruisant son ouvrage.*) » C'est pour » détruire les œuvres du Diable que le Fils de » Dieu est venu au monde. *Saint Jean*, 1. *Ep.* 3. 8.

quoique l'amour seul accomplisse parfaitement la loi. Il prendra une chair ; & s'exposant à une vie honteuse, & à une mort infâme, il souffrira pour toi une dure punition. Il annoncera la vie à tous ceux qui fonderont leur esperance en sa redemption & en sa justice, & qui ne mettant de leur part aucun obstacle, croiront que pour participer à la gloire, leurs mérites ne suffiroient pas, quand même ils satisferoient aux œuvres legales, si les mérites de leur Redempteur n'y donnoient le prix. Que le salut des hommes lui coûtera cher! il sera haï, blasphêmé, arrêté, jugé, condamné à une peine ignominieuse. Il sera cloué sur la Croix par ceux de sa propre nation & mis à mort pour donner la vie au monde ; mais il attachera tes ennemis à cette même croix : il effacera de (1) son sang le decret de ta condamnation, & de celle du genre humain. La loi imparfaite avant lui, sera parmi les dé-

1. (*Il effacera de son sang.*) » Il a effacé la » cedule qui nous étoit contraire, il a entiere- » ment aboli le decret de notre condamnation, » en l'attachant à la Croix. *Saint Paul aux Colossiens*, 2. 14.

poüilles dont il ornera le trophée de sa croix, & sa rigueur ne nuira plus à ceux qui espereront fermement en sa satisfaction. Il meurt donc, & bien-tôt il ressuscite. La mort n'usurpera pas un long empire sur lui. Avant que la troisiéme aube du jour retourne, l'étoile du matin le verra sortir du tombeau, brillant (1.) comme l'Aurore, après qu'il aura payé la rançon qui rachete l'homme du trepas. Ainsi il sauvera tous ceux qui ne negligeront point la vie, & qui embrasseront sa grace par la foi accompagnée d'œuvres. Cet acte divin annulle ta condamnation; cet acte brisera la tête de Satan, & ruinera sa force, en détruisant le péché & la mort, ses deux plus terribles suppôts. Par là les propres dards de ces deux monstres seront enfoncés dans la tête de ton ennemi beaucoup plus profondément que la mort temporelle ne blessera le talon du vainqueur, ou celui des prédestinés. La mort qu'ils souffriront, semblable au sommeil, ne sera qu'un doux passage à une

1. (*Brillant comme l'Aurore.*) » Quelle est » celle-ci qui s'avance comme l'Aurore, lors» qu'elle se leve. *Cantique des Cantiques*, 6. 9.

vie plus heureuſe. Après ſa reſurrection, il ne reſtera ſur la terre qu'un certain temps pour ſe montrer aux Diſciples qui le ſuivirent toûjours pendant ſa vie. Il les chargera d'enſeigner aux Nations ce qu'ils ont appris de lui, & de leur donner la connoiſſance du ſalut. Ils baptiſeront dans l'eau pure. Ce ſigne ſacré lave les hommes de la ſoüillure du péché, & les reconcilie avec Dieu. Ils inſtruiront les Nations; car depuis ce jour le ſalut ſera prêché dans toute l'étenduë du monde, non-ſeulement aux (1.) enfans des reins d'Abraham, mais aux enfans de la foi d'Abraham; c'eſt ainſi que les Nations ſeront benies en ſa race; il montera au Ciel des cieux triomphant par les airs de ſes ennemis & des tiens. Dans ce vaſte eſpace, il ſaiſira le ſerpent, Prince de l'air, & le

---

1. (*Aux enfans des reins, &c.*) » Sçachez » donc que ceux qui ſont enfans de la Foi, ſont » les vrais enfans d'Abraham. Or les promeſſes » de Dieu ont été faites à Abraham & à ſa ra» ce. L'Ecriture ne dit pas à ceux de ſa race, » comme s'il en eût voulu marquer pluſieurs, » mais à ſa race, c'eſt-à-dire à l'un de ſa race, » qui eſt Jeſus-Chriſt, *Saint Paul aux Galates, c. 3, v. 7. & 16.*

traînant chargé de chaînes à travers son Royaume, il le précipitera pour jamais. Ensuite il entrera dans la gloire, & reprendra sa place à la droite de Dieu, exalté au-dessus des noms les plus respectables du Ciel. De-là, quand le temps fatal de la dissolution du monde sera resolu, il viendra revêtu de gloire & de puissance pour juger les vivans & les morts; pour juger le mort infidéle, mais pour recompenser les justes, & pour les recevoir dans la baétitude.

Le grand Archange parvenu à ce periode qui acheve les destins du monde, s'arrêta, & notre premier Pere s'écria dans une sainte extase :

O bonté immense, que tu es adorable ! Du mal même tu sçais tirer les plus grands biens. L'effort, qui au premier moment de la création tira la lumiere du sein des tenebres, merite moins d'être admiré. Je doute maintenant si je dois m'attrister encore du péché que j'ai commis & occasionné : ma faute fait d'autant mieux éclater (1.) la gloire

1. (*Fait d'autant mieux éclater la gloire de Dieu.*) » Toutes choses sont pour vous, afin

de Dieu, ſa bonne volonté pour l'homme, & la grace abonde ſur la colere. Mais, dis-moi, ſi notre Liberateur s'en retourne au Ciel, que deviendra le petit troupeau des fidéles qu'il aura laiſſé parmi la foule des infidéles ennemis de la verité ? Dans ſon abſence qui eſt ce qui guidera ſon peuple, qui le défendra ? ne traiteront-ils pas plus durement ſes ſerviteurs qu'ils ne l'ont traité ?

Ils le feront certainement, dit l'Ange ; mais du haut du Ciel il envoyera à ſes Diſciples un Conſolateur, la promeſſe du Pere, ſon Eſprit qui demeurera en eux. Il gravera ſur leur cœur la Loi de foi qui opere par l'amour, afin de les guider dans les voyes de la verité, & de les couvrir d'une armure ſpirituelle capable de réſiſter aux attaques de Satan, & d'amortir ſes dards les plus aigus. Avec ces ſecours ils regarderont la mort d'un œil tranquille. Ils braveront les tourmens que la rage des hom-

---

» que plus la grace ſe répand avec abondance, » il en revienne auſſi à Dieu plus de gloire par » les témoignages de reconnoiſſance qui lui en » ſeront rendus par pluſieurs. *S. Paul* 2. *Ep. aux Corinthiens*, 4. 15.

mes pourra inventer contr'eux. Au fort des supplices ils seront soutenus par des consolations interieures. Leur fermeté étonnera leurs plus cruels persecuteurs. L'Esprit d'abord répandu sur ses Apôtres, & ensuite sur ceux qui seront baptisés, leur communiquera des dons surprenans, comme celui de parler les langues, & de faire les miracles que leur Maître faisoit avant eux. Ainsi ils engageront un grand nombre d'hommes de toutes nations à recevoir avec joye la celeste doctrine Enfin ayant rempli leur ministere, aprés avoir glorieusement fourni leur carriere, & laissé par écrit leur doctrine & leurs actes, ils s'endormiront dans le Seigneur : mais à leur place, comme ils le (1.) prédi-

1. (*S'éleveront de temps à autres.*) Cet endroit a rapport à ce que dit S. Pierre dans sa 2. Ep. c. 2. » Or comme il y a eu de faux Prophêtes » parmi le Peuple, il y aura aussi parmi vous » de faux Docteurs qui introduiront de perni» cieuses héresies, & renonçant au Seigneur » qui les a rachetés, attireront sur eux-mêmes » une soudaine ruine. Leurs débauches seront » suivies de plusieurs qui exposeront la voye de » la verité à la médisance, & vous séduisant » par des paroles artificieuses, ils trafiqueront » de vos ames pour satisfaire leur avarice, &c.

ſent, s'éleveront de temps à autres pour paſteurs des loups affamés qui feront ſervir les myſteres les plus ſacrés à des vûës ſordides d'interêt & d'ambition. Ils infecteront de ſuperſtitions la verité dépoſée dans les Livres ſacrés ; ils ne chercheront qu'à ſe prévaloir des noms, des places & des titres & qu'à introduire avec une main charnelle leurs nouveautés impies. De là s'éleveront de rudes perſecutions contre ceux qui voudront perſiſter à adorer en eſprit & en verité. Les autres dont le nombre ſera le plus grand, croiront ſatisfaire à la Religion par des rites exterieurs, & par des formalités ſpecieuſes. La verité percée des traits de la calomnie, diſparoîtra, la foi languira, & les actions des hommes ne ſeront plus animées de ce qui les peut vivifier. Ainſi le monde contraire aux bons, & favorable aux méchans, ſuccombera ſous le poids de l'iniquité juſqu'au temps où les juſtes reſpireront enfin, & où les méchans diſparoîtront pour jamais. L'avenement de celui qui t'a été d'abord annoncé d'une maniere obſcure, mais que tu connois à preſent pour ton Sauveur & pour ton Maître, amenera ce grand jour. C'est lui qui doit à la fin des temps se manifester dans les nuës, au milieu de la gloire paternelle. Il viendra mettre en poudre Satan avec son monde pervers, & il formera de la masse purifiée par le feu, un nouveau Ciel & une nouvelle terre. Les siécles qu'il ordonnera, seront inébranlablement fondés sur la droiture, la paix & l'amour, & porteront pour fruits la joye & la béatitude éternelle.

Il finit; & pour la derniere fois Adam répondit: Avec quelle promptitude, Esprit bienheureux, ta prédiction n'a-t-elle point parcouru ce monde passager, & la carriere où le temps vole jusqu'à ce qu'il vienne à se fixer? Ce qui se trouve au-delà n'est qu'un grand abîme; c'est l'éternité dont nul œil ne peut voir le terme. Graces à tes instructions, mon desespoir s'est calmé, la paix renaît dans mon cœur, & j'emporte avec moi autant de connoissances que ce vase d'argile en peut contenir. Quelle étoit ma folie de les vouloir étendre sans bornes? desormais je me contenterai de sçavoir que la meilleure chose est d'obéir à Dieu, de l'aimer avec crainte, de marcher sans cesſe comme ſi l'on étoit en ſa preſence, de tourner toûjours les yeux vers ſa Providence, & de placer en lui ſon eſpoir. Sa miſericorde s'étend ſur tous ſes ouvrages : il ſurmonte toûjours le mal par le bien; & (1.) choiſiſſant les plus vils & les plus mépriſables ſelon le monde, il confond les puiſſans de la terre par des inſtrumens foibles en apparence, & les ſages mondains par les ſimples de cœur. Je conçois auſſi qu'il eſt plus glorieux de ſouffrir pour la cauſe de la verité que de vaincre ſes ennemis ; & qu'aux fidéles la mort eſt la porte de la vie. J'en ſuis convaincu par l'exemple de celui que je connois aujourd'hui pour mon Redempteur, que je veux glorifier ſans ceſſe, & que je prens pour principe de mes actions, comme pour terme unique de mon bonheur.

L'Ange lui répondit auſſi pour la der-

1. (*Et choiſiſſant les plus vils.*) » Mais Dieu » a choiſi les moins ſages, ſelon le monde, » pour confondre les ſages. Il a choiſi les foi- » bles, ſelon le monde, pour confondre les » puiſſans ; il a choiſi les plus vils & les plus » mépriſables, ſelon le monde, & ce qui n'étot » rien, pour détruire ce qu'il y avoit de plus » grand. *S. Paul*, 1. *aux Corint.* 11, 27.

niere fois: Si tu as bien appris ces verités, tu es parvenu au comble de la ſageſſe. N'eſpere pas d'aller plus haut, quand même tu connoîtrois par leur nom toutes les étoiles, toutes les puiſſances celeſtes, tous les ſecrets de l'abîme, & tout ce qui exiſte dans le Ciel, dans l'air, ſur la terre, ou dans la mer. L'étenduë de ce monde que tu poſſedes ſous ton empire, n'empêche pas que tu ne ſois borné. Ajoûte ſeulement (1) des œuvres qui répondent à tes connoiſſances; ajoûte la foi; ajoûte la vertu, la patience, la temperance; ajoute l'amour qui portera un jour le nom de charité: ce ſera l'ame de tout le reſte. Tu ne ſeraspoint fâché de quitter ce ſéjour, tu poſſederas en toi un Paradis bien plus heureux. Mais deſcendons maintenant de ce ſommet de ſpeculation, l'heure

1. (*Ajoûte ſeulement des œuvres.*) » Vous devez auſſi de votre part apporter tout le ſoin » poſſible pour joindre à votre foi la vertu, à » la vertu la ſcience; à la ſcience la temperance, » à la temperance la patience, à la patience la » piété, à la piété l'amour de vos freres, & à » l'amour de vos freres la charité. *Saint Pierre, 2. Ep. v. 5. 6. 7.*

précise exige que nous partions : vois les gardes que j'ai campés sur ce mont ; ils sont tout prêts à marcher. Regarde l'épée flamboyante ; son mouvement terrible est le signal de la retraite ; nous ne sçaurions rester plus long-temps. Va, éveille Eve ; je l'ai aussi calmée par des songes consolans, & j'ai disposé son esprit à la soumission. Toi, dans un temps convenable, fais-lui part de ce que tu as entendu, & sur tout de ce qu'il importe à la foi de sçavoir. Explique-lui le grand mystere de la redemption. C'est du sein de la femme que sortira le salut du genre humain. Meritez tous deux par la sainteté de votre vie qu'elle vous soit prolongée. Vivez unis dans une même foi : gémissez au souvenir de votre crime, mais réjouissez-vous en songeant à votre heureuse délivrance.

A ces mots ils descendirent du haut de la montagne. Si-tôt qu'ils furent arrivés en bas, Adam courut au berceau où Eve s'étoit endormie : il la trouva éveillée ; & elle le reçut avec ces paroles qui marquerent que sa tristesse étoit calmée.

Je sçai d'où tu viens, & où tu allas;

Dieu conduit le ſommeil ; & les ſonges, quand il lui plaît, ſont un langage divin : il m'en a envoyé de propices & de favorables, au moment qu'accablée de chagrin & d'affliction de cœur, je me ſuis aſſoupie. Mene-moi, je ne recuſe point ; le Paradis me ſuivra par tout où tu ſeras. Si je reſtois ici ſans toi la beauté de ces jardins me toucheroit peu : tu me tiens lieu de tout. C'eſt pour l'amour de moi que tu as perdu ce ſéjour délicieux. J'emporte encore cette conſolation, quoique mon crime m'aït rendu indigne d'aucune grace : le Ciel me favoriſe à tel point, que le Sauveur du monde ſortira de mes entrailles.

Adam l'entendit avec plaiſir, mais il ne répondit pas. L'Archange le preſſoit & les Cherubins en ordre brillant deſcendoient vers le poſte qui leur étoit marqué. On les voyoit couler ſur la ſurface de la terre comme des meteors. Ainſi le broüillard s'élevant d'un fleuve à la fin du jour, s'avance ſur les marécages, & fait doubler le pas au Laboureur qui regagne ſa cabane. L'épée de l'Eternel marchoit à leur tête. Telle une Comete trace ſa route par des flammes ; les feux qu'elle jettoit alloient

tout

tout dévorer. L'Ange ſe hâtant, prit par la main nos premiers Peres, dont la fuite auroit été trop lente. Il les conduiſit à la porte qui étoit du côté de l'Orient; & après les avoir remis dans la plaine au pied du rocher, il diſparut. Ils tournerent les yeux, & virent la partie orientale du Paradis, n'agueres leur heureux domicile, couverte du cercle rapide (1) de cette épée de feu. La porte chargée de fronts (2) redoutables, & d'armes éteincelantes, s'offrit à leurs regards. La nature leur fit verſer quelques larmes, mais bien-tôt ils les eſſuyerent. Le monde entier ſe preſentoit devant eux; ils y pouvoient choiſir un lieu pour s'établir, & la providence étoit leur guide. Ils ſe donnerent la main, & traverſant la campagne d'Eden;

1. (*De cette épée de feu.*) Tertulien & S. Thomas ont crû que l'épée de feu n'étoit autre choſe que la zone torride.

2. (*De fronts redoutables.*) Theodoret & d'autres entendent par ces Cherubins dont parle Moyſe, des ſpectres & des figures épouvantables, que Dieu fit paroître à Adam, pour l'éloigner du Paradis.

ils s'avancerent à pas lents dans un monde inconnu. (1.)

---

1. (*Dans un monde inconnu.*) On demande en quel lieu Adam fut chassé : chacun, répond le Pere Calmet, se fait là-dessus un systême particulier ; les uns le font vivre dans la Mesopotamie, au-dessus de Babylone ; d'autres dans la Palestine ; il y en a même qui vont jusqu'à fixer sa demeure à Hebron dans la Judée ; mais il est sûr qu'aucun de ces endroits n'est à l'Orient de la Province d'Eden, où Moyse insinue qu'il se retirera, puisque Dieu mit de ce côté-là le Cherubin, à l'entrée du Paradis, pour en interdire le retour à Adam. Nous croyons qu'Adam alla à l'Orient de l'Armenie, vers la Medie ou l'Assyrie. Les Mahometans assurent, sans preuve, qu'il se retira sur une montagne nommée Sarandib, dans la partie Orientale de l'Inde.

Fin du douzième & dernier Livre.

ERRATA.

TOME SECOND.

P. 20. *lig* 1. Les deux premiers, *lis.* les deux premieres. P. 21. *lig.* 4. ronde, *lis.* route. P. 154. *lig.* 6. dans un abîme. Sans, *lis.* dans un abîme, sans. *Ibid. lig.* 6. *des Notes* figure, *lis.* figurent. P. 209. *lig.* 6. infernal, *lis.* infernale. P. 233. *lig.* 6. l'ambroisie *lis.* l'ambrosie. P. 255. *lig. avant-derniere* se murirent, *lis.* se marrirent. P. 298. *lig.* 11. argille, *lis.* argile. P. 338. *lig.* 3. d'ambroisie, *lis.* d'ambrosie. P. 360. *lig.* 2. leur Coursiers écumans, *lis.* leur Coursier écumant. P. 363. *lig.* 17. à ses impies, *lis.* à ces impies. P. 365. *lig.* 17. dimensons *lis.* dimensions. *Ibid. lig. derniere* urnaturel, *lis.* surnaturel. P. 370. *lig.* 21. du monde, *lis.* d'un monde. P. 371. *lig.* 4. renversée *lis.* renversé. P. 387. *lig.* 6. des vrayes, *lis.* de vrayes. P. 424. *lig.* 22. meteors, *lis.* meteores. P. 426. *lig.* 12. retirera, *lis.* retira.

www.ingramcontent.com/pod-product-compliance
Lightning Source LLC
LaVergne TN
LVHW020558110826
845149LV00002B/297

* 9 7 8 2 0 1 1 8 5 5 3 5 0 *